LES SUKUK

Collection « L'esprit économique »

fondée par Sophie Boutillier et Dimitri Uzunidis en 1996
dirigée par Sophie Boutillier, Blandine Laperche, Dimitri Uzunidis

Si l'apparence des choses se confondait avec leur réalité, toute réflexion, toute Science, toute recherche serait superflue. La collection « L'esprit économique » soulève le débat, textes et images à l'appui, sur la face cachée économique des faits sociaux : rapports de pouvoir, de production et d'échange, innovations organisationnelles, technologiques et financières, espaces globaux et microéconomiques de valorisation et de profit, pensées critiques et novatrices sur le monde en mouvement...
Ces ouvrages s'adressent aux étudiants, aux enseignants, aux chercheurs en sciences économiques, politiques, sociales, juridiques et de gestion, ainsi qu'aux experts d'entreprise et d'administration des institutions.

La collection est divisée en six séries :

Dans la série *Economie et Innovation* sont publiés des ouvrages d'économie industrielle, financière et du travail et de sociologie économique qui mettent l'accent sur les transformations économiques et sociales suite à l'introduction de nouvelles techniques et méthodes de production. L'innovation se confond avec la nouveauté marchande et touche le cœur même des rapports sociaux et de leurs représentations institutionnelles.

La série *Economie formelle* a pour objectif de promouvoir l'analyse des faits économiques contemporains en s'appuyant sur les approches critiques de l'économie telle qu'elle est enseignée et normalisée mondialement. Elle comprend des livres qui s'interrogent sur les choix des acteurs économiques dans une perspective macroéconomique, historique et prospective.

Dans la série *Le Monde en Question* sont publiés des ouvrages d'économie politique traitant des problèmes internationaux. Les économies nationales, le développement, les espaces élargis, ainsi que l'étude des ressorts fondamentaux de l'économie mondiale sont les sujets de prédilection dans le choix des publications.

La série *Krisis* a été créée pour faciliter la lecture historique des problèmes économiques et sociaux d'aujourd'hui liés aux métamorphoses de l'organisation industrielle et du travail. Elle comprend la réédition d'ouvrages anciens, de compilations de textes autour des mêmes questions et des ouvrages d'histoire de la pensée et des faits économiques.

La série *Clichés* a été créée pour fixer les impressions du monde économique. Les ouvrages contiennent photos et texte pour faire ressortir les caractéristiques d'une situation donnée. Le premier thème directeur est : mémoire et actualité du travail et de l'industrie ; le second : histoire et impacts économiques et sociaux des innovations.

La série *Cours Principaux* comprend des ouvrages simples, fondamentaux et/ou spécialisés qui s'adressent aux étudiants en licence et en master en économie, sociologie, droit, et gestion. Son principe de base est l'application du vieil adage chinois : « le plus long voyage commence par le premier pas ».

Kaoutar Essaf

Les Sukuk

Aspects théoriques, rendement et risques

L'Harmattan

5-7, rue de l'École-Polytechnique ; 75005 Paris

http://www.editions-harmattan.fr/

ISBN : 978-2-343-25726-6
EAN : 9782343257266

Présentation du livre

Du fait que les Sukuk constituent les produits vedettes de nos jours et présentent également une source de financement souverain, leur renommée et leur attractivité ont dépassé largement le monde musulman. L'appétit des investisseurs à recourir à ce mode de financement et l'intérêt grandissant et exceptionnel accordé aux Sukuk par les Etats et les entreprises génèrent l'approfondissement des recherches et la quête de réponses aux diverses questions pratiques posées par les différentes parties prenantes, notamment dans les domaines du rendement des Sukuk et de la gestion des risques y afférents.

Le traitement des Sukuk dans le cadre du présent ouvrage nous conduit à l'exploration d'une revue de littérature variée. Dans ce sens, trois grands champs de littérature ont été investis :

- **Les Sukuk :** L'objectif de l'investigation de ce champ de recherche est de mieux cerner les enjeux relatifs aux notions basiques. Pour pouvoir étudier le rendement et les risques liés aux Sukuk, il va falloir préalablement bien comprendre et maîtriser tous leurs aspects spécifiques. L'assimilation des problématiques relatives aux types et structurations des Sukuk, ainsi que le traitement de l'environnement les entourant s'avèrent incontournables.
- **Le rendement des Sukuk :** Le champ de recherche relatif au rendement des Sukuk rentre dans le vif du sujet. L'objectif est d'analyser une littérature qui traite des techniques de détermination des rendements des Sukuk, ainsi que leurs méthodes de distributions dans le respect des normes shariatiques.
- **Les risques des Sukuk :** Ce livre s'inscrit dans la lignée des travaux qui s'articulent autour de l'étude des risques des Sukuk. L'exploration de la revue de littérature s'y afférant comporte deux champs de recherche. Le premier est en liaison avec la détermination et la description des différents types de risques, et le second traite les diverses méthodes de gestion de ces risques liés aux Sukuk

SOMMAIRE

La finance islamique dans son acception contemporaine est assez récente. Son apparition et sa genèse remontent au milieu des années 70. Elle a connu un essor remarquable cette dernière décennie, surtout avec l'accentuation des besoins de liquidités. Cette finance repose sur un mode de financement participatif, qui encourage le développement de l'économie réelle et rejette la spéculation. C'est la raison pour laquelle elle a réussi à séduire un large public de personnes morales et physiques au niveau mondial.

En effet, la dernière crise financière internationale de 2007 a contribué au renforcement de l'attractivité de la finance islamique, en raison de son fort potentiel de stabilité. Car, durant les périodes de crise les plus difficiles, les banques islamiques ont prouvé par excellence leur résistance aux turbulences économiques et financières. Dès lors, un intérêt grandissant a été accordé à la finance islamique.

Actuellement, il y a une forte volonté des pouvoirs publics au Maroc d'instaurer un climat d'affaires propice pour le développement des assises d'une finance islamique forte, et ce, afin de pouvoir attirer de nouvelles ressources de financement, augmenter le taux de bancarisation et accroître les investissements directs de l'étranger (IDE), notamment en provenance des pays du Golfe.

L'environnement financier et bancaire marocain connaît actuellement de nombreuses mutations, dues aux différentes réformes réglementaires et fiscales opérées par les pouvoirs publics. Le premier chantier de réforme a été inauguré par la nouvelle loi bancaire qui a introduit, pour la première fois, la notion de « Finance participative ». Quant au deuxième chantier de réforme, il a porté sur la loi relative aux Sukuk promulguée et publiée au bulletin officiel du 05 Septembre 2013. Le troisième chantier est dédié, quant à lui, à l'assurance islamique « TAKAFUL ».

Disposant d'une position géographique avantageuse aux portes de l'Afrique, de l'ambitieux mégaprojet de Casablanca Finance City (CFC) et d'une forte volonté des autorités publiques, manifestée par les séries de réformes réglementaires et fiscales entreprises dans l'espoir d'asseoir les bases d'une infrastructure financière marocaine solide et variée. Le Maroc a donc un grand rôle à jouer sur la scène financière internationale, en matière de finance islamique et conventionnelle. Pour se faire, et afin de pouvoir prouver son attractivité en tant que hub financier régional africain, les autorités marocaines sont appelées à adopter un programme de développement ambitieux et urgent dans tous les domaines.

Dans ce sens, ce livre portera sur l'étude d'un produit islamique qui a connu ces derniers temps le rythme de développement le plus élevé au niveau international. Il s'agit des « Sukuk », souvent assimilés aux « Obligations islamiques ».

Les Sukuk, qui constituent un instrument phare dans l'industrie financière islamique ont séduit les acteurs du marché financier marocain, même avant l'adoption de la loi les réglementant. Cette importance accordée aux Sukuk justifie l'intérêt de traiter, dans le cadre de ce livre, cette technique émergente de financement. Il s'agit plus particulièrement de l'étude du rendement et des risques spécifiques aux Sukuk.

Face à une concurrence acharnée et vivant dans un environnement en perpétuels changements et évolutions, les institutions et les individus cherchent de plus en plus les moyens et les techniques leur permettant de fructifier leur argent, préserver leurs richesses et développer leurs activités. Ce qui les pousse à inventer de nouveaux instruments financiers, leur permettant d'atteindre leurs objectifs en ayant recours à des techniques financières plus adéquates, moins chères et à risques maîtrisables.

La particularité de la gestion des risques en finance islamique réside dans la nature des solutions à adopter, car, il faut opter pour des méthodes et des techniques qui, d'une part, respectent les préceptes de la Shariah et d'autre part, génèrent un rendement au moins concurrentiel à celui des produits corollaires en finance conventionnelle. Ce qui rend la tâche de l'ingénierie financière islamique plus complexe et plus difficile.

Ainsi, les objectifs majeurs escomptés du présent livre s'établissent comme suit :

- Etudier la particularité des marchés financiers islamiques, ainsi que la nature distinctive des titres financiers islamiques comparés aux titres conventionnels.
- Traiter le cadre général relatif aux Sukuk, en mettant en relief les différentes étapes de la durée de vie des Sukuk, depuis les travaux préalables et préparatoires de leur émission jusqu'à leur extinction.
- Déterminer les risques relatifs aux Sukuk en général et les risques auxquels sont confrontés les investisseurs porteurs de titres en particulier.
- Etudier et analyser les méthodes de gestion des risques relatives aux Sukuk, ainsi que les différentes techniques de couverture des risques conformes aux préceptes de la Shariah.
- Etudier et analyser la particularité du rendement des Sukuk, dont la détermination et la distribution doivent obéir aux normes shariatiques.
- Traiter la relation entre les risques auxquels sont confrontés les Sukuk et le rendement y afférent.

Partant de cela, le plan de ce livre s'articulera autour de trois chapitres :

- Le premier chapitre a pour but de clarifier les différents aspects relatifs aux marchés et titres financiers islamiques.

  Il s'agit dans le cadre de ce chapitre de commencer par le traitement des caractéristiques du marché financier islamique. Ensuite, la détermination et la comparaison des différences entre les Sukuk et les titres financiers conventionnels, notamment les actions et les obligations, permettraient de lever toute ambiguïté entourant les Sukuk.

- Le deuxième chapitre traitera, en premier lieu, de la technique de titrisation qui constitue le pilier du montage de la majorité des Sukuk. La description des différents aspects relatifs aux Sukuk, leurs spécificités par rapport aux titres conventionnels et l'étude de la technique de titrisation représentera un soubassement incontournable pour la maîtrise du processus d'émission. Ce qui constituera un facteur d'identification, de contrôle et de gestion des risques y afférents.

  Ensuite, il sera procédé à la définition des Sukuk, pour s'atteler à l'étude des différentes étapes de leur durée de vie, depuis les travaux préparatoires à leur émission, passant par la description de leurs différents modes de structuration, leurs modalités de gestion et les principes régissant leur circulation jusqu'à leur extinction.

- Le troisième chapitre vise à mettre en lumière les principes de détermination et de gestion des distributions périodiques du rendement des Sukuk. Ce chapitre a aussi pour ambition d'identifier les risques généraux afférents aux Sukuk, ainsi que les risques particuliers spécifiques à chaque type de structuration, afin d'aboutir à une présentation des différentes méthodes de gestion des risques. Dans le cadre de ce chapitre, il sera procédé également à la définition des caractéristiques du rendement des Sukuk, ainsi qu'à l'étude des différentes modalités de leur calcul et de distribution dans le respect des normes shariatiques.

  Ensuite, le chapitre décrira en profondeur les risques spécifiques aux Sukuk, leurs types et leurs sources, ainsi que les facteurs affectant la détermination du rendement des Sukuk. Après l'énumération des risques inhérents aux Sukuk, il paraît judicieux de traiter et de décrire les différents outils et méthodes de gestion des risques propres à ces titres.

L'ossature de ce livre se présente comme suit :

Chapitre I: Marchés financiers islamiques, analyse des titres financiers conventionnels et caractéristiques des titres financiers islamiques	Chapitre II: Concepts de base relatifs à la titrisation islamique "Sukukisation" et cadre conceptuel des Sukuk	Chapitre III: La relation Rendement-Risque des Sukuk
Section 1: Les marchés financiers du point de vue islamique	Section 1: La titrisation Islamique "Sukukisation"	Section 1: Aspects relatifs au rendement et aux risques des Sukuk
Section 2: Analyse des titres financiers conventionnels et caractéristiques des titres financiers islamiques	Section 2: Définition, modalités de structuration et principes de circulation des Sukuk	Section 2: Méthodes et stratégies de gestion et de couverture des risques des Sukuk

Il importe de souligner enfin, que le présent livre ne prétend pas répondre à toutes les questions se rapportant aux domaines du rendement et des risques des Sukuk, mais il se propose de constituer un modeste apport dans la réflexion engagée, pour l'approfondissement et le développement de ce nouvel outil financier ayant conquis une part importante du marché financier mondial.

<u>Chapitre I :</u> Marchés financiers islamiques, analyse des titres financiers conventionnels et caractéristiques des titres financiers islamiques

Les marchés financiers jouent un rôle phare et déterminant dans toute économie. Ils ont connu un développement considérable dans la mouvance de la mondialisation.

Depuis le déclenchement de la crise financière de 2007, le système financier international est entré dans une phase de profondes mutations. Les opérateurs des marchés financiers ont commencé à s'orienter vers la recherche de méthodes de gestion de fonds plus responsables, basées sur des principes d'éthique et de bonnes mœurs. De tels principes et valeurs se trouvent dans l'approche proposée par la finance islamique.

Le présent chapitre a pour vocation de traiter les divers aspects afférents au fonctionnement des marchés financiers islamiques. Ainsi, ce chapitre tentera de présenter une analyse critique des actions et des obligations conventionnelles, afin de démystifier leurs convergences et divergences avec les préceptes de la Shariah. Cette analyse permettra de constituer une ébauche pour la définition et la détermination des caractéristiques à réunir afin que le titre financier, quelle que soit sa dénomination, soit licite du point de vue islamique.

Ainsi, le premier chapitre de ce livre sera structuré comme suit :

- **Section 1 : Les marchés financiers du point de vue islamique**
- **Section 2 : Analyse des titres financiers conventionnels et caractéristiques des titres financiers islamiques**

Section 1 : Les marchés financiers du point de vue islamique

Les marchés financiers islamiques ont un rôle considérable à jouer dans le développement des richesses des personnes, des institutions et des pays. En veillant au respect des préceptes de la Shariah et à l'application des principes de la loi de la finance islamique, ces marchés peuvent constituer un moteur pour le développement des nations et un fer de lance pour l'émergence d'une nouvelle ère pour la finance au niveau international. C'est dans cette perspective que la présente section traitera des différents aspects en relation avec les marchés financiers islamiques.

Nous commencerons par une présentation des caractéristiques et des modes de fonctionnement des marchés financiers islamiques. Ensuite, nous mettrons en lumière les principaux outils et composantes contribuant à la dynamisation de ces marchés.

I. Caractéristiques et fonctionnement des marchés financiers islamiques

Le concept du marché financier en Islam diffère de celui des marchés conventionnels. Le marché financier selon l'approche islamique a pour objectif de structurer la réalisation des transactions financières, en se basant sur le consentement des différentes parties prenantes, selon un échéancier convenu, tout en respectant les règles et les principes de la Shariah[1].

Ainsi, l'attention et l'intérêt à accorder aux marchés financiers se présentent comme un devoir et une nécessité pour la préservation et la fructification de l'argent[2]. A la lumière de ce qui est prescrit par la Shariah, cette dernière prône le gain licite, l'investissement de l'argent et la fructification de l'épargne sur les bases de l'investissement islamique, fondé sur la participation dans la répartition des charges et risques entre les différentes parties[3].

Les marchés financiers, en leur état actuel, ne représentent pas un modèle idéal permettant la réalisation des objectifs de développement et d'investissement de l'argent du point de vue islamique. Ceci nécessite des efforts scientifiques à déployer conjointement par les économistes et les experts qui doivent revoir les piliers du système des marchés financiers islamiques et déterminer ce qu'ils exigent en outils et mécanismes. La réforme d'aspects devant faire l'objet de modifications à la lumière des postulats de base de la Shariah constitue également une piste de travail.

---

[1] الدكتور جمال لعمارة والأستاذة رايس حدة، تحديات السوق المالي الإسلامي، ورقة مقدمة للملتقى الدولي حول: سياسات التمويل وأثرها على الاقتصاديات والمؤسسات ـ دراسة حالة الجزائر والدول النامية ـ بسكرة يومي 21 و22 وفمبر 2006

[2] قرار رقم: 59 (6/10) بشأن الأسواق المالية مجلس مجمع الفقه الإسلامي الدولي المنعقد في دورة مؤتمره السادس بجدة في المملكة العربية السعودية من 17-23 شعبان 1410 الموافق 14 – 20 آذار (مارس) 1990م

[3] Ibid.

1. Genèse d'un marché financier islamique international

Les prémices de la création d'un marché financier islamique ont commencé à apparaître avec la signature d'une convention entre la Banque Islamique de Développement et le Bahreïn, la Malaisie, l'Indonésie, le Brunei, et le Soudan. Cette convention avait pour objectifs d'instaurer le premier marché financier islamique international, d'offrir l'opportunité d'émettre des outils financiers islamiques au niveau mondial, de faciliter la gestion de liquidités entre les banques islamiques, en plus de l'unification des normes et l'établissement des lois relatives aux pratiques du marché, conformément aux règles shariatiques. Cette convention visait également l'instauration d'un environnement propice pour l'encouragement des institutions financières à contribuer activement à la dynamisation du marché secondaire. Cette initiative est considérée comme étant une étape positive sur la voie de l'institution d'un marché financier islamique, permettant d'atteindre la complémentarité économique et de réaliser l'ambition désirée par les investisseurs musulmans dans ce domaine[4]. A l'issue de cette action concertée entre ces cinq pays est née la convention d'institution d'un marché financier islamique international au Royaume de Bahreïn par décret royal n° 22 en Août 2002. Cet organisme est devenu actif et a commencé ses travaux depuis la date de publication dudit décret. Il ne s'agit pas d'un marché au sens d'un espace ou d'un endroit, mais d'une institution qui veille sur l'organisation et la maîtrise du fonctionnement du marché financier islamique de façon générale. Les fonctions de cette organisation s'établissent comme suit[5] :

- La validation des outils financiers négociables ou susceptibles d'être négociables entre les institutions financières islamiques, les banques conventionnelles et les fenêtres islamiques des banques conventionnelles. A travers cette validation shariatique, il est devenu possible de rapprocher les divers points de vue des fuqahas, ce qui facilite l'acceptation et la négociabilité des titres sur les marchés financiers les plus importants.
- La préparation des directives réglementaires régissant les transactions, dans le respect des principes spécifiques au marché financier islamique.
- L'établissement de normes communes et unifiées, pour l'émission et la négociation des outils financiers islamiques à respecter et à suivre par tous les intervenants du marché financier.

2. Caractéristiques du marché financier islamique

Plusieurs techniques et outils d'investissement pratiqués sur les marchés financiers conventionnels sont jugés illicites par la loi islamique. Pour rendre le marché financier un lieu où il est possible d'investir conformément à la

---

[4] زياد جلال الدماغ، الصكوك الإسلامية ودورها في التنمية الاقتصادية، دار الثقافة للنشر والتوزيع، الأردن، الطبعة الأولى، 2012م 1433ه، ص 156

[5] محمد عبد الحليم، أهمية السوق المالية الإسلامية، جريدة الإقتصادية، ص 2

Shariah, il s'avère nécessaire de définir et de présenter les éléments servant de lignes directrices à la détermination et à la fixation des principes de base régissant les marchés financiers islamiques.

Le marché financier islamique est un lieu où sont réalisées les transactions sur des outils financiers d'investissement conformes aux règles shariatiques. Ce marché est caractérisé par l'absence de la spéculation excessive, ainsi que des forces monopolistiques pouvant conduire à l'exploitation abusive et frauduleuse des richesses. Ceci conduit à la mise en place d'un cadre favorisant et encourageant la concurrence libre et équitable, à travers la détermination des prix des titres financiers, sur la base de la confrontation réelle de l'offre et de la demande[6].

Les actes spéculatifs des intervenants sur le marché financier conventionnel comptent parmi les facteurs ayant des effets néfastes sur sa performance, contrairement aux méthodes d'investissement éthiques conformes à la Shariah, qui en ont un impact positif. Les pratiques financières islamiques entraînent également des conséquences économiques efficaces, du fait que l'élargissement de l'investissement islamique influe positivement sur les marchés financiers, à travers sa contribution à la réalisation du développement économique et à l'instauration d'une équité dans la répartition des revenus entre investisseurs. L'investissement islamique a également un impact social, du fait qu'il exerce une influence positive sur la psychologie et le tempérament des investisseurs, ce qui favorise la réalisation du développement social[7].

Parmi les principales pratiques courantes permises sur le marché financier conventionnel et jugées illicites par le courant financier islamique, nous trouvons principalement, la vente déguisée, les conventions de manipulation des prix, le monopole, la spéculation et le Riba[8].

- La vente déguisée est une opération de vente ou d'achat fictive et non réelle. C'est une opération qui a pour objet de faire croire aux investisseurs qu'il existe un volume important de transactions sur un titre, afin d'en accroître la demande et d'augmenter, en conséquence, sa valeur pour réaliser plus de profits. Ce type d'acte est considéré comme étant de l'escroquerie et de la trahison prohibées du point de vue islamique.
- Les conventions et les tentatives de manipulation des prix des titres financiers sont concrétisées par les différents actes et pratiques entre certains investisseurs, dans l'optique de la réalisation de bénéfices inhérents aux fluctuations des prix des titres financiers mis en vente. Ceci se réalise suite à la diffusion et la circulation d'informations

---

[6] زياد جلال الدماغ، الصكوك الإسلامية ودورها في التنمية الاقتصادية، دار الثقافة للنشر والتوزيع، الأردن، الطبعة الأولى، 2012م 1433ه، ص 158

[7] Ibid., p 163

[8] أشرف دوابة، نحو سوق مالية إسلامية، دار السلام للطباعة والنشر والتوزيع والترجمة، 2006، ص 112-149

erronées sur la bonne ou la mauvaise performance d'une société donnée, afin de pousser les intervenants à vendre ou à acheter les titres de ladite institution. Cela rentre aussi dans l'escroquerie et la trahison prohibées par l'Islam.

- Le monopole est l'action par laquelle une partie quelconque collecte l'ensemble ou la majorité des titres financiers, afin de réaliser un monopole sur lesdits titres. Par la suite, elle commence à retirer progressivement les titres présentés à la vente sur le marché afin de stimuler et augmenter la demande sur ces titres. Cette action a pour objectifs la réalisation de profits, l'obtention d'un privilège de gestion ou encore l'exercice d'une influence sur une société donnée. Ce qui est rejeté par la loi islamique car, selon la Shariah, le monopole est une action prohibée en raison de ses effets négatifs et néfastes sur la performance des marchés financiers.
- La spéculation considérée comme étant une forme de jeu d'argent sur les marchés financiers est une technique d'achat ou de vente de titres, utilisée par les spéculateurs, en vue de tirer profit des fluctuations des cours des titres. Au vu de cette pratique consistant en l'exercice par les spéculateurs d'une influence sur les variations à la hausse ou à la baisse des prix des titres pour réaliser plus de bénéfices, l'activité principale des marchés financiers se transforme, de facto, en opérations financières déguisées, au lieu qu'elle soit une action d'investissement réel, objectif suprême de la création des marchés financiers.
- Le Riba appelé intérêt ou usure est connu par sa prohibition avec unanimité des jurisconsultes

Les divers actes cités ci-dessus ont des effets pervers sur la bonne marche et la réalisation des objectifs escomptés et attendus du marché financier qu'il soit conventionnel ou islamique.

Cela étant, les caractéristiques spécifiques au marché financier islamique telles qu'elles sont définies par les jurisconsultes s'établissent comme suit [9]:

- C'est un marché où la spéculation sur les prix des titres financiers connaît un niveau significativement bas, en raison de la prohibition par la Shariah de plusieurs opérations considérées comme étant des actes de spéculation. Dans ce cadre, il importe de souligner que la politique monétaire, basée sur la Zakat, constitue un lourd fardeau sur les transactions répétées portant sur les outils financiers et devises, alors qu'elle ne représenterait qu'une légère charge en cas de propriété d'outils financiers d'investissement à long terme.
- Ce marché accorde la même attention et le même intérêt, aussi bien au marché primaire qu'au marché secondaire. Dans ce cadre, on peut noter que c'est la durée de financement des nouveaux investissements

---

[9] أحمد سفر، المصارف والأسواق المالية التقليدية والإسلامية في البلدان العربية، المؤسسة الحديثة للكتاب،2006، ص 152-151

productifs, qui constitue l'indicateur de base pour la détermination et l'appréciation du niveau de performance sur les marchés financiers islamiques. Tandis que le volume des transactions réalisées sur les outils financiers, bien qu'il soit important, ne constitue pas l'élément principal d'évaluation du niveau de performance sur ces marchés.

- Le marché financier islamique n'est pas prédominé par les instruments de dette. C'est un marché qui accorde une grande importance à la circulation des outils de propriété et à l'innovation d'options d'investissements, portant sur l'échange réel de biens et services et non sur le commerce de la dette.
- C'est un marché sur lequel ne prévalent pas les pratiques de monopole, de corruption et de mise en circulation d'informations erronées ou marginales, pour la détermination des prix et valeurs des titres financiers.

3. Convergences et divergences entre les marchés financiers islamiques et les autres marchés

Sur le marché financier où les transactions sont réalisées sur les actifs financiers et monétaires, les vendeurs et les acheteurs des titres ne se confrontent pas directement pour la réalisation des opérations d'achat et de vente. Ces dernières sont assurées par des sociétés d'intermédiation financière qui agissent aux noms des acheteurs et des vendeurs.

Le marché financier islamique se distingue du marché financier conventionnel par l'existence d'une multitude d'outils financiers diversifiés, car il ne se limite pas aux seules actions et obligations. Par ailleurs, sur le marché financier islamique, l'argent est investi dans l'économie réelle et ne peut constituer en aucune façon une marchandise. Ainsi, on peut relever l'existence d'une panoplie d'outils sur le marché financier islamique qu'on peut classer en trois grandes catégories : les outils Musharaka, les outils de vente (Murabaha, Salam, Istisnaa) et les outils d'usufruit (Ijara)[10].

Dans ce cadre, il importe de souligner que parmi les principales divergences entre les marchés des titres financiers et les autres marchés de commerce traditionnels, nous trouvons que sur ces derniers, les transactions portent sur le bien ou la marchandise représentant la richesse, alors que sur les marchés des valeurs mobilières, les opérations portent sur les droits détenus sur la richesse et non sur le bien (l'actif) lui-même[11]. Partant de cela, on peut souligner que les droits des détenteurs des titres, la nature des instruments financiers, ainsi que les règles régissant les transactions sur ces marchés sont les principaux volets à analyser pour pouvoir assimiler les mécanismes des marchés financiers islamiques.

[10] محمد عبد الحليم، أهمية السوق المالية الإسلامية، جريدة الإقتصادية، ص 2

[11] سمير عبد الحميد رضوان، أسواق الأوراق المالية ودورها في تمويل التنمية الاقتصادية ودراسة مقار□ة بين النظم الوضعية وأحكام الشريعة الإسلامية، المعهد العالمي للفكر الإسلامي، الطبعة الأولى،1996، ص 233

Le marché financier islamique diffère également du marché financier conventionnel, du fait que sa réglementation est basée sur les préceptes de la Shariah et doit permettre en conséquence, la réalisation des finalités souhaitées du système financier islamique. Choses qui ne sont pas nécessairement exigées sur le marché financier conventionnel.

II. Les composantes et les outils du marché financier islamique

Le marché des titres financiers, marché des valeurs mobilières ou encore bourse dans le langage courant est le marché sur lequel sont échangés les titres financiers. Du point de vue islamique, la bourse des titres financiers assure des fonctions devant avoir un impact positif sur l'économie. Ces fonctions s'alignent aux principes islamiques, du fait que ce lieu de rencontre des offreurs et des demandeurs de capitaux, permet aux intervenants la réalisation de leurs intérêts en termes de fructification de leurs épargnes, ainsi que la réalisation de bénéfices en investissant dans l'achat et la vente des titres. De ce fait, la bourse des titres financiers permet la réalisation des intérêts des différentes parties prenantes du système, tout en assurant le développement économique[12]. Toutefois, trois conditions majeures sont à réunir pour que la bourse des titres financiers soit conforme à la loi islamique :

- Les opérations réalisées doivent nécessairement être permises par la loi islamique.
- Les transactions doivent porter sur des titres financiers Shariah-compliant c.à.d. qui ne sont pas prohibés par la Shariah.
- Les opérations effectuées ne doivent pas faire l'objet d'actes ou de contrats prohibés par la loi islamique ou faisant l'objet de controverses shariatiques.

1. Le marché monétaire islamique

L'importance du marché monétaire réside dans le fait qu'il constitue un tremplin essentiel pour l'obtention, en cas de crises de liquidités, de financements à court terme par les institutions financières. Ce marché offre la possibilité aux intervenants d'honorer leurs engagements à court terme par des ressources de même durée.

Le marché monétaire est le marché sur lequel sont réalisées les transactions sur les titres financiers à court terme. Ces titres financiers prennent la forme de titres de dettes avec intérêt sur le marché conventionnel. Selon la Shariah, les instruments financiers émis sur le marché monétaire conventionnel, tels que les billets de trésorerie, les bons de trésor et les certificats de dépôt sont prohibés par la loi islamique, du fait qu'ils constituent des titres de dette entachés du Riba.

Pour pouvoir asseoir les fondements d'un marché monétaire islamique dynamique, actif et réunissant les conditions nécessaires à sa réussite, une

---

[12] محمد شكرى الجميل العدوي، المعاملات الآجلة في بورصة الأوراق المالية من منظور الشريعة الإسلامية دراسة فقهية مقار□ة، دار الفكر الجامعي،2012، ص 43

panoplie d'instruments financiers à même de répondre aux attentes et besoins des intervenants de ce marché doit être mise en place.

Le marché monétaire conventionnel offre des possibilités d'investissement très restreintes, voire nulles pour les institutions financières islamiques, du fait que les transactions financières sur ce marché sont fondées sur l'intérêt, synonyme du Riba prohibé par la loi islamique. C'est dans ce contexte qu'a émergé le rôle de l'ingénierie financière islamique consistant en l'innovation, l'invention et le développement d'outils financiers islamiques à court terme, basés sur une nouvelle relation, autre que celle de débiteur-créancier et prenant en considération les exigences en matière de gestion de liquidités et d'actifs des institutions financières islamiques. C'est dans cette perspective que les savants et les fuqahas financiers des institutions islamiques ont développé l'idée des Sukuk en tant qu'alternative aux produits conventionnels entachés d'usure[13]. Sur le marché monétaire islamique, les Sukuk se présentent sous diverses formes, tels que les Sukuk des fonds d'investissement, les Sukuk Musharaka, Sukuk Murabaha, la titrisation islamique et autres types de Sukuk tels que Salam, Istisnaa, etc[14].

2. Le marché des capitaux islamique

Le marché des capitaux est l'épine dorsale de tout système financier. Sur ce marché à maturités moyennes et longues, deux principaux titres sont émis, à savoir les obligations et les actions.

Les marchés des obligations et des actions, qui constituent un lieu de transfert de fonds ont une influence primordiale sur l'efficacité économique, du fait qu'ils permettent de drainer les fonds des agents qui n'en font pas usage vers ceux qui en ont besoin. De même, ces marchés constituent un facteur clé de la croissance économique et ont un impact direct sur la richesse individuelle, sur le comportement des entreprises et des consommateurs, ou encore sur les fluctuations économiques[15].

Les obligations conventionnelles constituent des produits financiers illicites, tandis que les types d'actions valides shariatiquement ne peuvent à elles seules dynamiser le marché des capitaux islamique. Par conséquent, le développement d'autres outils financiers Shariah-compatibles, tels que les Sukuk sous leurs diverses formes, ainsi que les fonds d'investissement constituera un fort indicateur du dynamisme des marchés financiers islamiques.

A signaler que l'étude de la conformité des actions et des obligations aux préceptes de la Shariah, ainsi que l'analyse des Sukuk en tant que principaux

---

[13] اخلاص باقر النجار، قراءة في مفردات الهندسة المالية الإسلامية، مجلة العلوم الإقتصادية، العدد 21 المجلد الخامس، حزيران 2008 ص 169

[14] فتح الرحمن علي محمد صالح، أدوات سوق النقد الإسلامية: مدخل للهندسة المالية، مجلة المصرفي العدد 26 ديسمبر 2002

[15] Frederic Mishkin, Monnaie, banque et marchés financiers, Adaptation édition française de Christian Bordes, Pierre-Cyrille Hautcoeur, Dominique Lacoue-Labarthe, Editions Pearson Education France, 8ème édition, 2007, p 3

outils financiers émis sur le marché des capitaux islamique feront l'objet d'un traitement détaillé dans le cadre des prochains chapitres et sections.

3. Les défis des outils du marché financier islamique

Plusieurs facteurs peuvent constituer le fer de lance pour l'innovation, l'invention et le développement d'outils financiers conformes aux préceptes de la Shariah. Ces nouveaux outils financiers islamiques, devront proposer des solutions efficaces, apportant des réponses adéquates aux problèmes rencontrés par les intervenants sur les marchés financiers internationaux conventionnels et islamiques. Il s'agit essentiellement de[16] :

- L'incapacité des banques et des institutions financières islamiques d'investir leurs surplus de liquidité avec la rapidité souhaitée. Car, les outils à court terme disponibles actuellement sur le marché se limitent aux titres conventionnels, tels que les billets de trésorerie, les certificats de dépôts et équivalents. Ces derniers représentent des titres rejetés shariatiquement. De ce fait, il s'avère nécessaire de mettre en place de nouveaux outils financiers islamiques, susceptibles de faciliter le recours en cas de besoin, à des sources de liquidité licites, ou encore à l'emploi de la surliquidité disponible.
- La nécessité d'instituer un marché secondaire islamique des titres financiers, sachant que tout marché secondaire est tributaire du type et du volume des outils financiers disponibles.
- Les produits dérivés tels que les swaps, les options et les futures largement utilisés sur les marchés financiers ne sont pas acceptables du point de vue islamique.

Le marché financier islamique est régi par des normes shariatiques qui interdisent toute transaction ne respectant pas les principes islamiques et éthiques. En revanche, le marché financier conventionnel est caractérisé par la présence de certaines opérations, dont la réalisation n'est pas tolérée par la Shariah et qui peuvent parfois avoir des effets négatifs sur la performance des marchés financiers. Cet état de chose nous a poussé à procéder, dans le cadre de la prochaine section, à un traitement minutieux des caractéristiques de certains outils financiers conventionnels, afin d'aboutir à dégager et à éclaircir les spécificités du marché financier islamique.

---

[16] أحمد سفر، المصارف والأسواق المالية التقليدية والإسلامية في البلدان العربية، المؤسسة الحديثة للكتاب،2006، ص 162- 161

Section 2 : Analyse des titres financiers conventionnels et caractéristiques des titres financiers islamiques

Puisque les Sukuk ont certaines caractéristiques similaires à celles des titres financiers conventionnels, notamment les actions et les obligations, nous procéderons, en premier lieu, à l'analyse des principaux vices rendant les obligations et certains types d'actions incompatibles avec les préceptes de la Shariah. En second lieu, nous présenterons une description des différentes caractéristiques spécifiques aux titres financiers islamiques.

I. Analyse shariatique des titres financiers conventionnels : Les actions et les obligations

1. Les actions

« Une action ordinaire (généralement appelée action) représente une part du capital d'une entreprise. C'est un titre donnant un droit sur les revenus et les actifs de l'entreprise, ainsi que sur sa gouvernance ». Le marché des actions joue un rôle considérable sur le plan des décisions d'investissement des entreprises, du fait que le prix des actions représente un facteur clé qui exerce une influence directe sur le volume des fonds pouvant être levés. Car, plus la valeur des actions est élevée, plus l'entreprise est en position de force pour pouvoir lever autant de liquidités servant au financement de ses propres investissements[17].

Les avis des scholars et des fuqahas contemporains concernant la validité shariatique de l'émission, de l'achat, de la vente et de la réalisation de diverses transactions sur les actions ne sont pas unanimes. Ceci s'explique par la divergence des angles de vues, qui constituent le point de départ pour l'analyse de la conformité des actions aux préceptes de la Shariah.

Les avis des scholars et experts se sont scindés en quatre principaux courants. D'une part, certains auteurs n'ont pas trouvé de vices dans l'investissement en actions, alors que d'autres ont catégoriquement prohibé toute transaction portant sur cette catégorie de titres. D'autre part, certains ont permis les opérations sur les actions sous condition de l'absence du riba et de tous vices les rendant incompatibles avec les principes islamiques. Tandis qu'un autre courant de penseurs a procédé à l'analyse de la validité shariatique des actions selon leurs types, et par conséquent, ils ont estimé valables les transactions portant sur certains types d'actions et en ont prohibé d'autres.

Shariatiquement, les actions peuvent être scindées en deux grandes classes. Une première classe d'actions réunissant celles qui sont conformes avec unanimité des scholars aux principes islamiques. Et une deuxième classe d'actions faisant l'objet de polémique entre fuqahas appartenant à différents courants islamiques. Chaque groupe de fuqahas donne son avis sur la validité

---

[17] Frederic Mishkin, Monnaie, banque et marchés financiers, Adaptation édition française de Christian Bordes, Pierre-Cyrille Hautcoeur, Dominique Lacoue-Labarthe, Editions Pearson Education France, 8ème édition, 2007, p 5-6

shariatique de certains types d'actions et avance les arguments constituant les fondements de leurs jugements.

Les scholars ayant validé les transactions portant sur toutes les catégories d'actions, sans distinction entre leurs divers types, ont eu tort et ont fait l'objet de plusieurs critiques. Car, si certains types d'actions sont conformes aux préceptes de la Shariah, d'autres ne le sont pas puisqu'ils comportent des vices les rendant incompatibles avec les principes de la loi islamique[18].

1.1. Avis shariatiques relatifs aux actions selon la nature des activités de la société émettrice

En principe, les actions sont de nature des titres conformes aux principes de la loi islamique. Ainsi, lorsque les objectifs de la partie émettrice sont conformes à la Shariah et que ses activités, transactions et investissements ne dérogent pas aux principes shariatiques, ces actions sont considérées comme étant des produits Shariah-compatibles dont l'achat et la vente sont valides du point de vue islamique[19].

Cependant, certains types d'actions sont prohibés par la Shariah, du fait que leurs détenteurs bénéficient d'avantages qui portent atteinte au principe d'équité entre les actionnaires du point de vue islamique, ou bien lorsque les activités et les domaines d'intervention de la partie émettrice sont entachés de vices shariatiques (Activités interdites et opérations entachées du Riba, etc.).

Par ailleurs, les actions émises par des sociétés exerçant des activités licites, mais qui réalisent certaines opérations usurières ont divisé les jurisconsultes en deux groupes. Un premier groupe est catégorique quant à la prohibition de la prise de participation par achat d'actions dans ce type de sociétés, même si leurs activités principales sont légales du point de vue islamique[20]. Tandis qu'un deuxième groupe de scholars tolère et autorise la vente et l'achat d'actions de ce type de sociétés et la réception des profits qui en résultent, à condition que le détenteur de l'action purifie les dividendes reçus à travers la détermination du montant correspondant aux intérêts pour s'en libérer par le biais de dons caritatifs. Dans ce cas, il est nécessaire pour le détenteur de l'action de se désengager de la partie du profit illicite en la dépensant dans le financement d'activités permettant la réalisation d'actions humanitaires. La permission des transactions sur ce type d'actions trouve sa justification dans l'existence d'un besoin, exprimé par les particuliers et les institutions souhaitant investir leurs fonds de façon sécurisée en l'absence d'alternatives islamiques dans certains pays[21].

---

[18] سمير عبد الحميد رضوان، أسواق الأوراق المالية ودورها في تمويل التنمية الاقتصادية ودراسة مقارنة بين النظم الوضعية وأحكام الشريعة الإسلامية، المعهد العالمي للفكر الإسلامي، الطبعة الأولى،1996، ص 278

[19] محمد شكرى الجميل العدوي، المعاملات الآجلة في بورصة الأوراق المالية من منظور الشريعة الإسلامية دراسة فقهية مقارنة، دار الفكر الجامعي،2012، ص 45

[20] Décision 7/1/65

[21] زياد جلال الدماغ، الصكوك الإسلامية ودورها في التنمية الاقتصادية، دار الثقافة للنشر والتوزيع، الأردن، الطبعة الأولى، 2012م 1433، ص 167 -168

1.2. Avis shariatiques selon le type d'action

Les actions peuvent faire l'objet de classification en fonction de plusieurs critères. Il s'agit principalement des critères afférents à la nature de l'apport, la forme juridique, les droits des actionnaires, le droit de vote, la gratuité, le type de la valeur et les modalités de remboursement.

1.2.1. Selon la nature de l'apport

- **Les actions de numéraire :** Elles représentent la part dans le capital de la société dont le montant est libéré en espèces. Les fuqahas et les scholars sont unanimes quant à la permission par la loi islamique des transactions portant sur les actions représentatives d'apports en numéraire[22].
- **Les actions représentatives d'apports en nature :** Les scholars n'ont pas été unanimes quant à la validité shariatique de ce type d'actions. Certains jurisconsultes jugent que les actions représentatives d'apports en nature vont à l'encontre des principes shariatiques, alors que d'autres considèrent que ce type d'actions est valide sous condition de l'évaluation des actifs lors de la réalisation des apports. C'est ce deuxième avis qui répond le plus aux besoins de la population et de la société[23].
- **Les actions mixtes :** Il s'agit d'actions représentatives à la fois d'apports en numéraire et en nature. Ce type d'actions est valide du point de vue shariatique[24].

1.2.2. Selon la forme juridique

- **Les actions nominatives :** Une action nominative est celle sur laquelle est apposé le nom de son détenteur et qui en prouve sa propriété. Les scholars contemporains tolérant les transactions sur les actions sont unanimes quant à la validité de ce type d'actions. Car, la mention du nom de l'associé sur l'action représentative de sa part de propriété constitue la base de la protection de ses droits[25].
- **Les actions au porteur :** Ce sont des actions qui ne portent pas les noms de leurs détenteurs. De ce fait, le porteur de l'action est considéré comme étant le propriétaire du point de vue de la société émettrice des actions. Ce type d'actions fait également l'objet de divergence d'avis concernant leur validité shariatique.

  Selon la décision N°65/1/7 du Symposium du Fiqh Islamique relative aux marchés financiers, ce type d'actions est valide du point de vue

---

22 زياد جلال الدماغ، الصكوك الإسلامية ودورها في التنمية الاقتصادية، دار الثقافة للنشر والتوزيع، الأردن، الطبعة الأولى، 2012م 1433، ص 169

23 سمير عبد الحميد رضوان، أسواق الأوراق المالية ودورها في تمويل التنمية الاقتصادية ودراسة مقار□ة بين النظم الوضعية وأحكام الشريعة الإسلامية، المعهد العالمي للفكر الإسلامي، الطبعة الأولى،1996، ص 282-284

24 حسني عبد السميع ابراهيم، أحكام البورصة والتوريق والتورق من منظور الفقه الإسلامي والاقتصاد المعاصر دراسة فقهية مقار□ة، دار الفكر الجامعي، الطبعة الأولى، 2012، ص 250

25 سمير عبد الحميد رضوان، أسواق الأوراق المالية ودورها في تمويل التنمية الاقتصادية ودراسة مقار□ة بين النظم الوضعية وأحكام الشريعة الإسلامية، المعهد العالمي للفكر الإسلامي، الطبعة الأولى،1996، ص 279

shariatique. Cet avis trouve son fondement dans le fait que l'action est représentative de la part indivise de son porteur dans la société et constitue un certificat prouvant son droit.

Les actions au porteur sont considérées comme étant l'outil le plus parfait du point de vue des juristes, puisqu'elles facilitent la fluidité des transactions, du fait qu'elles peuvent être échangées volontairement par simple consentement des parties. Toutefois, certains scholars comme Dr Abdelaziz El Khayat et Dr Saleh Al Marzouki ont jugé que ce type d'actions est illicite. Pour ces deux auteurs, l'anonymat peut engendrer la perte des droits de propriété des actifs représentés par les actions en cas de vol ou de perte, et de ce fait, la protection des droits constituant l'un des piliers de la loi islamique n'est pas respectée[26].

- **Les actions à ordre** : Il s'agit des actions qui confèrent des droits à une partie dont l'identité est connue et nommément désignée sur le titre. Le transfert de la propriété se réalise par le biais de l'endossement. Ce type d'actions n'est pas prohibé par la Shariah[27]

1.2.3. Selon les droits des actionnaires

- **Les actions ordinaires :** Il s'agit du type d'actions le plus répandu. L'émission, la détention, l'achat, la vente et la réalisation de toute opération sur ce type d'actions sont permis selon la loi islamique, sous certaines conditions établies comme suit :
  - Lorsque les actions ordinaires ne donnent pas à leurs détenteurs des droits de préférence lors de la répartition des bénéfices et de l'actif net, ou lors du vote dans le cadre de l'assemblée générale des actionnaires[28]. En d'autres termes, les actions ordinaires sont conformes à la Shariah lorsque l'équité entre les détenteurs des actions en termes de droits et obligations est respectée.
  - Lorsque la société émettrice de ce type d'actions ne réalise pas des transactions entachées du Riba et n'opère pas dans un secteur d'activité prohibé par la loi islamique[29].
  - Les actions ordinaires donnent droit au bénéfice réalisé, et en cas de survenance de déficit, leurs détenteurs supportent une partie des pertes à concurrence de leurs parts dans le capital. De ce fait, il n'y a pas de Riba ou tout autre vice shariatique pour ce type d'actions[30].

---

[26] سمير عبد الحميد رضوان، أسواق الأوراق المالية ودورها في تمويل التنمية الاقتصادية ودراسة مقار□ة بين النظم الوضعية وأحكام الشريعة الإسلامية، المعهد العالمي للفكر الإسلامي، الطبعة الأولى،1996، ص 280

[27] زياد جلال الدماغ، الصكوك الإسلامية ودورها في التنمية الاقتصادية، دار الثقافة للنشر والتوزيع، الأردن، الطبعة الأولى، 2012م 1433، ص 169

[28] سمير عبد الحميد رضوان، أسواق الأوراق المالية ودورها في تمويل التنمية الاقتصادية ودراسة مقار□ة بين النظم الوضعية وأحكام الشريعة الإسلامية، المعهد العالمي للفكر الإسلامي، الطبعة الأولى،1996، ص 284

[29] Ibid.

[30] محمد يوسف موسى، الإسلام ومشكلاتنا الحاضرة،1958، ص 58

- Aucun vice shariatique n'est relevé quant à la répartition du capital en actions, si la valeur de chaque action est connue. La détermination de la valeur unitaire de l'action permet la connaissance de la part de chaque associé, aussi bien dans le capital que dans les bénéfices. Par ailleurs, la détermination des parts peut également se baser sur la subdivision du capital en parties représentant un pourcentage du capital[31].
- Selon le Fiqh islamique, il n'est pas interdit que les parts des associés dans le capital ne soient égales[32].

- **Les actions privilégiées ou de préférence :** Ce sont des actions qui permettent habituellement à leurs détenteurs de jouir d'avantages particuliers non procurés par les actions ordinaires.

Selon l'Académie du Fiqh Islamique, la loi islamique interdit l'émission d'actions de préférence caractérisées par la garantie du capital, la garantie d'un certain niveau de bénéfice, l'octroi d'un privilège lors de la liquidation ou encore au moment de la répartition des bénéfices. Ainsi, l'ensemble des jurisconsultes sont unanimes quant à l'invalidité de ce type d'actions, car elles dérogent au principe d'équité entre les actionnaires et violent l'un des principaux postulats de base de la finance islamique qu'est le partage des pertes et des profits.

Dans ce cadre, on peut citer trois principales raisons constituant la source de la prohibition des actions privilégiées ou de préférence :

- Le rendement versé aux détenteurs des actions de préférence est considéré comme étant du Riba : La part reçue par les porteurs de ce type d'actions est versée avant la répartition du bénéfice entre les actionnaires détenteurs d'actions ordinaires. Dans ce cadre, les sommes versées sont assimilées à des intérêts fixes sur le capital, puisqu'elles sont préalablement déterminées sur la base d'un pourcentage de la valeur nominale de l'action[33].
- Le droit de vote : Parmi les droits non financiers, nous trouvons les droits de vote, en vertu desquels les détenteurs des actions privilégiées peuvent disposer généralement, soit d'un droit de vote de plus d'une voix pour chaque action, ou être privés de ce droit en contrepartie d'autres avantages[34].
- Le droit de préférence : Les actions de préférence donnent à leurs détenteurs le privilège d'être les premiers à disposer de la valeur de leurs actions lors de la liquidation de la société, avant les autres actionnaires. Ils peuvent être également les premiers servis lors de la

[31] الدكتور مبارك بن سليمان بن محمد آل سليمان، أحكام التعامل في الأسواق المالية المعاصرة، الجزء الأول، كنوز اشبيليا للنشر والتوزيع، الطبعة الأولى،2005، ص 149

[32] صالح بن زاين المرزوقي البقمي، شركة المساهمة في النظام السعودي، 1986، ص 341

[33] سمير عبد الحميد رضوان، أسواق الأوراق المالية ودورها في تمويل التنمية الاقتصادية ودراسة مقار□ة بين النظم الوضعية وأحكام الشريعة الإسلامية، المعهد العالمي للفكر الإسلامي، الطبعة الأولى،1996، ص 285

[34] Ibid., p 286

répartition des bénéfices réalisés, sans que cela ne les prive de la réception de leurs parts du bénéfice restant à distribuer[35].

1.2.4. Selon le droit au vote

- **Les actions à droit de vote :** Ce sont des actions qui donnent à leurs détenteurs, en sus des avantages financiers, des droits de contrôle de la société à travers le vote. La majorité des actions émises donnent à leurs détenteurs le droit de vote et de participation dans la gestion de la société. Ce type d'actions est valide du point de vue shariatique[36].
- **Les actions sans droit de vote :** Ce sont des actions qui donnent à leurs détenteurs le droit de participation dans le bénéfice de la société, sans pour autant disposer de droit de participation à sa gestion à travers le droit de vote. Les actions sans droit de vote sont des titres conformes aux principes islamiques par excellence et par consensus des fuqahas[37].

1.2.5. Selon la gratuité ou non[38]

- **Actions à titre onéreux** : Ce sont des actions dont la valeur est payée par leurs détenteurs, ce qui ne déroge pas aux principes islamiques. De ce fait, ce type d'actions est valide shariatiquement.
- **Actions à titre gratuit :** Il s'agit d'actions attribuées aux actionnaires de la société gratuitement et non à un prix préalablement fixé, en cas d'augmentation du capital par incorporation de réserves ou de bénéfices. Selon la Shariah, ce type d'actions est valide lorsque la distribution des titres gratuits entre actionnaires est réalisée de façon équitable et au prorata du nombre d'actions qu'ils détiennent dans le capital. Une telle opération est licite également parce que les actions distribuées sont en principe représentatives de l'argent des actionnaires, ce qui justifie leurs droits d'en bénéficier.

1.2.6. Selon le type de la valeur[39]

- **La valeur nominale :** La valeur nominale d'une action est la quote-part du capital social, représentée par cette action qui correspond au capital figurant sur le bilan divisé par le nombre total d'actions émises. Généralement, cette valeur est fixée dans les statuts de l'entreprise et est apposée sur l'action lors de sa première émission. Ceci est conforme aux règles de la Shariah.
- **La valeur d'émission sur les registres :** C'est la valeur comptable constatée sur les registres de la société. Elle représente la valeur des

---

35 الدكتور مبارك بن سليمان بن محمد آل سليمان، أحكام التعامل في الأسواق المالية المعاصرة، الجزء الأول، كنوز اشبيليا للنشر والتوزيع، الطبعة الأولى، 2005، ص149/150

36 حسني عبد السميع ابراهيم، أحكام البورصة والتوريق والتورق من منظور الفقه الإسلامي والاقتصاد المعاصر دراسة فقهية مقارنة، دار الفكر الجامعي، الطبعة الأولى، 2012، ص 251

37 مجلة مجمع الفقه الإسلامي

38 حسني عبد السميع ابراهيم، أحكام البورصة والتوريق والتورق من منظور الفقه الإسلامي والاقتصاد المعاصر دراسة فقهية مقارنة، دار الفكر الجامعي، الطبعة الأولى، 2012، ص 251

39 زياد جلال الدماغ، الصكوك الإسلامية ودورها في التنمية الاقتصادية، دار الثقافة للنشر والتوزيع، الأردن، الطبعة الأولى، 2012م 1433، ص168

droits de propriété divisée par le nombre d'actions émises. Ce type d'actions est jugé conforme à la Shariah.

- **La valeur de marché :** C'est la valeur à laquelle sont vendues les actions en bourse (valeur boursière). Elle peut être supérieure ou inférieure aux trois autres valeurs, à savoir la valeur nominale, la valeur sur les registres et la valeur réelle. Cette valeur dépend des circonstances de l'offre et de la demande, ce qui ne déroge pas aux principes islamiques.

1.2.7. Selon la modalité de remboursement

- **Les actions de capital :** Ce sont les actions non amorties et représentatives du capital. Les détenteurs de ces actions ne peuvent reprendre leurs valeurs de la société tant que cette dernière existe et est encore en activité. Il s'agit, en fait, des actions ordinaires valides shariatiquement[40].
- **Les actions amorties :** Il s'agit des actions de jouissance amorties par le remboursement de leur montant nominal à leurs détenteurs, qui restent toujours des actionnaires de la société tout en gardant leurs droits. Pour être conforme à la Shariah, l'opération d'amortissement du capital doit concerner et couvrir simultanément tous les actionnaires, ou bien être réalisée par tranches successives sans distinction entre les divers actionnaires, pour que l'équité, l'un des principaux postulats de base de la loi islamique soit respectée[41].

1.3. Circulation des actions

La connaissance de la nature des actifs sous-jacents aux actions est très importante du point de vue shariatique. La conformité du type des actions aux normes islamiques ne signifie pas la totale liberté de leur circulation sur le marché financier. Pour que la négociabilité des actions soit conforme aux préceptes de la Shariah, elle doit obéir à un certain nombre de critères et de conditions. Généralement, trois cas de figure se présentent [42] :

- Si les actifs prennent toujours la forme de liquidités, la circulation et les transactions sur les actions les représentant sont soumises aux dispositions de change. Dans ce cas, l'action ne peut être vendue à une valeur supérieure ou inférieure à sa valeur réelle. A souligner que les conditions de l'échange simultané (takabod) et de la similitude des monnaies d'échange (tamatol) doivent être respectées.
- Lorsque les actions sont représentatives de dettes, leur négociabilité est soumise aux dispositions de la vente de la dette. La vente de ces actions ne peut être réalisée en contrepartie d'un montant équivalent

---

40 زياد جلال الدماغ، الصكوك الإسلامية ودورها في التنمية الاقتصادية، دار الثقافة للنشر والتوزيع، الأردن، الطبعة الأولى، 2012م 1433، ص170

41 سمير عبد الحميد رضوان، أسواق الأوراق المالية ودورها في تمويل التنمية الاقتصادية ودراسة مقار□ة بين النظم الوضعية وأحكام الشريعة الإسلامية، المعهد العالمي للفكر الإسلامي، الطبعة الأولى،1996، ص 287-289

42 زياد جلال الدماغ، الصكوك الإسلامية ودورها في التنمية الاقتصادية، دار الثقافة للنشر والتوزيع، الأردن، الطبعة الأولى، 2012م 1433، ص 166-167

en devises de même nature ou de nature différente, car, cette opération est entachée de Riba *Nassia*. Toutefois, la vente de ce type d'actions est tolérée par la Shariah, à condition que la contrepartie soit non pécuniaire, sans pour autant dépasser la valeur réelle de l'action.

- Dans le cas d'actifs sous-jacents constitués d'un ensemble diversifié d'actifs, la validité shariatique de la circulation des actions est tributaire de la nature de l'activité de la société. C'est-à-dire, si la société a comme activité principale celle d'un organisme financier, la négociabilité des actions est soumise aux dispositions de change ou de la vente de la dette. Tandis que si l'activité de la société est la commercialisation de marchandises tangibles, l'existence de dettes et de liquidités constitue un accessoire qui suit le principal, et par conséquent, la vente desdites actions est soumise aux dispositions de la vente spot non conditionnée par l'échange simultané (takabod) et la similitude des monnaies d'échange (tamatol).

2. Les obligations

« Une obligation est un titre de dette qui promet des paiements périodiques sur une durée déterminée »[43]. L'obligation constitue un titre de dette, en vertu duquel, l'émetteur s'engage à verser à son détenteur une somme d'intérêts convenue, à une date déterminée, en contrepartie du montant du principal.

Il s'agit d'un titre financier circulant sur les marchés financiers conventionnels, qui donne lieu généralement au paiement d'un montant supérieur à celui préalablement reçu. La différence constitue un surplus d'argent dont le paiement et la réception sont prohibés par la loi islamique, quelle que soit la valeur de ce surplus. Il s'agit d'une opération assimilée à un financement classique avec intérêt.

Selon la décision N°6/11/62 du Symposium du Fiqh Islamique, les obligations qui donnent lieu à un engagement de paiement d'un montant englobant la valeur du principal, en plus des intérêts y afférents sont prohibées par la Shariah. Il y a lieu, en outre, de souligner que les obligations zéro-coupon sont également des titres illicites du point de vue islamique, car elles sont considérées comme étant des titres représentatifs d'un crédit, vendus à un prix inférieur à leur valeur faciale qui est remboursée à l'échéance du contrat. Les obligations privilégiées sont également prohibées, puisqu'elles constituent des crédits conditionnés par l'octroi à leurs porteurs, d'avantages particuliers. La prohibition concerne l'émission, la vente et la circulation desdites obligations, qu'elles soient émises par un organisme public ou privé et quelles que soient leurs dénominations.

De ce qui précède, nous constatons que les transactions portant sur les obligations sont catégoriquement prohibées, car, l'objet de l'opération porte

[43] Frederic Mishkin, Monnaie, banque et marchés financiers, Adaptation édition française de Christian Bordes, Pierre-Cyrille Hautcoeur, Dominique Lacoue-Labarthe, Editions Pearson Education France, 8ème édition, 2007, p 3

sur un crédit avec intérêt qui est interdit unanimement en finance islamique[44].

II. Caractéristiques des titres financiers islamiques

1. Définition d'un titre financier islamique

Un titre financier islamique est un Sak[45] (titre) qui représente une part indivise dans l'argent collecté, dans l'optique de l'investir en vue de générer des bénéfices. Ce titre est émis par l'investisseur en qualité de « Mudarib », ou par une autre partie qui agit pour son compte. Le titre financier islamique est négociable et peut être transformable en liquidités[46].

2. Les caractéristiques des titres financiers islamiques[47]

2.1. Un Sak (titre) représente une part indivise dans l'argent

Un Sak est un certificat ou un document émis au nom du souscripteur, en contrepartie du montant souscrit dans le capital d'un projet ou dans le financement d'une activité d'investissement. Toutefois, après le démarrage du projet et la transformation de l'argent en actifs tangibles, usufruits ou droits chez autrui, le Sak devient un titre représentant une part indivise dans l'ensemble financier.

La propriété du détenteur du Sak est une propriété indivise. La Shariah tolère l'existence de plusieurs porteurs de capitaux et un seul Mudarib. Chaque porteur de capital (Rab Al Mal) est propriétaire d'une part indivise dans l'argent de la Mudaraba avec un pourcentage de participation dans le capital.

La Shariah permet également le droit de jouissance dans la part indivise et dans l'ensemble de l'argent constitué d'actifs tangibles, droits et usufruits, à condition d'agir dans le respect des principes islamiques.

2.2. L'investissement de l'argent dans l'objectif de recevoir des bénéfices

Le titre financier est un Sak qui représente une part indivise dans l'argent collecté, dans l'objectif de l'investir afin de réaliser un bénéfice. Si la somme d'argent collectée est destinée au financement d'une activité bénévole à titre non onéreux, ou bien lorsque le Sak représente une part dans la copropriété d'un immeuble destiné à l'exploitation personnelle, le Sak n'est pas considéré comme étant un titre financier au sens des marchés financiers.

2.3. L'investisseur émet le Sak personnellement ou par l'intermédiaire d'une autre partie

L'investisseur est l'émetteur du Sak ou du titre financier dans l'objectif de financer son propre projet ou une activité précise. Il se charge de la préparation de l'étude de faisabilité de son projet, détermine le capital, ainsi que le bénéfice prévisible. Par la suite, il prépare le prospectus d'émission des titres

---

[44] Fathi ahmed

[45] Définition d'un Sak dans le sens littéraire

[46] هشام أحمد عبد الحي، الصناديق والصكوك الإستثمارية الإسلامية، دراسة تطبيقية فقهية، منشأة المعارف بالاسكندرية، 2010، ص 143

[47] Ibid., p 143-147

qui contient toutes les conditions et clauses du contrat Mudaraba. Une fois cette étape achevée, il émet les titres au public pour souscription dans le projet en contrepartie de la délivrance de titres financiers. L'investisseur peut également confier cette opération à une autre partie - banque ou institution financière - qui agit pour son compte en contrepartie d'une rémunération.

2.4. L'investisseur émet le titre financier en qualité de « Mudarib »

L'émetteur du titre financier, ou l'initiateur qui reçoit le produit de l'émission en vue de son utilisation dans le financement d'un projet donné, agit en qualité de « Mudarib ». Les souscripteurs sont les apporteurs de capitaux associés dans un argent collectif. Ceci signifie que :

- La relation entre l'émetteur du titre financier et les souscripteurs (détenteurs de titres) n'est pas une relation de débiteur-créancier, mais plutôt une relation de Mudarib, qui investit le produit de la souscription dans un projet économique, en association avec les porteurs de capitaux (arbab al mal). Ainsi, le projet devient la propriété des porteurs des titres financiers, tandis que l'émetteur n'est chargé que d'une mission de garde (yad amana). Il gère le projet pour leurs comptes en contrepartie d'une part bien déterminée du bénéfice, fixée et précisée dans le cadre du prospectus d'émission.

  Ce transfert de propriété du projet aux souscripteurs constitue la principale différence entre les titres financiers islamiques et les obligations. Car, ces dernières représentent une dette de la société émettrice envers les détenteurs d'obligations. Dans ce cadre, la société émettrice d'obligations s'engage à payer de façon périodique des intérêts préalablement déterminés en sus de son engagement de remboursement de la valeur nominale.
- Le droit de gestion du projet, ainsi que le pouvoir de prise des décisions d'investissement sont l'apanage de l'investisseur émetteur des titres. Les porteurs des titres ne peuvent s'immiscer dans la gestion. Leur rôle se limite au suivi des actions entreprises par l'émetteur Mudarib, afin de s'assurer de son respect des clauses du contrat Mudaraba, arrêtées dans le cadre du prospectus d'émission. Ce prospectus détermine également le garant de l'émission (amine al isdar) qui veille à la protection des droits des souscripteurs.
- Le titre financier islamique est négociable et liquidable. Il peut faire l'objet de transactions consistant en l'achat et la vente sur les marchés financiers.

3. Les types des titres financiers islamiques : Les Sukuk et les unités d'investissement

3.1. Les Sukuk

Les Sukuk constituent un moyen de facilitation de la fluidité des capitaux dans les marchés financiers islamiques. Ils permettent, d'une part, aux investisseurs d'accéder aux ressources nécessaires au financement de leurs projets d'investissements, et d'autre part, aux épargnants de fructifier leurs épargnes par l'achat de titres facilement liquidables, avec les garanties exigées et procurant le rendement souhaité.

Dans la pratique, les Sukuk peuvent être émis sur le marché financier islamique des pays disposant d'un système financier purement islamique, comme ils peuvent être émis dans les pays à système financier dual, où coexistent les systèmes financiers islamique et conventionnel. Les pays sous régime financier conventionnel, ne disposant pas de loi dédiée aux Sukuk, peuvent aussi les émettre sous une réglementation étrangère.

Les Sukuk peuvent prendre l'une des deux formes suivantes[48] :

- **Sukuk asset based :** Basés sur des actifs objets de la titrisation. Dans ce cas de figure, le risque ou le recours est sur l'émetteur qui s'engage au rachat des actifs à terminaison.
- **Sukuk asset backed :** Adossés à des actifs, qui sont les sous-jacents générateurs de revenus. Dans ce cas, le risque ou le recours est sur les actifs sous-jacents.

3.2. Les unités d'investissement

Les unités d'investissement sont des titres assimilables aux actions. Elles représentent une part indivise dans un fonds d'investissement islamique et sont émises dans le respect des règles shariatiques[49].

En définitive, il ressort de l'analyse des deux principaux titres financiers conventionnels, à savoir les actions et les obligations, que les composantes essentielles des obligations dérogent totalement aux préceptes de l'islam. Quant aux actions, elles sont en principe des titres de propriété Shariah-compatible, mais elles deviennent parfois, dans la pratique et par les usages des parties prenantes, entachées de vices shariatiques les rendant illicites.

---

[48] Abderrahmane LAHLOU, Economie et finance en islam, une éthique pour stabiliser l'économie et recadrer la finance, Société d'Edition et de Diffusion Al Madariss, 1ère Edition, 2015, p 272

[49] هشام أحمد عبد الحي، الصناديق والصكوك الإستثمارية الإسلامية، دراسة تطبيقية فقهية، منشأة المعارف بالاسكندرية، 2010، ص 143

Le marché financier conventionnel est marqué par la prédominance d'un certain nombre d'opérations financières jugées incompatibles avec la Shariah. En temps de crise, les faits historiques ont démontré que ces opérations financières conventionnelles ont eu des effets pervers sur la performance des marchés financiers, et par voie de conséquence, sur le développement des pays. En effet, et en raison de la globalisation, toute crise financière impacte directement ou indirectement l'ensemble de l'écosystème économique, financier, social et politique, aussi bien au niveau national qu'international.

Le traitement des aspects relatifs au marché financier islamique, ainsi que ses dissimilitudes avec le marché financier conventionnel, l'analyse des caractéristiques des actions et des obligations, leurs ressemblances et différences avec les Sukuk, constituent un soubassement incontournable pour le traitement en profondeur des caractéristiques des Sukuk.

Chapitre II : Concepts de base relatifs à la titrisation islamique « Sukukisation » et cadre conceptuel des Sukuk

Les certificats de Sukuk sont des titres introduits sur les marchés financiers comme une nouvelle source de financement conforme aux principes islamiques. Dans ce cadre, il y a lieu de préciser qu'il ne suffit pas seulement que l'opération d'émission soit valide du point de vue shariatique, mais il faut également que l'environnement général de l'industrie des Sukuk, avec toutes ses pratiques, soit conforme aux normes islamiques, et ce, afin d'assoir un écosystème sain, caractérisé par l'absence de vices shariatiques.

Le présent chapitre a pour objectif d'expliquer le processus de structuration d'une opération de titrisation islamique et de décrire et d'analyser l'ensemble des étapes d'une opération d'émission de Sukuk. Il sera structuré comme suit :

- **Section 1 : La titrisation islamique « Sukukisation »**
- **Section 2 : Définition, modalités de structuration et principes de circulation des Sukuk**

Section 1 : La titrisation islamique « Sukukisation »

Puisque les Sukuk sont des titres financiers Shariah-compatibles, basés sur le mécanisme de titrisation, nous analyserons l'opération de titrisation conventionnelle pour pouvoir détecter les traits la rendant illicite aux yeux des scholars et des jurisconsultes. L'étude des vices shariatiques entachant la titrisation conventionnelle constituera une base solide et un préliminaire indispensable, qui nous permettront de bien expliquer et d'analyser la titrisation islamique appelée également « Sukukisation ».

I. Analyse de la titrisation du point de vue islamique

La titrisation est l'un des sujets émergents sur la scène financière contemporaine. Cette opération, couramment réalisée par les institutions financières conventionnelles a commencé à être utilisée par leurs corollaires islamiques au début des années 1990. Cette modalité de financement est apparue dans le domaine financier islamique sous l'appellation de « Sukukisation ». Cette dernière respecte la Shariah et est régie par des normes islamiques. La dénomination « Sukukisation » trouve sa source dans le fait que l'opération est matérialisée par l'émission de produits financiers islamiques appelés « Sukuk », valeurs mobilières considérées comme étant Shariah-compliant.

La titrisation islamique ou la Sukukisation sont des termes utilisés pour désigner la titrisation dans sa conception islamique, qui respecte les principes de la Shariah. Mais le concept « Sukuk » est le terme le plus explicite qui exprime avec clarté la notion de la titrisation islamique. Il s'agit de l'exemple type pour comprendre les mécanismes et le processus de titrisation en finance islamique.

Généralement, le terme « titrisation » est utilisé en finance conventionnelle pour désigner une opération qui contient de l'intérêt (Riba) prohibé shariatiquement. Ainsi, les termes « Sukukisation » ou tout simplement « Sukuk » sont les concepts qui reflètent le plus la vision islamique de la titrisation et qui permettent la distinction entre titrisation conventionnelle et titrisation islamique.

1. Analyse shariatique de la titrisation conventionnelle selon les trois principales méthodes de structuration

La titrisation est une technique financière d'origine américaine, qui consiste à obtenir un financement en cédant des actifs à une entité ad hoc. En théorie, n'importe quel actif qui génère des flux de trésorerie peut faire l'objet d'une titrisation. Aux États-Unis, premier pays où a émergé la titrisation, trois principales méthodes de titrisation sont apparues successivement. Il s'agit essentiellement du Pass-through, du Pay-through et du « Market-value asset-backed bonds »

1.1. La méthode « Pass-through »

Considérée comme étant la forme la plus adaptée à la titrisation des créances hypothécaires, cette formule de titrisation, appelée « Pass-through », créée par l'agence fédérale GNMA (Government National Mortgage Association ou Ginnie Mae) en 1970 est la première à être apparue aux États-Unis. Dans le système Pass-through, le prêteur regroupe les créances hypothécaires dans un portefeuille et le transmet à une entité ad hoc qui émettra des titres représentant un droit bénéficiaire indivis. Cette émission ne constitue pas une dette au bilan de l'initiateur, mais une cession d'actifs. Les valeurs mobilières émises bénéficient de l'ensemble des flux de remboursement en capital et en intérêts[50]. Autrement dit, lors de l'émission de « Pass-through », l'établissement demandeur de fonds vend une partie de ses actifs au trust, qui émet en contrepartie des titres appelés « titres Pass-through », représentatifs d'un droit de propriété sur l'actif gagé. Les revenus générés par l'actif gagé sont transférés aux détenteurs des titres au prorata de leurs participations. Les actifs gagés sont généralement assortis de garanties spécifiques en cas de défaillance. Ces dernières prennent soit la forme de lettre de crédit bancaire, soit elles sont constituées par un compte de réserve provenant des cash-flows de l'actif lui-même[51].

Les actifs sécurisés de type Pass-through sont des titres assimilables à des actions[52] et sont les plus conformes à la Shariah. Le transfert des actifs du cédant à l'entité de titrisation doit prendre nécessairement la forme d'un transfert réel[53]. Il s'agit du mode de titrisation le plus proche du principe de la titrisation islamique. Il est procédé dans le cadre de cette opération à la répartition de la propriété des actifs objets de la titrisation et leur vente aux investisseurs. Le détenteur du titre devient par conséquent, un associé dans la propriété des actifs et ne reçoit pas un revenu sous forme d'intérêts préalablement déterminés, mais plutôt une rémunération qui se base sur ce que les actifs engendrent en perte ou en profit, c.à.d. que les flux générés par les actifs sont la source des flux qui seront payés aux investisseurs. Ce procédé ne déroge pas totalement aux principes des transactions islamiques, surtout si d'autres conditions shariatiques y sont associées[54].

[50] Thierry GRANIER et Corynne JAFFEUX, La titrisation Aspects juridique et financier, Editions ECONOMICA, 1997, p 16

[51] Michèle CERESOLI et Michel GUILLAUD, Titrisation et gestion financière de la banque, Editions ESKA, 1992, p 55-56

[52] Ibid., p 56

[53] Abdelkader BELTAS, La titrisation (Instrument efficace de pour la gestion du risque du crédit bancaire), Maison d'édition LEGENDE, 2007, p 292

[54] Andreas A.Jobst, The Economics of Islamic Finance and Securitization, International Monetary Fund (IMF) Working Paper, August 2007, p 17

1.2. La méthode « Pay-through »

Cette nouvelle génération de titres est apparue en 1975. Elle consiste à émettre des titres, afin de permettre à certains émetteurs de conserver les créances sur leur bilan, tout en se refinançant. Les titres Pay-through apparaissent comme des dettes de l'émetteur garanties par une sûreté. Toutefois, dans ce mécanisme, les flux financiers des titres sont liés à ceux des créances sous-jacentes. Le produit du capital et des intérêts reçus des créances est versé directement aux souscripteurs[55].

A l'opposé des « Pass-through », les « Pay-through » constituent des titres de dette pour l'émetteur[56]. Les titres émis selon le mode « Pay-through » représentent des outils d'endettement à honorer par l'émetteur, en plus de la réception par les détenteurs des titres d'une partie des bénéfices engendrés par les actifs objets de titrisation. Ce qui les rend incompatibles avec les principes islamiques[57].

1.3. La méthode « Market-value asset-backed bonds »

Ce sont des obligations classiques garanties par un actif. Cependant, l'actif gagé présente l'avantage de pouvoir être négocié sur un marché secondaire, ce qui permet une valorisation en continu de cet actif[58].

Dans ce cas, les détenteurs de titres ne bénéficient pas des profits engendrés par les actifs, mais reçoivent des intérêts préalablement déterminés en sus du principal de la dette. Ce qui est assimilé à un crédit avec intérêts prohibé par la loi islamique. De ce fait, ce type de titrisation ne respecte pas les principes de la titrisation islamique[59].

2. Analyse de la titrisation conventionnelle selon les étapes du processus de montage de l'opération

L'avis shariatique relatif à l'opération de titrisation nécessite un éclaircissement et une distinction entre deux principales étapes du processus de titrisation, à savoir[60] :

- Le transfert des dettes à l'organisme de titrisation (SPV)
- L'émission des titres financiers par le véhicule de titrisation

---

55 Thierry GRANIER et Corynne JAFFEUX, La titrisation Aspects juridique et financier, Editions ECONOMICA, 1997, p 17

56 Ibid., p 56

57 زاهرة علي محمد بني عامر، التصكيك ودوره في تطوير سوق مالية إسلامية، جامعة اليرموك، كلية الشريعة والدراسات الإسلامية، قسم الإقتصاد والمصارف الإسلامية، 2008، ص82

58 Michèle CERESOLI et Michel GUILLAUD, Titrisation et gestion financière de la banque, Editions ESKA, 1992, p : 56

59 زاهرة علي محمد بني عامر، التصكيك ودوره في تطوير سوق مالية إسلامية، جامعة اليرموك، كلية الشريعة والدراسات الإسلامية، قسم الإقتصاد والمصارف الإسلامية، 2008، ص82

60 د. أسامة بن حمود بن محمد اللاحم، بيع الدين وتطبيقاته المعاصرة في الفقه الإسلامي، دار الميمان للنشر والتوزيع، الجزء الثاني، الطبعة الأولى، 2012، ص 523

2.1. Avis shariatique relatif au transfert des dettes à l'organisme de titrisation

La transmission des dettes à un organisme de titrisation peut se réaliser selon deux principales options. Elle peut se matérialiser par un transfert total de la propriété des dettes, comme elle peut se limiter à un transfert des créances à titre de nantissement. L'analyse shariatique de ces deux cas de figure que peut prendre l'opération de titrisation, constitue une nécessité pour pouvoir déterminer la validité shariatique ou non de ces opérations, et identifier en conséquence, les preuves justifiant l'existence ou l'absence de la conformité de ces opérations avec les principes de la loi islamique.

2.1.1. Avis relatif au transfert des dettes au véhicule de titrisation à titre de propriété

C'est une opération de titrisation avec cession parfaite des actifs sous-jacents au véhicule de titrisation. Le portefeuille de créances, complètement cédé, n'est plus la propriété de l'initiateur de l'opération de titrisation. Les créances sont ainsi retirées de l'actif du bilan de l'initiateur et remplacées par des liquidités. Il s'agit de la structure de base de la titrisation[61].

L'opération de transfert des créances à l'organisme de titrisation à titre de propriété est considérée selon le Fiqh comme étant une vente de dettes à une partie autre que le débiteur, avec une contrepartie de même nature, mais d'une valeur inférieure, dans le cas où l'initiateur de l'opération ne garantit pas totalement ou partiellement le paiement des dettes par les débiteurs. Alors que dans le cas de garantie du paiement, l'opération de transfert des créances prend la forme d'une opération de vente de dettes avec garantie totale ou partielle de l'initiateur de la solvabilité des débiteurs[62].

Selon les avis des fuqahas, le transfert des dettes à l'organisme de titrisation à titre de propriété n'est pas valide du point de vue shariatique, et ce, pour trois principales raisons[63] :

- C'est une opération entachée de Riba Nassia prohibée par la loi islamique. Car, l'objet du contrat porte sur des dettes monétaires à honorer par les débiteurs, et qui sont vendues moyennant une contrepartie financière. A souligner que la vente d'une somme d'argent à honorer ultérieurement en contrepartie de la monnaie est illicite, que les monnaies de la transaction soient identiques ou de natures différentes.
- C'est une transaction entachée de Riba Fadl, lorsque la contrepartie financière que l'organisme de titrisation s'engage à payer est d'une

[61] Claude Laporte, La titrisation d'actifs en Suisse Asset-backed Securitisation, Editions Schulthess, 2005, p 8

[62] د. أسامة بن حمود بن محمد اللاحم، بيع الدين وتطبيقاته المعاصرة في الفقه الإسلامي، دار الميمان للنشر والتوزيع، الجزء الثاني، الطبعة الأولى، 2012، ص 526

[63] Ibid., p 527-528

nature similaire aux dettes vendues et transférées faisant l'objet du contrat.

- C'est une opération qui est considérée comme étant une vente de la dette à crédit, lorsque la totalité ou une partie de la contrepartie monétaire du transfert de dettes est différée dans le temps. La vente de la dette à crédit, qui est généralement l'une des caractéristiques de l'opération de titrisation est prohibée par la Shariah à l'unanimité des jurisconsultes.

Il ressort de ce qui précède que le contrat de transfert de la propriété des dettes à une structure spécifique, dans le cadre de l'opération de titrisation, ne diffère guère du crédit usurier classique prohibé par la Shariah. L'invalidité shariatique de ce contrat réside dans le fait que dans une opération de crédit conventionnel avec intérêt, une partie emprunte une somme d'argent et s'engage à rembourser une dette d'un montant qui lui est supérieur. Alors que pour ce qui est de l'opération de titrisation, l'initiateur bénéficie d'un montant inférieur à la valeur de la dette vendue. Le principal élément commun entre le crédit classique conventionnel et la titrisation et qui constitue l'essence même des deux contrats, est que le montant reçu est inférieur à celui payé ultérieurement[64].

2.1.2. Avis shariatique relatif au transfert des dettes à l'organisme de titrisation à titre de nantissement

C'est une opération de titrisation par laquelle les créances, qui restent toujours la propriété de l'initiateur, sont transférées à titre de garantie à l'organisme de titrisation. Ce dernier émet en contrepartie des obligations garanties par des créances représentant une sureté aux détenteurs d'obligations. Les scholars et les fuqahas ne sont pas unanimes quant à la validité shariatique du nantissement de la dette. Leurs avis se sont scindés en trois tendances : La première tolère le nantissement de la dette, la deuxième permet le nantissement de la dette uniquement au débiteur, alors que la troisième catégorie rejette catégoriquement l'option de nantissement de la dette[65].

Ces trois tendances fiqhiques constituent les principales sources de divergences des avis shariatiques relatifs à la validité et la conformité de certains Sukuk émis en Malaisie et aux pays du golfe.

2.2. L'émission des titres financiers par le véhicule de titrisation

La titrisation conventionnelle est la transformation des dettes en titres financiers (obligations) négociables de valeurs égales. Les obligations représentent des dettes à intérêt à payer par leur émetteur au profit de leurs détenteurs. L'émission et la négociation de ces obligations sont prohibées par

---

64 د. أسامة بن حمود بن محمد اللاحم، بيع الدين وتطبيقاته المعاصرة في الفقه الإسلامي، دار الميمان للنشر والتوزيع، الجزء الثاني، الطبعة الأولى، 2012، ص 528

65 Ibid., p 526

la Shariah[66]. En conséquence, les titres financiers émis par l'organisme de titrisation, qui prennent généralement la forme d'obligations, sont catégoriquement prohibés du point de vue islamique, à l'unanimité des jurisconsultes.

3. Avis des jurisconsultes concernant la validité shariatique de l'opération de titrisation conventionnelle

3.1. Avis des jurisconsultes relatifs à la réalité shariatique de l'opération de titrisation conventionnelle

La titrisation des dettes consiste en la vente, avant maturité, de la dette à une partie autre que le débiteur, en contrepartie d'une valeur inférieure à sa valeur nominale. Cette opération est prohibée par la Shariah, en raison de sa nature usurière. Pour que la titrisation ne soit pas illicite et devienne une opération conforme aux normes islamiques, deux principaux critères doivent obligatoirement être présents. En premier lieu, l'objet de la vente doit être un actif, autre que les dettes, dont la vente est permise par la Shariah. En second lieu, il va falloir que l'actif soit générateur de flux financiers ou cash-flows. A titre d'exemple, en cas d'existence d'un immeuble générateur de flux financiers, il est permis d'émettre des Sukuk basés sur ces cash-flows. Chaque Sak représentera une part indivise dans la propriété de l'immeuble et non une part indivise dans les dettes d'autrui. De ce fait, la Sukukisation engendre le transfert de la propriété de l'actif générateur des cash-flows aux détenteurs de Sukuk, et par conséquent, le transfert de la propriété desdits cash-flows[67].

Il importe de souligner qu'elle est illicite selon la Shariah, la vente de la créance par une partie autre que le débiteur, en contrepartie de monnaie au comptant, qu'elle soit de même nature ou de nature différente, car il s'agit d'une opération usurière (Riba). Dans le même sens, sa vente à crédit en monnaie de nature similaire ou différente n'est pas valide du point de vue islamique, du fait que cette opération est considérée comme une vente d'une créance contre une dette prohibée par la loi islamique. Cet avis shariatique s'applique aussi bien, dans le cas où la créance est la résultante d'un crédit ou d'une vente à terme[68].

Les jurisconsultes sont unanimes quant à la prohibition catégorique de la titrisation des actifs financiers, prenant la forme de crédits classiques à intérêts, en raison de la présence du Riba. Par ailleurs, il est à signaler que les avis des scholars divergent quant à la validité shariatique de la titrisation d'actifs financiers, représentatifs de crédits basés sur des formules de

---

66 قرار مجمع الفقه الإسلامي الدولي في دورته التاسعة عشرة، قرار رقم 178(4/19) بشأن الصكوك الإسلامية (التوريق) وتطبيقاتها المعاصرة وتداولها، أبريل 2009

67 صالح ملائكة، التوريق وبقية أدوات السيولة للسوق الإسلامية، بحث مقدم لندوة البركة الثا[illegible]ية والعشرين، المنامة،2002، ص 2

68 قرار مجمع الفقه الإسلامي الدولي في دورته الحادية عشرة، قرار رقم:101(11/4) بشأن بيع الدين وسندات القرض وبدائلها الشرعية في مجال القطاع الخاص والعام. مجلة المجمع، العدد 11، الجزء الأول، ص 53

financement islamique, telle que la Murabaha[69]. Dans ce cadre, le comité du conseil shariatique malaisien a publié une résolution tolérant du point de vue shariatique, la vente de la dette, et par conséquent, sa titrisation. Toutefois, la majorité des fuqahas contemporains continuent à considérer illicite ce type d'opérations[70].

De ce fait, la titrisation en sa version conventionnelle, n'est pas valide du point de vue islamique, puisqu'elle est entachée de plusieurs vices shariatiques, la rendant incompatible avec les principes de l'Islam.

Partant du constat que l'opération de titrisation est classée, en général, dans la catégorie de la vente de la dette par une partie autre que le débiteur (vente au comptant d'une dette différée à une partie autre que le débiteur), les avis des fuquahas concernant l'opération de titrisation ont divergé et se sont scindés en trois courants différents[71] :

- Le premier courant est catégoriquement contre la validité shariatique de la vente de la dette différée, à une partie autre que le débiteur, avec règlement immédiat. Les scholars ayant prohibé ce type d'opérations ont justifié leurs avis par l'absence de la principale condition de la vente, qu'est la capacité de livraison. Car, dans le cas de la vente de la dette, le vendeur vend ce qui n'est pas à sa disposition ou en sa possession et ce dont il n'a pas l'autorité d'en jouir du point de vue shariatique. Il s'agit en réalité de la vente de la monnaie avec incapacité de sa livraison. De plus, le débiteur peut, pour une raison ou une autre, suspendre le paiement ou s'abstenir au remboursement. Ce qui est considéré comme étant du gharar[72].
- Le deuxième courant insiste sur la distinction entre la dette Salam et les autres types de dettes. Ce groupe avance que :
  - Pour ce qui est de la dette Salam, sa vente par une personne autre que le débiteur, avec une contrepartie de nature différente est permise, s'il ne s'agit pas de nourriture (pour qu'elle ne rentre pas dans la vente de la nourriture avant sa réception, transaction prohibée par la loi islamique). Dans ce cas, la rapidité et l'instantanéité de l'échange sont exigées, pour que l'opération ne soit pas considérée comme une vente de créance à crédit. Pour ce courant, il n'y a pas de vice shariatique quant à la réalisation de la vente à un prix équivalent, supérieur ou inférieur à la valeur de la dette Salam[73].

---

69 الدكتور أختر زيتي عبد العزيز، الصكوك الإسلامية (التوريق) وتطبيقاتها المعاصرة وتداولها، الدورة التاسعة عشرة لمنظمة المؤتمر الإسلامي، دولة الإمارات العربية المتحدة، ص 8

70 Resolutions of the Securities Commission Shariah Advisory Council, Kuala Lumpur, 2nd ed., 2006, p 16

71 محمود محمد حنفي محمود، الأحكام المتعلقة بالتورق في المصارف الإسلامية دراسة فقهية اقتصادية تطبيقية، دار الفكر الجامعي، 2014، ص 31-33

72 Ibid., p 31-32

73 Ibid., p 32

- o Concernant les autres types de dettes, leur vente au comptant, par une partie autre que le débiteur, avec une contrepartie de nature différente est permise du point de vue shariatique, à condition que la contrepartie ne soit pas de la nourriture, et que la vente ne porte pas sur l'or en contrepartie de l'argent métal ou l'inverse. Il y a lieu de préciser, en outre, que l'échange immédiat et concomitant est exigé pour que la vente soit shariatiquement valide.

  Par ailleurs, la vente peut être réalisée avec une contrepartie de nature similaire qui lui est équivalente, à condition qu'elle soit un actif tangible et non de la monnaie. Les jurisconsultes ayant permis ce type de transactions se sont basés sur le postulat stipulant que cette opération est considérée comme étant un règlement de la dette et non pas une vente de la dette. La monnaie ne peut être vendue en contrepartie de monnaie de même nature, du fait que ça relève du Riba[74].

  Les scholars posent également comme conditions pour que la vente de la dette par une personne autre que le débiteur soit valide du point de vue islamique, que le débiteur soit présent au pays, lieu de la vente, et qu'il reconnaisse sa dette. L'absence d'hostilités et de conflits entre le débiteur et l'acheteur, ainsi que l'absence de l'intention de ce dernier à faire du tort au débiteur sont également des conditions soutenant la validité de cette opération[75].

- Le troisième courant autorise la vente de la dette différée, à un prix spot à une partie autre que le débiteur, qu'il s'agisse de dette Salam ou autres, à condition qu'elle ne soit pas entachée de Riba[76].

3.2. Avis shariatiques relatifs à la titrisation conventionnelle selon le type de l'endettement

L'étude des avis shariatiques relatifs à la titrisation selon le Fiqh, nous conduit au traitement et à l'analyse de l'opération de titrisation sous deux volets différents, du fait de l'existence de dispositions shariatiques spécifiques pour chaque type. Après avoir exposé et expliqué les principaux avis des fuqahas concernant la vente de la dette différée à une partie autre que le débiteur, la titrisation peut être classée en deux grandes catégories selon le type d'endettement : La titrisation de la dette monétaire et la titrisation de la dette de marchandises.

---

[74] محمود محمد حنفي محمود، الأحكام المتعلقة بالتورق في المصارف الإسلامية دراسة فقهية اقتصادية تطبيقية، دار الفكر الجامعي، 2014، ص 32

[75] Ibid.

[76] Ibid., p 34

3.2.1. La titrisation de la dette monétaire (Titrisation des actifs financiers)

A. Cas de la prohibition shariatique de la titrisation de la dette monétaire

Dans le cas de l'existence d'une dette fixe à payer ultérieurement en monnaie, les fuqahas sont unanimes quant à l'invalidité shariatique de la titrisation de ce type de dettes. Leur circulation sur le marché secondaire est également prohibée, qu'il s'agisse de vente avec de l'argent spot de même nature, puisque cette opération est assimilée à la remise à l'escompte des traites entachée du Riba Al Fadl et Riba Nassia. Ou qu'il s'agisse de la vente avec règlement immédiat en monnaie de nature différente entachée du Riba Nassia[77].

Dans ce cadre, cet avis s'applique également à la titrisation de la dette Murabaha. Aucune transaction ne peut être réalisée sur ce type de dettes, que ce soit sur le marché secondaire ou par vente directe à un prix qui lui est inférieur[78].

B. Cas de la validité shariatique de la titrisation de la dette monétaire

a. Conditions de validité de la titrisation de la dette monétaire

Le fait que la titrisation de la dette monétaire n'est pas valable shariatiquement, ne signifie pas le rejet catégorique de l'idée. Cette opération pourrait être licite, si le concept de la titrisation conventionnelle est développé, en fixant des restrictions et limites shariatiques, afin de concevoir une forme de titrisation Shariah-compatible. Selon certains scholars, la titrisation de la dette monétaire, en cas de son adaptation aux normes shariatiques, serait licite. La justification de leur avis trouve sa source dans la possibilité de la titrisation de la dette monétaire à payer ultérieurement, sur la base de l'exclusivité d'échange aux offres commerciales c.à.d. si la contrepartie prend la forme de marchandises tangibles, présentes et dont la valeur est connue et déterminée[79].

b. Exemple de la titrisation de la dette monétaire valide du point de vue islamique[80]

La banque islamique peut acheter à titre d'exemple 1000 voitures au comptant, puis elle les revend à ses clients à crédit. La titrisation de ce type de dettes n'est entachée d'aucun vice la rendant incompatible à la Shariah. La banque peut acheter au moyen du montant collecté de la souscription dans les Sukuk les représentant, une autre quantité de voitures, puis les vendre à crédit. Par la suite, la banque peut procéder à la titrisation de la valeur des voitures

---

[77] محمود محمد حنفي محمود، الأحكام المتعلقة بالتورق في المصارف الإسلامية دراسة فقهية اقتصادية تطبيقية، دار الفكر الجامعي، 2014، ص 34

[78] حسني عبد السميع ابراهيم، أحكام البورصة والتوريق والتورق من منظور الفقه الإسلامي والاقتصاد المعاصر دراسة فقهية مقارنة، دار الفكر الجامعي، الطبعة الأولى، 2012، ص 487

[79] Ibid., p 489

[80] مجمع الفقه الإسلامي،

acquises et acheter avec le produit de la vente d'autres marchandises. Par conséquent, les dettes monétaires différées ne seront pas gelées durant la période séparant la date de survenance de la dette et sa date de maturité. En procédant à cette opération, les dettes monétaires se transforment à ce qui est assimilé aux liquidités, en prenant la forme du prix d'une marchandise tangible existante.

c. Titrisation de la dette monétaire dans le cadre des Sukuk Mudaraba

Deux principales situations peuvent exister dans le cas où la dette monétaire constitue l'une des composantes des actifs sous-jacents aux Sukuk Mudaraba :

- **Situation 1 :** Lorsque l'assiette de la Mudaraba est constituée uniquement de dettes Murabaha, la titrisation desdites dettes est illicite, car cette opération est entachée du Riba à l'unanimité des scholars[81].
- **Situation 2 :** Lorsque les actifs constitutifs de l'assiette de la Mudaraba sont à la fois des marchandises tangibles, usufruit, ainsi que des dettes Murabaha, nous pouvons distinguer entre deux cas de figure[82] :
  - La valeur des actifs tangibles et usufruits dépasse celle des dettes : Dans ce cas, les actifs peuvent faire l'objet de titrisation du point de vue islamique. Les titres représentant cette catégorie d'actifs peuvent shariatiquement faire l'objet de vente en contrepartie de monnaie au comptant d'un montant qui peut être inférieur, supérieur ou égal à leur valeur de marché. A souligner l'inexistence d'entrave shariatique prohibant l'achat d'un nouvel associé de la part d'un ancien (c'est le principe de l'accessoire qui suit le principal comme stipulé dans les règles du Fiqh).
  - La valeur des dettes dépasse celle des actifs tangibles et usufruits : Dans ce cas, la titrisation est illicite et n'est pas permise par la Shariah.

3.2.2. La titrisation de la dette de marchandises

Est permise par la loi islamique, la vente de la dette monétaire à payer ultérieurement à une partie autre que le débiteur, en contrepartie d'une marchandise existante, en l'absence de risque d'incapacité d'honorer la dette à maturité (Absence du gharar relatif à l'incapacité de délivrance de la dette)[83]. Cette opération est valide à condition du respect des normes shariatiques.

Les fuqahas sont unanimes quant à la validité shariatique de la titrisation de la dette représentant des marchandises. Pour ce qui est des Sukuk

---

81 حسني عبد السميع ابراهيم، أحكام البورصة و التوريق و التورق من منظور الفقه الإسلامي و الاقتصاد المعاصر دراسة فقهية مقار□ة، دار الفكر الجامعي، الطبعة الأولى، 2012، ص 488

82 Ibid.

83 محمود محمد حنفي محمود، الأحكام المتعلقة بالتورق في المصارف الإسلامية دراسة فقهية اقتصادية تطبيقية، دار الفكر الجامعي، 2014، ص 36

Mudaraba, lorsque les actifs sous-jacents sont des marchandises tangibles, les fuqahas autorisent avec unanimité la vente au comptant des Sukuk les représentant, en monnaie d'une valeur inférieure, égale ou supérieure à la valeur des marchandises.

II. La titrisation islamique ou la « Sukukisation »

1. Les alternatives islamiques à la titrisation conventionnelle des dettes

Au début de son invention, l'opération de titrisation a été utilisée par les établissements de crédit, dans le but de refinancer une partie de leurs encours, c'est-à-dire de transformer en titres négociables des prêts à la clientèle. Les encours peuvent prendre la forme de crédits immobiliers ou à la consommation, mais aussi des prêts immatériels comme les encours de cartes de crédit[84]. Autrement dit, la titrisation est souvent présentée comme étant « La monétisation des actifs financiers », ces actifs peuvent être de court, moyen et long terme[85].

La définition de la titrisation conventionnelle se focalise et se concentre clairement sur la transformation des dettes bancaires en liquidités, à travers leur transformation en obligations, puis leur présentation pour souscription par l'intermédiaire d'une société spécialisée (Special purpose vehicule : SPV).

Malgré le rapprochement général des concepts, la Sukukisation, appelée dans le langage courant titrisation islamique, n'est ni similaire ni équivalente à la titrisation classique, telle qu'elle est connue en finance conventionnelle. La Sukukisation fait référence aux Sukuk islamiques d'investissement, définis par l'AAOIFI comme étant des certificats de valeurs équivalentes représentant des parts indivises[86]. Certes, il n'existe pas d'alternative islamique à la titrisation conventionnelle, qui permet d'atteindre le même résultat de la titrisation, qu'est la transformation des créances non liquides en titres financiers négociables sur les marchés financiers. Toutefois, les institutions financières islamiques offrent des alternatives qui réalisent partiellement certains objectifs de base qui ont été à la source de l'invention du concept de titrisation[87].

En conséquence, il n'y pas d'alternative islamique similaire à 100% à la titrisation, telle qu'elle a été inventée dans ses débuts. Mais, il s'agit juste d'une inspiration de quelques étapes et bases de l'opération.

Ces alternatives ne sont pas les Sukuk Muqarada ou autres types de Sukuk. Ce sont des alternatives à la titrisation procurant de la liquidité par la vente

---

[84] Pierre VERNIMMEN, Finance d'entreprise par Pascal Quiry et Yann Le Fur, éditions DALLOZ, 2009, p : 541

[85] Abdelkader BELTAS, La titrisation (Instrument efficace de pour la gestion du risque du crédit bancaire), Maison d'édition LEGENDE, 2007, p : 13

[86] Nidal Alsayyed, Sukukization : Islamic Economic Risk Factors in Shariah view, MPAR (Munich Personal RePEc Archive) Paper N°20489, February 2010,p2

[87] د. أسامة بن حمود بن محمد اللاحم، بيع الدين وتطبيقاته المعاصرة في الفقه الإسلامي، دار الميمان للنشر والتوزيع، الجزء الثاني، الطبعة الأولى، 2012، ص539

d'actifs (créances) ou par désengagement de dettes. Il s'agit de l'étude des alternatives à la titrisation des dettes en tant que mécanisme de financement, permettant de disposer de liquidités immédiates, en tirant profit des dettes envers les tiers. Trois principales alternatives islamiques à la titrisation conventionnelle sont à évoquer :

1.1. Première alternative[88]

La première alternative à la titrisation est la vente d'actifs pour se procurer de la liquidité par un organisme exprimant un besoin de fonds. L'institution qui a l'intention de se refinancer, vend certains de ses actifs, qui peuvent être composés d'actifs tangibles ou d'usufruits ou encore des deux, en plus bien évidemment des dettes si elles existent, à une institution financière ou à un fonds d'investissement en contrepartie de la réception immédiate d'un montant représentant leur valeur. Cette opération est conditionnée d'une part, par le non-dépassement de la part des dettes de celle des actifs tangibles et usufruits, et d'autre part, par la justification de l'existence des dettes de façon accessoire. Cette opération peut prendre fin à ce stade. Toutefois, l'institution financière qui a acheté les actifs pourrait par la suite émettre des Sukuk les représentant, qui constituent des parts indivises dans un portefeuille de titres et les vendre aux investisseurs. Selon leurs types, les Sukuk émis peuvent être négociables sur le marché financier secondaire.

En outre, il est permis que l'institution en quête de financement, se charge elle-même de la réalisation de l'opération, sans passer par l'intermédiaire d'une autre institution c.à.d. sans passer par un véhicule de titrisation. Dans ce cas, l'institution procède à l'émission des Sukuk représentatifs de parts dans la propriété d'actifs tangibles, usufruits et dettes en cas de leur existence.

Le point de convergence entre cette alternative et la titrisation des dettes dans le modèle conventionnel, réside dans la possibilité de se procurer de liquidités, en bénéficiant des actifs productifs en propriété et en possession de l'institution, comme c'est le cas des dettes. Mais cette alternative ne peut être utilisée dans toutes les situations et ne peut réaliser tous les objectifs escomptés de l'opération de titrisation des dettes, notamment, le désengagement des risques des dettes, des charges et allocations.

1.2. Deuxième alternative[89]

L'organisme qui exprime un besoin de liquidités peut accéder à l'une des modalités islamiques prenant la forme de Qard Hassan (crédit sans intérêt) ou de vente à crédit, ou encore par le biais d'un contrat Murabaha, Salam, Istisnaâ, Mudaraba ou autres. Dans ce cas, l'institution bénéficiaire du financement est appelée à donner comme garantie ses créances qu'elle a envers les tiers. Cette alternative ne peut réaliser l'objectif le plus important de la titrisation qu'est le transfert des risques des dettes.

---

[88] د. أسامة بن حمود بن محمد اللاحم، بيع الدين وتطبيقاته المعاصرة في الفقه الإسلامي، دار الميمان للنشر والتوزيع، الجزء الثاني، الطبعة الأولى، 2012، ص540-543

[89] Ibid., p 543-544

1.3. Troisième alternative[90]

La troisième alternative islamique à la titrisation constitue la formule la plus importante et la plus proche de la conception du mécanisme de la titrisation conventionnelle, et ce, en dépit de l'existence de divergences d'avis des jurisconsultes quant à sa validité shariatique. Au titre de cette alternative, l'organisme vend ses dettes à une institution financière en contrepartie de marchandises non financières, qui ne prennent pas la forme de monnaie qu'elle reçoit immédiatement. De cette façon, elle réalise son objectif qui consiste à accéder à des liquidités, tout en transférant les risques relatifs aux dettes vendues à l'institution financière, qui réalise elle-même des bénéfices suite à l'achat desdites dettes.

Il est possible également d'émettre des Sukuk représentant lesdites dettes. A cet effet, une institution financière se charge de la constitution d'un portefeuille dans la perspective d'achat des dettes. Par la suite, elle émet des Sukuk les représentant. L'argent collecté des souscripteurs sera destiné à l'achat de la marchandise désirée, qui sera échangée en contrepartie des dettes. Pour la concrétisation de cette opération, les Sukuk passent par 3 étapes différentes :

- **Première étape :** Avant l'achat des marchandises, le Sak représente la part de son détenteur dans l'argent disponible dans le portefeuille.
- **Deuxième étape :** Après l'achat de la marchandise et avant son échange en contrepartie de dettes, le Sak représente la part de son détenteur dans la marchandise achetée.
- **Troisième étape :** Après l'échange de la marchandise en contrepartie des dettes, le Sak représente la part indivise de son détenteur dans les dettes objet du portefeuille.

Cette troisième alternative est celle qui réalise le plus les objectifs attendus de l'opération de titrisation. Néanmoins, le type de Sukuk issu de cette opération ne peut faire l'objet de circulation sur le marché financier secondaire.

2. Définitions et types de la titrisation islamique « Sukukisation »

2.1. Définitions de la titrisation islamique « Sukukisation »

Selon le Conseil des Services Financiers Islamiques (IFSB), la Sukukisation est l'ensemble des procédures d'émission des Sukuk qui passe par les étapes suivantes[91] :

- La constitution d'actifs : Pour le financement conventionnel, les actifs prennent généralement la forme de crédits ou de créances. Alors que pour le financement islamique, les actifs faisant l'objet de

---

[90] د. أسامة بن حمود بن محمد اللاحم، بيع الدين وتطبيقاته المعاصرة في الفقه الإسلامي، دار الميمان للنشر والتوزيع، الجزء الثاني، الطبعة الأولى، 2012، ص545

[91] مجلس الخدمات المالية الإسلامية، المعيار رقم 7: متطلبات كفاية رأس المال للصكوك، والتصكيك والاستثمارات العقارية، يناير 2009، ص 4

Sukukisation doivent être conformes aux normes et principes de la Shariah.

- Le transfert de la propriété des actifs à la SPV qui agit en qualité d'émetteur en transformant les actifs en titres financiers (Sukuk).
- L'émission des titres financiers (Sukuk) à l'intention des investisseurs.

La Sukukisation est l'émission de documents ou certificats financiers de valeurs égales, qui représentent des parts indivises dans la propriété d'actifs (actifs tangibles, usufruits, droits ou un mélange d'actifs tangibles, d'usufruits, de monnaie et de dettes) existants, ou qui vont être constitués par le biais du résultat de la souscription. Ces titres sont émis conformément à un acte shariatique et sont soumis à ses normes et dispositions[92]. Selon Hakim Baradia, la Sukukisation est un mécanisme financier contemporain, basé sur le transfert par l'intermédiaire d'une institution financière, d'actifs non liquides, pouvant faire l'objet de Sukukisation selon les normes de la Shariah, en les transformant en titres financiers (Sukuk), négociables dans l'objectif de la réduction des risques et de la garantie de cash flows continus[93].

De ce fait, la Sukukisation ou la titrisation islamique est valide du point de vue shariatique. Elle consiste en la transformation d'actifs tangibles ou usufruits en Sukuk négociables, dans le respect de certaines procédures et restrictions, veillant à la réalisation des prescriptions et directives shariatiques. La titrisation islamique est conditionnée par la propriété de l'investisseur des actifs générateurs des revenus qui constituent le rendement du Sak. Il existe plusieurs types de Sukuk, tels que Sukuk Ijara, Salam, Mudaraba. A souligner que lors d'une opération de Sukukisation, diverses parties interviennent pour veiller à la protection des droits des détenteurs de Sukuk et assurer le bon déroulement des opérations de négociation des titres[94].

Le noyau dur de l'opération de Sukukisation est le respect des normes shariatiques. Dans le cadre de l'opération de titrisation islamique, les investisseurs possèdent des actifs générateurs de profits. Ces derniers trouvent leurs sources dans les cash-flows générés par des actifs réels. En outre, les investisseurs sont confrontés et supportent les risques auxquels sont exposés les actifs générateurs de rendement. Toutes ces caractéristiques de l'opération de titrisation sont des conditions fondamentales qu'impose le système financier islamique[95].

---

[92] قرار مجمع الفقه الإسلامي الدولي في دورته التاسعة عشرة، قرار رقم 178(4/19) بشأن الصكوك الإسلامية (التوريق) وتطبيقاتها المعاصرة وتداولها، أبريل 2009

[93] حكيم براضية، التصكيك ودوره في إدارة السيولة بالبنوك الإسلامية، جامعة حسيبة بن بو علي الشلف، كلية العلوم الإقتصادية وعلوم التسيير، قسم علوم التسيير، 2011، ص 75

[94] د. رحيم حسين و أ. علاوي عبد الفتاح، التوريق: آلية لتجاوز الأزمات في المؤسسات المالية الإسلامية، بحث مقدم للملتقى الدولي حول: أزمة النظام المالي والمصرفي الدولي وبديل البنوك الإسلامية (جامعة الأمير عبد القادر للعلوم الإسلامية. كلية الأداب والعلوم الإ□سا□ية. قسم الاقتصاد والإدارة)، 2010، ص 6

[95] د. رحيم حسين و أ. علاوي عبد الفتاح، التوريق: آلية لتجاوز الأزمات في المؤسسات المالية الإسلامية، بحث مقدم للملتقى الدولي حول: أزمة النظام المالي والمصرفي الدولي وبديل البنوك الإسلامية (جامعة الأمير عبد القادر للعلوم الإسلامية. كلية الأداب والعلوم الإ□سا□ية. قسم الاقتصاد والإدارة)، 2010، ص 9

De ce qui précède, nous constatons qu'il n'y a pas de vice shariatique concernant la Sukukisation des actifs. Car, après l'achat des Sukuk, leurs détenteurs deviennent les propriétaires des actifs sous-jacents, après paiement de leur valeur pécuniaire. Ils deviennent normalement les bénéficiaires des rendements générés par leurs propriétés de façon légale. Les détenteurs de Sukuk disposent également d'un droit de jouissance sur les Sukuk, leur permettant de les vendre et de les acheter, quel que soit le niveau de fluctuation de leurs prix. Il s'agit d'une opération assimilée à la vente par une personne d'une marchandise dont il est propriétaire[96].

2.2. Types de la titrisation islamique « Sukukisation »

2.2.1. Premier type de classification

Dans le cadre d'une première classification des types de Sukukisation, il y a lieu de faire la distinction entre la Sukukisation simple et la Sukukisation structurée :

- La Sukukisation simple constitue un moyen pour se procurer des liquidités sur le marché financier, par le biais d'émission de Sukuk, dans l'optique de la collecte d'argent pour le financement de projets.
- La Sukukisation structurée est l'opération selon laquelle l'émission de Sukuk porte sur une assiette comportant des actifs Shariah-compatibles, dont la propriété est transférée de l'initiateur au véhicule de titrisation, émetteur de Sukuk[97].

2.2.2. Deuxième type de classification

Selon une deuxième classification, il existe deux principaux types :

- **Sukukisation des actifs**

Une institution propriétaire d'actifs générateurs de revenus (actifs Ijara, Musharaka ou Mudaraba), procède soit elle-même, soit en ayant recours à une société de Sukukisation, à la transformation de la valeur desdits actifs en Sukuk. Par la suite, les Sukuk sont mis en vente aux partenaires de l'institution ou font l'objet de présentation pour souscription au public, afin de collecter la valeur y afférente. Ainsi, les détenteurs des Sukuk deviennent les propriétaires des actifs ayant fait l'objet de Sukukisation et bénéficient, en conséquence, du rendement engendré par les Sukuk en sus de leur droit de réaliser des transactions d'achats et de ventes sur lesdits titres. Le rôle de l'institution se limite donc à la gestion de l'opération, en contrepartie d'une commission déterminée de concert entre les parties intervenantes dans l'opération de Sukukisation[98].

---

96 محمد عبد الغفار الشريف، التوريق وبقية أدوات السيولة للسوق الإسلامية،□دوة البركة للاقتصاد الإسلامي، المنامة، البحرين، 2002، ص 6

97 حكيم براضية، التصكيك ودوره في إدارة السيولة بالبنوك الإسلامية، جامعة حسيبة بن بو علي الشلف، كلية العلوم الإقتصادية وعلوم التسيير، قسم علوم التسيير، 2011، ص 75

98 حكيم براضية، التصكيك ودوره في إدارة السيولة بالبنوك الإسلامية، جامعة حسيبة بن بو علي الشلف، كلية العلوم الاقتصادية وعلوم التسيير ، قسم علوم التسيير ، 2011، ص 80

- **Sukukisation de la valeur de la marchandise commandée**

La banque islamique reçoit des commandes de la part de ses clients ayant pour objet l'achat d'une marchandise par le mode de financement Murabaha. Si le prix de ladite marchandise est élevé et la banque ne dispose pas des fonds suffisants pour les acheter, elle a la possibilité de financer cette opération en faisant recours à la Sukukisation. Dans le cas de ce type d'opération de Sukukisation, la banque islamique procède à la répartition du montant désiré pour le financement de l'opération en parts représentatives des Sukuk Murabaha. Après l'expiration du délai de souscription, la banque achète au comptant, par mandat des détenteurs des Sukuk, la marchandise désirée au moyen du montant collecté de la souscription. Par la suite, la banque vend à ses clients cette marchandise sur la base d'un contrat Murabaha à crédit à un montant supérieur au prix d'achat. Le client devient alors débiteur d'un montant précis à payer ultérieurement. Ce montant est constitué du prix initial d'achat de la marchandise, en plus de la marge bénéficiaire de la banque relative à la vente Murabaha. La banque reçoit une commission en contrepartie de la gestion, de la réalisation et du montage de l'opération, comme elle peut acheter un certain nombre de Sukuk. Ce type de Sukuk appelés « Sukuk Murabaha » ne sont pas négociables sur le marché secondaire, car ils représentent des dettes. La vente de la dette à une partie autre que le débiteur obéit à des normes shariatiques qui interdisent aux détenteurs de Sukuk de bénéficier des profits de l'opération de circulation[99].

3. Convergences et divergences entre la titrisation conventionnelle et la titrisation islamique « Sukukisation »

3.1. Points de convergence entre la titrisation conventionnelle et la titrisation islamique « Sukukisation »

Bien que la titrisation conventionnelle et la titrisation islamique se basent sur deux soubassements catégoriquement différents, plusieurs points communs réunissent ces deux types de techniques financières. Il s'agit principalement de :

- La répartition du capital (actifs) en parts égales, puis l'émission de titres négociables les représentant sur le marché financier sont les principales caractéristiques communes aux opérations de titrisation conventionnelle et islamique. De ce fait, la Sukukisation, régit par des normes islamiques, ne diffère guère de la titrisation conventionnelle au niveau du montage et de la réalisation de l'opération[100]. La structure de la titrisation selon la conception islamique ne diffère pas de celle

---

[99] حسن علي الشاذلي، التورق حقيقته وحكمه والفرق بينه وبين العينة والتوريق، الدورة التاسعة عشر لمنظمة المؤتمر الإسلامي، دولة الإمارات العربية، ص 38

[100] زاهرة علي محمد بني عامر، التصكيك ودوره في تطوير سوق مالية إسلامية، جامعة اليرموك، كلية الشريعة والدراسات الإسلامية، قسم الإقتصاد والمصارف الإسلامية، 2008، ص 81

utilisée en finance conventionnelle et les acteurs intervenant dans le cadre de l'opération sont pratiquement les mêmes[101].

- Les objectifs essentiels de l'opération de titrisation ou de Sukukisation sont les mêmes. Il s'agit d'une part, d'outils permettant aux institutions de se procurer des liquidités, et constituent d'autre part, un outil d'investissement pour les détenteurs de Sukuk[102].
- L'existence d'une similitude des étapes de réalisation des deux types d'opérations, à savoir la Sukukisation et la titrisation. Les deux opérations commencent par l'existence d'actifs titrisables, leur transfert à la société ad-hoc, ensuite l'émission de titres ou de Sukuk, puis la réception des souscriptions desdits titres, la distribution du rendement et enfin l'extinction[103].

3.2. Points de divergence entre la titrisation conventionnelle et la titrisation islamique « Sukukisation »

a. Nature des actifs objets de la titrisation

L'opération de titrisation en finance conventionnelle se base essentiellement et dans la majorité des cas sur la titrisation des créances, raison principale pour laquelle la titrisation a été inventée. En revanche, la titrisation islamique, technique de récente création, ne porte en principe sur les dettes que dans certains cas restreints, tolérés par certains scholars qui autorisent la réalisation de telles opérations sous conditions. Concernant les actifs faisant l'objet de titrisation, ils doivent être Shariah-compliant pour le cas de la Sukukisation, ce qui n'est pas exigé pour la titrisation conventionnelle[104]. Autrement dit, la titrisation conventionnelle porte dans la majorité des cas sur les crédits hypothécaires, les crédits de voitures, les cartes de crédit et autres. Tandis que pour ce qui est de sa version islamique, celle-ci porte sur des actifs tangibles, usufruits ou bien les deux dans le cadre d'un contrat shariatique, basé sur l'une des modalités de financement islamiques, telles que la Musharaka, la Mudaraba, l'Ijara et autres. Les dettes ne peuvent faire l'objet de titrisation en finance islamique que dans une marge de manœuvre très restreinte permise par une minorité de jurisconsultes, qui tolèrent ce type d'opérations sous conditions. Les actifs objets de la titrisation dans les institutions financières islamiques doivent être conformes aux normes

---

[101] Abdelkader BELTAS, La titrisation (Instrument efficace de pour la gestion du risque du crédit bancaire), Maison d'édition LEGENDE, 2007, p 292

[102] الدكتور محمد عبد الحليم عمر، الصكوك الإسلامية(التوريق) وتطبيقاتها المعاصرة وتداولها، الدورة التاسعة عشرة لمنظمة المؤتمر الإسلامي، دولة الإمارات العربية المتحدة، ص 19-20

[103] Ibid.

[104] Ali Arsalan Tariq, Managing financial risks of sukuk structures, A dissertation submitted in partial fulfilment of the requirements for the degree of Masters of Science at Loughborough University, UK, September 2004, p 12

shariatiques. De ce fait, les institutions financières islamiques sont tenues de s'assurer que les actifs sont Shariah-compliant[105].

b. Le rehaussement de crédit

Le rehaussement de crédit est une technique indispensable lors d'un montage type de titrisation conventionnelle, par laquelle un établissement financier spécialisé (rehausseur de crédit) apporte sa garantie à un organisme qui émet des emprunts sur les marchés financiers. C'est une opération qui consiste à sécuriser et à protéger les titres émis par le véhicule de titrisation, d'une possible sous-performance du sous-jacent[106].

Le rehaussement de crédit constitue la principale composante de l'opération de titrisation conventionnelle et ce, du fait que cette transaction constitue dans la majorité des cas, une opération de transmission d'un portefeuille de créances de l'initiateur aux nouveaux investisseurs porteurs de titres représentatifs desdites créances. Les nouveaux détenteurs des titres ont besoin de garanties suffisantes en contrepartie des crédits octroyés. Concernant la titrisation islamique, celle-ci ne constitue pas une relation d'endettement, mais une opération de participation dans les actifs, basée sur le principe de partage des pertes et des profits. De ce fait, les mesures de rehaussement de crédit n'y sont pas nécessaires. Néanmoins, les détenteurs des Sukuk et autres parties intervenantes dans l'opération, peuvent avoir recours à une assurance pour se prémunir contre certains risques. Dans ce cas, une partie des bénéfices peut être prélevée pour le règlement des polices d'assurance[107].

c. La circulation et la négociabilité des titres

Tous les types d'actifs peuvent faire l'objet de titrisation conventionnelle. Alors qu'au niveau de la titrisation islamique, pour que l'opération soit conforme aux préceptes de la Shariah, elle est encadrée par un certain nombre de conditions, auxquelles doivent être soumis les actifs faisant l'objet de titrisation[108]. Pour s'assurer de la validité shariatique de la circulation des titres par voie de titrisation islamique, il faudrait préalablement et nécessairement inventorier, décrire et connaître les actifs représentés par les titres, même si les actifs sont Shariah-compliant. Par contre, dans le cadre de la titrisation conventionnelle, tous les types de titres sont librement négociables, quelle que soit la nature des actifs sous-jacents, puisque la considération shariatique n'y est pas présente.

---

105 حكيم براضية، التصكيك ودوره في إدارة السيولة بالبنوك الإسلامية، جامعة حسيبة بن بو علي الشلف، كلية العلوم الإقتصادية وعلوم التسيير، قسم علوم التسيير، 2011، ص 84-85

106 Titrisation, rapport du conseil déontologique des valeurs mobilières, Janvier 2011, p 10

107 Suleiman Abdi Dualeh, Islamic securitisation. This is adapted and updated from a paper given at the Noga Hilton, Geneva July 8 9, 1998 for the world conference on islamic banking, p 7-8

108 زاهرة علي محمد بني عامر، التصكيك و دوره في تطوير سوق مالية إسلامية، جامعة اليرموك، كلية الشريعة و الدراسات الإسلامية، قسم الإقتصاد والمصارف الإسلامية، 2008، ص 83

d. Autres points de divergence entre la titrisation conventionnelle et la titrisation islamique « Sukukisation »

- L'opération est appelée « Titrisation » dans le concept financier conventionnel lorsque les titres financiers émis prennent la forme d'obligations avec intérêts, tandis que cette opération est dénommée « Sukukisation », en référence à sa conception islamique donnant lieu à l'émission de Sukuk[109].
- La titrisation dans le cadre du système financier basé sur des normes shariatiques comporte une composante éthique, chose qui fait défaut dans le système financier conventionnel. La titrisation dans le cadre du système financier islamique est utilisée dans le financement des activités productives et dans l'achat et la vente d'actifs réels. En outre, elle est généralement utilisée dans la création des opportunités de financement socialement responsables[110].
- Le surplus de liquidité chez le véhicule de titrisation conventionnelle est investi dans l'achat d'obligations avec intérêts. Alors que pour la Sukukisation, ce surplus est investi dans des outils et des transactions conformes à la Shariah[111]
- Les besoins de liquidité chez le véhicule de titrisation sont financés dans le cadre de la titrisation conventionnelle par des outils financiers usuriers, tandis que pour la Sukukisation, le financement se réalise en ayant recours à des instruments financiers islamiques
- Dans le système islamique, l'initiateur de l'opération de titrisation ne peut disposer de parts dans le capital de la SPV, véhicule de titrisation, chose qui est permise dans le cadre de la titrisation conventionnelle[112]
- Dans le cas de la Sukukisation, on relève l'existence d'une supervision shariatique assurée par un comité Shariah, qui veille sur le bon déroulement du montage de l'opération et sur la structuration de l'émission de Sukuk[113]
- La titrisation conventionnelle est caractérisée par l'existence d'une relation débiteur-créditeur, alors qu'au niveau de celle dite islamique, il s'agit d'une relation de participation dans les pertes et les gains[114]

---

109 الدكتور محمد عبد الحليم عمر، الصكوك الإسلامية(التوريق) وتطبيقاتها المعاصرة وتداولها، الدورة التاسعة عشرة لمنظمة المؤتمر الإسلامي، دولة الإمارات العربية المتحدة، ص19-20

110 د. رحيم حسين و أ. علاوي عبد الفتاح، التوريق: آلية لتجاوز الأزمات في المؤسسات المالية الإسلامية، بحث مقدم للملتقى الدولي حول: أزمة النظام المالي والمصرفي الدولي وبديل البنوك الإسلامية (جامعة الأمير عبد القادر للعلوم الإسلامية. كلية الآداب والعلوم الإنسانية. قسم الاقتصاد والإدارة)، 2010، ص 9

111 حكيم براضية، التصكيك ودوره في إدارة السيولة بالبنوك الإسلامية، جامعة حسيبة بن بو علي الشلف، كلية العلوم الإقتصادية وعلوم التسيير، قسم علوم التسيير، 2011، ص 85

112 Ibid., p 86

113 Ibid.

114 Ibid.

- Dans le cas de la titrisation conventionnelle, il y a une seule structure qui porte sur la titrisation des dettes, alors que dans le cas de la Sukukisation, il existe plusieurs structures de financement et d'investissement prenant la forme de produits financiers islamiques tels que l'Ijara, la Musharaka ou la Mudaraba[115].
- Pour le cas de la titrisation, le rendement prend la forme d'intérêts usuriers prohibés par la Shariah. Tandis qu'il s'agit de loyers dans le cas d'Ijara et de profits dans le cas des Musharaka et Mudaraba[116].
- Pour le cas de la titrisation, les détenteurs des obligations ne supportent aucun risque. Alors que pour le cas de la Sukukisation, les porteurs de Sukuk supportent les pertes subies dans le cadre de la Musharaka ou la Mudaraba. Dans le cadre de l'Ijara, les porteurs des Sukuk peuvent supporter également les pertes en cas d'absence d'une partie garantissant le remboursement des loyers[117].

La titrisation, formule moderne et innovante est devenue une technique financière indispensable, aussi bien sur le marché financier conventionnel que sur le marché islamique. Nous avons constaté à travers l'étude détaillée de ses aspects, que pour qu'elle soit une opération licite du point de vue islamique, elle doit obéir à un certain nombre de règles et s'aligner sur les principes fondamentaux de la loi islamique.

Par ailleurs, l'analyse des marchés financiers islamiques, le passage en revue des divergences et convergences entre les titres conventionnels et islamiques, ainsi que l'éclaircissement des nuances et la distinction des caractéristiques propres à la titrisation et à la Sukukisation, constituent le soubassement primordial permettant d'une part, d'éviter certains risques de Sukuk, et d'autre part, de comprendre et d'assimiler les différents aspects relatifs au processus d'émission et de gestion des Sukuk, qui feront l'objet de la section suivante.

---

115 الدكتور محمد عبد الحليم عمر، الصكوك الإسلامية(التوريق) وتطبيقاتها المعاصرة وتداولها، الدورة التاسعة عشرة لمنظمة المؤتمر الإسلامي، دولة الإمارات العربية المتحدة، ص19-20

116 Ibid.

117 Ibid.

Section 2 : Définition, modalités de structuration et principes de circulation des Sukuk

Les Sukuk comptent parmi les principaux produits inventés dans le cadre de l'ingénierie financière islamique, qui ont connu un essor considérable sur les marchés financiers dès leur première apparition. Le développement de tout produit financier est tributaire de la gestion de ses risques, car, le réflexe intuitif de tout investisseur, voulant investir dans un domaine quelconque, le conduit à s'assurer tout d'abord de l'existence ou non du risque, sa nature et son niveau, ainsi que du rendement prévisible de l'investissement. Ces deux éléments, risque et rendement constituent, entre autres, l'ossature principale sur laquelle est fondée toute décision d'investissement.

S'agissant d'un produit financier islamique et constituant le noyau dur pour l'épanouissement et le développement du marché financier islamique, les Sukuk doivent obéir aux trois conditions suivantes :

- Les actifs sous-jacents doivent être conformes aux normes islamiques
- La structuration des Sukuk doit être conforme aux préceptes de la Shariah
- L'émission et la circulation des Sukuk doivent être conformes aux normes shariatiques

En effet, les Sukuk sont des titres financiers dont le principal pilier de gestion, et qui les différencie d'ailleurs des autres titres conventionnels, repose essentiellement sur la Shariah. Cette contrainte shariatique doit être obligatoirement respectée tout au long de la durée de vie des Sukuk.

Les risques auxquels sont exposés les Sukuk sont nombreux. Certes, certains risques sont similaires à ceux des titres conventionnels. Mais la spécificité des Sukuk en tant que titres financiers Shariah-compatibles les rend particuliers. Toute méconnaissance ou violation de la loi islamique à n'importe quelle étape de la durée de vie des Sukuk, peut remettre en cause la globalité de l'investissement et compromettre sa validité shariatique.

La connaissance et la maîtrise des différents aspects relatifs aux Sukuk, depuis leur émission jusqu'à leur extinction, constituent un préalable pour l'identification, la définition et la maîtrise de la gestion des risques. La négligence de la nature des Sukuk en tant que titres financiers islamiques, de leurs modes de structuration et de circulation constitue la source capitale de risques. Il ressort ainsi, que la maitrise de tous les aspects et mécanismes de la construction financière des Sukuk, de même que les variations et mutations qu'ils subissent au cours de leur vie s'avèrent incontournables pour la prise de décision d'investissement, aussi bien pour l'initiateur que pour les souscripteurs.

Le développement de ces aspects objets de la section 2 du deuxième chapitre de ce livre tentera d'éclairer l'essentiel des facteurs pouvant constituer une source de risque.

I. Cadre général des Sukuk

1. Définition, objectifs et caractéristiques des Sukuk

1.1. Définition des Sukuk

La naissance embryonnaire du concept des Sukuk- qui portaient une autre dénomination- a débuté en 1977 à l'occasion de la présentation par Dr Sami Hammoud d'une étude intitulée « Obligations Muqarada », dans le cadre des travaux préalables à la promulgation de la loi de la Banque Islamique de Jordanie. A ce stade initial de développement des obligations Muqarada, la relation entre l'émetteur et les détenteurs de titres était régie selon les principes du contrat Mudaraba shariatique[118]. Par la suite, la décision du comité Shariah Jordanien a été publiée le 08/02/1398 (17/01/1978), ce qui a constitué la première décision contemporaine relative aux Sukuk[119]. Dès lors, le ministère des Awqaf jordanien, soucieux de développer les propriétés waqfiques selon les préceptes de l'islam a soutenu en 1981, l'idée de la mise en œuvre des obligations Muqarada, qui constituaient pour lui une opportunité précieuse pour la concrétisation de son projet de modernisation et d'optimisation de la gestion des biens du waqf. Cette prise de position officielle de la part du ministère jordanien était sans doute à l'initiative de la promulgation le 16/03/1981 au bulletin officiel, de la première loi de l'Etat de Jordanie relative aux obligations Muqarada, qui réglemente pour la première fois au monde l'émission des Sukuk islamiques.

L'apparition de la loi jordanienne, qui a ouvert une brèche pour la mise en place du concept de base développé des Sukuk, dans son acception contemporaine n'est pas restée sans suite. Le groupe de la Banque Islamique de Développement et le Conseil Islamique de Jurisprudence, précurseurs dans ce domaine, ont joué également un rôle central et catalyseur dans l'initiation des principes des Sukuk. C'est ainsi qu'en 1988, le Conseil Islamique de Jurisprudence a publié une décision relative aux « Obligations Muqarada et obligations d'investissement », en vertu de laquelle il a été prescrit - pour des fins d'identification et de distinction - de substituer le terme « Sukuk » au terme « Obligations », employé pour faire référence aux obligations conventionnelles.

Par la suite, plusieurs organismes ont commencé à s'intéresser à ce type de titres conformes à la Shariah. Cet intérêt a été matérialisé par la publication de normes, décisions et textes visant à expliciter la notion d'« Obligations Muqarada » ou « Obligations islamiques », qui font tous allusion aux titres financiers conformes aux préceptes de la Shariah, à savoir les Sukuk. En 2003, L'AAOIFI (Accounting and Auditing Organization for Islamic Financial Institutions) organisme de référence en finance islamique au niveau mondial, a publié dans le cadre de son ouvrage concernant les normes shariatiques, une

---

118 د. رضا سعد الله، الصكوك الإسلامية: مدخل عام، ندوة الصكوك الإسلامية، تونس 28 و29 مارس 2015، ص 1

119 د. عبد الباري مشعل، قانون سندات المقارضة لسنة 1981م الأردني أول قانون للصكوك، موقع رقابة للاستشارات المالية 2015/05/20

norme dédiée à la définition et à l'explication des concepts et mécanismes de base d'émission des Sukuk, il s'agit de la norme N°17 intitulée « Sukuk d'investissement ». L'IFSB (Islamic Financial Services Board), organisme de renom dans l'industrie financière islamique a consacré également une partie de la norme N°7 « Capital Adequacy Requirements for Sukuk, Securitization and Real Estate Investment », publiée en 2009, à l'éclaircissement et l'approfondissement des concepts liés au domaine des Sukuk qui connaissaient jusqu'alors un développement timide.

De multiples tentatives de définition des Sukuk ont été entreprises par des chercheurs, organismes, ainsi que dans le cadre de lois de certains pays ayant réglementé l'émission des Sukuk. Ces définitions ont essayé de cerner et de synthétiser les principaux traits caractérisant les Sukuk, tout en mettant la lumière sur les divergences qui les distinguent des autres titres financiers conventionnels, notamment les actions et les obligations. Dans ce cadre, nous citerons et retiendrons quelques définitions officielles que nous trouvons proches et descriptives de la réalité des Sukuk, en tant que titres financiers islamiques et non juste comme une alternative déguisée des produits conventionnels présentée sous un emballage Shariah-compatible. Il s'agit en effet, des définitions du Conseil Islamique de Jurisprudence, de l'AAOIFI (Accounting and Auditing Organization for Islamic Financial Institutions), de l'IFSB (Islamic Financial Services Board) et bien évidemment celle de la loi marocaine. Ces définitions s'établissent comme suit :

- **Définition du Conseil Islamique de Jurisprudence**

Les Sukuk, appelés initialement « Obligations Muqarada » et puis « Sukuk Muqarada » ont été définis dans le cadre d'une décision du Conseil Islamique de Jurisprudence en 1988 comme suit : « Les obligations Muqarada constituent un outil d'investissement et sont basées sur la répartition du capital du Qirad (Mudaraba) suite à l'émission de Sukuk de propriété ayant la valeur du capital de la Mudaraba. Ces Sukuk prennent la forme d'unités de valeurs égales, enregistrées aux noms de leurs porteurs, puisqu'ils sont les propriétaires des parts indivises dans le capital de la Mudaraba et dans les achats et acquisitions issus de la transformation de ce capital. Ils en supportent les conséquences à concurrence de leurs parts de propriété[120] ». Selon cette décision, il a été souligné qu'il est préférable de donner la dénomination de « Sukuk Muqarada » à cet outil d'investissement.

- **Définition de l'Accounting and Auditing Organization for Islamic Financial Institutions (AAOIFI)**

Les Sukuk, appelés Sukuk d'investissement dans le cadre de la norme shariatique N°17 de l'AAOIFI, sont définis par cet organisme comme étant « Des certificats de valeurs égales, représentant des parts indivises dans la propriété d'actifs tangibles, usufruits, services ou encore dans des actifs d'un

---

[120] مجلس مجمع الفقه الإسلامي الدولي المنعقد في دورة مؤتمره الرابع بجدة في المملكة العربية السعودية من 18 إلى 23 جمادى الآخرة 1408 الموافق 6 إلى7 شباط (فبراير) 1988، قرار رقم 30(3/4) بشأن سندات المقارضة وسندات الاستثمار

projet précis ou d'une activité d'investissement spécifique. Ceci après la collecte de la valeur des Sukuk, la clôture de la période de souscription et bien évidemment, après le commencement de l'utilisation des fonds collectés selon les objectifs de l'émission[121]».

- **Définition de l'Islamic Financial Services Board (IFSB)**

L'IFSB définit les Sukuk comme suit : « Les Sukuk (Pluriel de Sak), souvent désignés comme des « Obligations islamiques » sont des certificats. Chaque Sak est représentatif d'un droit de propriété d'une part indivise dans des actifs tangibles ou dans un pool d'actifs tangibles et autres. Ces actifs peuvent correspondre également à un projet précis ou être liés à une activité d'investissement spécifique, conformes aux préceptes de la Shariah [122]».

- **Définition de loi Marocaine de 2013**

Les Sukuk - dénommés dans le cadre de la loi Marocaine « Certificats de Sukuk » (ou au singulier, certificat de Sakk) - sont définis comme étant des « Titres représentant un droit de jouissance indivis de chaque porteur sur des actifs éligibles acquis ou devant être acquis ou des investissements réalisés ou devant être réalisés par l'émetteur de ces titres[123]».

Par ailleurs, et avant d'esquisser une définition synthétique des Sukuk, il s'avère opportun de donner également un aperçu de certaines définitions citées dans bon nombre de publications, qui sont incomplètes ou qui ne cadrent pas avec les objectifs escomptés de l'invention des Sukuk. Il s'agit, entre autres, de définitions contenant certains traits et aspects nécessitant un éclaircissement, afin d'expliquer ou de compléter toute imprécision. Ces définitions se présentent comme suit :

- Dans plusieurs articles et ouvrages, les Sukuk sont définis comme étant **des obligations**. L'explication des Sukuk en faisant référence aux obligations peut induire en erreur le lecteur débutant – qu'il soit du grand public, un investisseur potentiel, un financier ou encore un étudiant - surtout dans les pays où l'industrie des Sukuk est encore à un état embryonnaire. Certes, d'après l'analyse des titres financiers conventionnels, nous constatons l'existence de caractéristiques communes aux obligations et aux Sukuk. Néanmoins, l'approfondissement de ces analyses nous amène à constater que les Sukuk sont beaucoup plus proches des actions que des obligations, puisque ces deux catégories de certificats - à savoir les Sukuk et les actions - constituent des titres de propriété et non des instruments de dette comme c'est le cas des obligations conventionnelles.

---

121 هيئة المحاسبة والمراجعة للمؤسسات المالية الإسلامية، المعايير الشرعية، المعيار الشرعي رقم 17 "صكوك الاستثمار"، 2015

122 IFSB-7, Capital Adequacy Requirements for Sukuk, Securitization and Real Estate Investment, Islamic Financial Services Board (IFSB), January 2009, p 3

123 Dahir N°1-13-47 du 1er Joumada I 1434 (13 Mars 2013) portant promulgation de la loi N° 119-12 modifiant et complétant la loi N° 33-06 relative à la titrisation de créances et la loi N° 24-01 relative aux opérations de pension

- Dr Hamed Ali Mira a défini les Sukuk comme étant des « Titres financiers **à durée déterminée** représentatifs de parts indivises dans la propriété d'actifs tangibles, usufruits ou services, qui procurent à leurs détenteurs les usufruits et leur fait supporter des responsabilités, à concurrence de leurs parts de propriété [124]». L'indication de l'auteur que les Sukuk constituent des certificats à durée déterminée est la résultante de la constatation que les Sukuk sont dans leur quasi-totalité émis avec une date de maturité. Il est à souligner que cette définition imprécise a omis de prendre en compte l'existence de Sukuk émis pour une durée non déterminée à l'instar des actions.
- Dr Reda Saad allah a défini les Sukuk comme étant « Des titres financiers **négociables**, émis **pour une période déterminée,** qui servent de preuve de la propriété de leurs détenteurs d'une part indivise dans des actifs **générateurs de rendements périodiques**. Ils sont conformes aux normes de la Shariah en ce qui concerne leur émission, négociation et extinction[125] ». Deux critères cités dans le cadre de cette définition nécessitent un éclaircissement, à savoir la négociabilité des Sukuk et la distribution de rendements périodiques, sans évoquer toutefois la question de la durée déterminée déjà traitée plus haut.

Pour ce qui est du critère de négociabilité des Sukuk, ce dernier dépend de deux principaux facteurs, à savoir le type des Sukuk et la nature des actifs sous-jacents. Certains types de Sukuk sont librement négociables, d'autres ne peuvent l'être que pendant certaines périodes relativement courtes, une troisième catégorie de Sukuk ne peut faire l'objet en aucun cas de négociation sur les marchés financiers. Par ailleurs, il importe de souligner que même dans le cas de validité shariatique de la négociabilité d'un type de Sukuk, il s'avère primordial de prendre au préalable connaissance de la nature des composantes des actifs sous-jacents. Ceci, afin de s'assurer de la conformité aux dispositions spécifiques à la négociation de chaque catégorie d'actifs, surtout que les règles de négociabilité dépendent essentiellement de la part de chaque classe d'actifs dans la totalité des actifs sous-jacents.

S'agissant de la distribution de rendements périodiques, deux cas de figure peuvent se présenter. Le premier cas est celui relatif à la réalisation de gains. Dans cette situation, les porteurs des Sukuk disposent d'un droit à une partie du profit, au prorata de leurs parts dans le capital investi. Pour la deuxième situation, c'est-à-dire en cas de survenance de déficit, les détenteurs de Sukuk supportent

---

124 حامد بن حسن بن محمد علي ميرة، صكوك الحقوق المعنوية،□دوة (الصكوك الإسلامية: عرض وتقويم) المنعقدة في جامعة عبد العزيز في جدة بالتعاون بين مجمع الفقه الإسلامي الدولي والمعهد الإسلامي للبحوث والتدريب، ماي 2010، ص 163

125 د. رضا سعد الله، الصكوك الإسلامية: مدخل عام،□دوة الصكوك الإسلامية، تو□س 28 و29 مارس 2015، ص 5

collectivement les pertes subies et par conséquent, le rendement périodique ne peut être distribué en raison de l'absence de fonds. Toutefois, cette situation pourrait être surpassée en utilisant les méthodes de gestion des flux générés par les actifs sous-jacents aux Sukuk, conformes au droit musulman et qui permettent d'assurer une distribution continue des rendements périodiques.

- La loi de la Jordanie de 1981 a défini les obligations Muqarada comme étant « Des certificats de valeur déterminée, émis et **enregistrés au nom de leurs détenteurs** en contrepartie des fonds versés au porteur du projet, dans l'objectif de la réalisation de l'investissement projeté, de son exploitation et de la réalisation d'un bénéfice. Les porteurs d'obligations perçoivent une part déterminée des profits engendrés par le projet, fixée dans le cadre du prospectus d'émission des obligations. Les obligations Muqarada ne peuvent générer d'intérêt et ne donnent pas à leurs détenteurs le droit à la revendication d'une somme d'intérêt annuelle déterminée[126]». Il est à préciser que contrairement à ce qui est évoqué dans cette définition, les Sukuk peuvent être nominatifs, comme ils peuvent être émis sous forme de titres au porteur.

En définitive, il y'a lieu de souligner que pour réussir à donner une définition qui reflète la réalité des Sukuk, il serait préférable de se limiter à la définition du concept des Sukuk en décrivant leurs caractéristiques, sans pour autant faire référence aux autres types de titres financiers, notamment les actions et les obligations qui peuvent être source d'ambiguïté.

Ainsi, et à travers la lecture de ces différentes définitions, leur analyse aussi bien au niveau conceptuel que pratique, nous pouvons relever et déduire que les Sukuk sont des certificats financiers islamiques, émis sur la base d'une ou d'un ensemble de modalités de financement islamiques, dans le respect des normes et principes de la Shariah. Chaque Sak (nominatif ou anonyme) est représentatif du droit de propriété et/ou de jouissance de son détenteur sur un actif Shariah-compatible. Les porteurs de ce type de titres financiers perçoivent une rémunération, sous forme de flux de paiements générés par les actifs sous-jacents aux Sukuk et en supportent les pertes à concurrence de leurs parts dans le produit de l'émission des Sukuk.

1.2. Objectifs de l'émission des Sukuk

Constituant une alternative aux titres financiers conventionnels entachés du Riba prohibé par la loi islamique, les Sukuk présentent un véritable instrument de mobilisation de fonds, émis pour répondre aux deux principaux objectifs suivants[127] :

- Se procurer de la liquidité nécessaire pour l'extension d'un projet existant ou son développement par le biais de la « Sukukisation » : Il s'agit de la procédure par laquelle est réalisée la transformation d'actifs

---

[126] قانون سندات المقارضة لسنة 1981م، الأردن، نشر في الجريدة الرسمية في 16 / 3/ 1981

[127] د. أشرف محمد دوابة، الصكوك الإسلامية بين النظرية والتطبيق، دار السلام، الطبعة الأولى، 2009، ص 27-28

des gouvernements ou des sociétés en unités prenant la forme de Sukuk. Ces derniers sont présentés par la suite sur le marché en vue d'attirer l'épargne nécessaire au financement, surtout des projets de longue durée.

- Collecter les capitaux nécessaires au financement d'un nouveau projet d'investissement, et ce, à travers la collecte des fonds des investisseurs, suite à la présentation sur les marchés financiers de Sukuk basés sur les diverses options de financements islamiques. La valeur des fonds collectés de la souscription constitue le capital du projet.

De ce qui précède, il s'avère que les Sukuk sont des titres financiers Shariah-compatibles, dont l'objectif principal est de contribuer d'une part, au développement de l'économie réelle, afin de répondre aux besoins d'investisseurs intéressés par ce type de financement, non convaincus par l'achat de titres entachés du Riba. Et d'autre part, ils représentent l'avantage d'être une alternative permettant la diversification des moyens de financement pour les institutions privées et publiques[128].

Les Sukuk représentent, en outre, un des outils contemporains d'une grande importance, du fait qu'ils constituent une source de financement et un moyen performant de gestion de liquidités[129]. Ils permettent aussi aux institutions islamiques, surtout financières, de concilier entre les délais de remboursement et de rentrée des fonds. Ils représentent également un instrument efficace de la politique monétaire[130].

1.3. Caractéristiques des Sukuk

Les Sukuk sont devenus une réalité incontournable. Ils représentent des titres complémentaires aux actions et un outil supplémentaire contribuant à la dynamisation du marché secondaire des titres financiers. Au début de leur apparition, les Sukuk se sont imposés sur le marché d'investissement dans les pays arabes et musulmans, par la suite, ils se sont propagés pour conquérir également des pays non musulmans, ainsi que les marchés internationaux[131].

Les investisseurs désireux de se conformer aux préceptes de la Shariah, ainsi que ceux préférant investir dans des formes de participation au capital, dont le rendement prend la forme de gains de capital ou de dividendes sont les agents les mieux indiqués pour investir dans les Sukuk**[132]**.

---

[128] د. محسن أبو عوض، الصكوك الإسلامية ومخاطرها، مجلة الدراسات المالية والمصرفية، العدد الأول/ يناير 2013، ص 33

[129] أ. مايا فتني، التجربة البريطا□ية في إصدار الصكوك الإسلامية، مجلة الدراسات المالية والمصرفية، العدد الثالث/ سبتمبر 2013، ص 35

[130] د. سعيد محمد بوهراوة و د. حسين سعيد، "الصكوك والتحديات الشرعية والتنموية"، بحوث□دوة البركة السادسة والثلاثين للاقتصاد الاسلامي، 2015، ص 136-138

[131] Dr. Tahmoures A.Afshar, The Journal of Global Business Management, Volume 9, Number 1, February 2013, p 44

[132] Zohra Jabeen & Mohammad Tariq Javed, Sukuk structures: An analysis of risk-reward sharing and wealth circulation, The Pakistan Development Review, 2007, p 408

La principale caractéristique propre aux Sukuk et qui les distingue des autres titres, est que leurs détenteurs ont un droit en une part des revenus générés par les actifs sous-jacents, ainsi qu'un droit en une part du produit de liquidation et de vente des actifs objets de l'émission des Sukuk[133]. Les Sukuk en tant que titres financiers islamiques, doivent respecter certaines conditions pour qu'ils soient conformes aux préceptes de la Shariah :

- Les Sukuk sont des titres financiers : Ils remplissent les fonctions des titres financiers, qui servent à la mobilisation de liquidités sur le marché financier, à travers l'injection de fonds dans les comptes des entreprises et gouvernements qui expriment un besoin de financement d'une part, et procurent aux investisseurs financeurs une source de revenu [134] d'autre part. Ils sont également semblables aux titres financiers au niveau de leur émission en parts égales représentatives de droits pour une durée déterminée ou non déterminée, ainsi qu'au niveau de leur caractère de négociabilité.
- Les fonds collectés de la souscription dans les Sukuk doivent obligatoirement être utilisés dans des activités licites, pour que les titres ne perdent pas leur validité shariatique.
- Les Sukuk représentent une part indivise dans une propriété réelle[135] : Ce sont des certificats à valeurs égales, émis au nom de leurs détenteurs ou au porteur, servant de preuve du droit de leur propriétaire dans ce qu'ils représentent en droits et engagements financiers. Ils représentent en outre, une part indivise dans la propriété d'actifs dédiés à l'investissement, actifs tangibles, usufruits, services ou d'un mélange diversifié de tout ce qui précède, en plus de droits moraux, dettes et monnaie[136]. Le droit de propriété ne porte pas sur le Sak lui-même, mais sur les actifs sous-jacents générateurs de rendements.
- Les Sukuk sont émis sur la base d'un contrat établi en conformité avec les dispositions de la Shariah [137] : Ils sont émis sur la base des différentes modalités de financement islamiques, telles que la Musharaka, l'Ijara, la Mudaraba, la Murabaha etc... Dans ce cadre, ils doivent respecter les critères et exigences shariatiques correspondant à chaque type de contrat, notamment au niveau de leur émission, circulation et négociation.

---

[133] Khalil Ahmed, Sukuk: Definition, structure and accounting issues, MPRA (Munich Personal RePEc Archive) Paper N°33675, September 2011, p 1

[134] Dr Abul Hassan, Islamic features of a sukuk, Middle East Insurance Review, December 2006, p 69

[135] مجلس مجمع الفقه الإسلامي الدولي المنعقد في دورته التاسعة عشرة في إمارة الشارقة من 1 الى5 جمادى الأولى 1430ه الموافق 26 الى 30□يسان (ابريل) 2009م، قرار رقم 178(4/19) بشأن الصكوك الإسلامية (التوريق) وتطبيقاتها المعاصرة وتداولها

[136] هيئة المحاسبة والمراجعة للمؤسسات المالية الإسلامية، المعايير الشرعية، المعيار الشرعي رقم 17 "صكوك الاستثمار"، 2015

[137] Ibid.

- Le rendement des Sukuk peut être fixe ou variable : Le principal critère de base à respecter dans ce cadre est que le rendement ne doit, en aucun cas, prendre la forme d'intérêts constituant une rémunération du prêt de l'argent[138]
- Les détenteurs de Sukuk ont le droit de bénéficier de flux réguliers de rendement tout au long de la durée de vie des Sukuk. Toutefois, le rendement du capital investi est tributaire des revenus générés par les actifs sous-jacents aux Sukuk, ainsi que du produit de liquidation et de vente des actifs[139]
- Les détenteurs des Sukuk sont associés dans les profits selon le pourcentage convenu dans le cadre du prospectus d'émission, et supportent conjointement les pertes à concurrence de la part de chacun[140]. Il est catégoriquement interdit du point de vue islamique la réception par le détenteur du Sak, d'un pourcentage convenu sur la base de la valeur nominale ou d'un montant fixe préalablement déterminé[141]. Il importe de souligner également, qu'il est nécessaire de déterminer les modalités de répartition et de distribution des rendements périodiques dans le cadre du prospectus d'émission, car, le fait de permettre au porteur du Sak de bénéficier d'une part du bénéfice non déterminée dans le prospectus d'émission ou sur le Sak, ou encore d'un pourcentage qui sera déterminé à la fin du projet ou pendant des délais périodiques ultérieurs est considéré comme étant un acte illicite par la Shariah[142].
- Les porteurs des Sukuk supportent tous les risques d'investissement. Ils supportent également les charges, ainsi que tous les autres frais engendrés par la propriété des actifs sous-jacents, que ces charges soient des dépenses d'investissement, une diminution de la valeur des titres, des frais d'entretien ou encore des cotisations d'assurance[143].
- L'extinction des Sukuk peut intervenir une seule fois à maturité, comme elle peut être réalisée périodiquement de façon étalée sur la

---

138 Salman Shaikh & Shan Saeed, Sukuk Bond : The Global Islamic Financial Instrument, MPRA (Munich Personal RePEc Archive) Paper N°26700, November 2010, p 4

139 Yash Majeethia, Tushar Bose, Islamic financial instruments an opportunity for financing infrastructure in India, Journal of business management ans social sciences research, Volume 3, N°5, May 2014, p 21

140 هيئة المحاسبة والمراجعة للمؤسسات المالية الإسلامية، المعايير الشرعية، المعيار الشرعي رقم 17 "صكوك الاستثمار"، 2015

141 مجلس مجمع الفقه الإسلامي الدولي المنعقد في دورته التاسعة عشرة في إمارة الشارقة من 1 الى5 جمادى الأولى 1430ه الموافق 26 الى 30 يسان (ابريل) 2009م، قرار رقم 178(4/19) بشأن الصكوك الإسلامية (التوريق) وتطبيقاتها المعاصرة وتداولها

142 د. فهد بن بادي المرشدي، الصكوك أحكامها وضوابطها وإشكالاتها دراسة شرعية قدية، دار كنوز اشبيليا للنشر والتوزيع، الطبعة الأولى، 2014، ص 41

143 مجلس مجمع الفقه الإسلامي الدولي المنعقد في دورته التاسعة عشرة في إمارة الشارقة من 1 الى5 جمادى الأولى 1430ه الموافق 26 الى 30 يسان (ابريل) 2009م، قرار رقم 178(4/19) بشأن الصكوك الإسلامية (التوريق) وتطبيقاتها المعاصرة وتداولها

durée de vie de l'activité. Les modalités d'extinction des Sukuk doivent être précisées et arrêtées dans le cadre du prospectus d'émission[144].

- L'absence de la garantie de la partie gestionnaire : Selon les principes de la Shariah, le directeur des Sukuk ne peut garantir le capital ni supporter les pertes en cas de leur survenance. Si le prospectus d'émission ou les certificats de Sukuk contiennent la condition de garantie des risques d'investissement dans le projet, le Sak ne peut bénéficier du label Shariah-compatible, et par conséquent, toute transaction portant sur ledit Sak est jugée illicite du point de vue islamique[145].

2. Typologies des Sukuk

Les Sukuk peuvent être répartis selon plusieurs critères. Dans ce cadre, nous pouvons retenir 11 modes de répartitions basés sur les éléments suivants :

- Le type du contrat de financement
- Le nombre de contrats régissant l'émission
- La catégorie du contrat de financement islamique
- La nature des droits des porteurs des titres
- L'objectif de l'opération d'émission
- Le statut de la partie émettrice
- La durée de vie
- L'intention de l'acheteur des titres
- Le critère de négociabilité
- La nature du taux de rendement
- La modalité d'extinction

2.1. Répartition selon le type du contrat de financement

L'AAOIFI énumère plus d'une dizaine de types de Sukuk. Cet organisme s'est basé pour la classification des Sukuk sur la nature du mode de financement islamique sous-jacent. Les différents types de Sukuk présentés par l'AAOIFI s'établissent comme suit[146] :

2.1.1. Sukuk de propriété d'actifs loués

Ce sont des certificats à valeurs égales émis par le propriétaire de l'actif loué ou destiné à la location. Ils peuvent également être émis par un intermédiaire financier représentant le propriétaire, dans le but de vendre les actifs et de recouvrer le prix de leur vente à travers les souscriptions. L'actif devient alors la propriété des porteurs des Sukuk.

---

144 د. أحمد شعبان محمد علي، الصكوك والبنوك الإسلامية أدوات لتحقيق التنمية، دار الفكر الجامعي، الطبعة الأولى، 2013، ص 34

145 د. فهد بن بادي المرشدي، الصكوك أحكامها وضوابطها وإشكالاتها دراسة شرعية□قدية، دار كنوز اشبيليا للنشر والتوزيع، الطبعة الأولى، 2014، ص 43-44

146 هيئة المحاسبة والمراجعة للمؤسسات المالية الإسلامية، المعايير الشرعية، المعيار الشرعي رقم 17 "صكوك الاستثمار"، 2015

2.1.2. Sukuk de droit d'usufruit

Les Sukuk de droit d'usufruit peuvent être subdivisés en quatre catégories, à savoir :

- **Sukuk de jouissance d'actifs existants**

Dans cette catégorie nous trouvons deux types :

- 1er type : Ce sont des certificats à valeurs égales émis par le propriétaire d'un actif existant ou par un intermédiaire financier, dans l'objectif de la location des usufruits de l'actif, en contrepartie d'une rémunération couverte par le montant collecté de la souscription. L'usufruit de l'actif devient donc la propriété des porteurs de Sukuk.
- 2ème type : Certificats à valeurs égales émis par l'usufruitier d'un actif existant (locataire) directement ou par le biais d'un intermédiaire financier, en vue de la sous-location de l'actif concerné. Le recouvrement du loyer y afférent sera réalisé par le biais du montant collecté de la souscription. L'usufruit de l'actif devient la propriété des porteurs de Sukuk.

- **Sukuk de droit d'usufruit ou de location d'actifs à fabriquer ou à produire**

Ce sont des titres à valeurs égales émis dans l'objectif de louer des actifs à fabriquer ou à produire et de recouvrer leurs loyers en collectant le montant correspondant à la valeur de la souscription. L'usufruit de l'actif à fabriquer ou à produire devient la propriété des détenteurs de Sukuk.

- **Sukuk de propriété de services fournis par une partie dénommée**

Ce sont des certificats à valeurs égales émis dans l'objectif d'offrir un service par une partie dénommée (tel que l'usufruit de l'enseignement dans une université dénommée) et d'en percevoir les revenus des sommes collectées de la souscription. Les porteurs de Sukuk deviennent, par conséquent, les propriétaires des services.

- **Sukuk de propriété de services fournis par une partie décrite et non dénommée**

Ce sont des certificats à valeurs égales émis dans le but d'offrir un service fourni par une partie décrite, mais non nommée (tel que l'usufruit de l'enseignement fourni par une université dont les caractéristiques sont décrites sans pour autant préciser son nom) et de recouvrer les revenus à travers le produit du résultat de la souscription. Les services deviennent alors, la propriété des détenteurs de Sukuk.

2.1.3. Sukuk Salam

Ce sont des certificats à valeurs égales émis dans l'objectif de la collecte du capital du Salam. La marchandise objet du contrat Salam devient la propriété des porteurs de Sukuk.

2.1.4. Sukuk Al-Istisna'a

Ce sont des certificats à valeurs égales émis dans l'objectif d'affecter les fonds collectés de la souscription à la fabrication d'un bien. Le bien fabriqué devient alors propriété des porteurs de Sukuk.

2.1.5. Sukuk Murabaha

Ce sont des certificats à valeurs égales émis dans l'objectif du financement de l'achat de la marchandise, objet de l'opération Murabaha. La marchandise de la Murabaha devient la propriété des détenteurs de Sukuk.

2.1.6. Sukuk Musharaka

Ce sont des titres à valeurs égales émis dans le but de l'affectation des fonds collectés de la souscription à la création d'un nouveau projet, l'extension et le développement d'un projet existant ou encore le financement d'une activité sur la base de l'un des différents types des contrats Musharaka. Le projet ou les actifs relatifs à l'activité d'investissement deviennent la propriété des porteurs des Sukuk, à concurrence de leurs parts. Ce type de Sukuk est géré sur la base de la sharika (société), la Mudaraba ou la Wakala Bil-Istithmar (mandat d'investissement).

- **Sukuk Sharika (Société) :** Ce sont des titres de participation représentatifs de projets ou d'activités, gérés sur la base de la Sharika à travers la désignation d'un associé ou bien d'une partie étrangère pour assurer la mission de gestion.
- **Sukuk Mudaraba :** Ce sont des titres de participation qui représentent des projets ou des activités gérés sur la base de la Mudaraba, en désignant un Mudarib qui peut être l'un des associés ou une personne étrangère, afin d'assurer la gestion de l'affaire.
- **Sukuk Waqala d'investissement :** Ce sont des titres de participation qui représentent des projets ou des activités gérés selon les principes de la Waqala d'investissement (mandat d'investissement). Un waqil (mandataire) des porteurs de Sukuk est désigné pour assurer la mission de gestion.

2.1.7. Sukuk Muzara'a

Ce sont des certificats à valeurs égales émis dans l'objectif de l'utilisation des fonds collectés de la souscription, dans le financement d'un projet sur la base des principes de la Muzara'a. Les détenteurs de Sukuk deviennent par conséquent, les propriétaires d'une part de la récolte telle que définie dans le contrat d'émission.

2.1.8. Sukuk Mussaqat

Ce sont des certificats à valeurs égales émis dans le but d'utiliser les fonds collectés de la souscription, dans le financement de l'irrigation d'arbres fruitiers et leurs entretiens sur la base du contrat Mussaqat. Les détenteurs de Sukuk deviennent les propriétaires d'une part des fruits selon les prescriptions du contrat.

2.1.9. Sukuk Mugharassa

Ce sont des certificats à valeurs égales émis dans l'objectif d'utiliser les fonds collectés de la souscription pour la plantation d'arbres et la couverture des frais de leur entretien, sur la base du contrat Mugharassa. Ainsi, les porteurs de Sukuk deviennent les propriétaires d'une part du terrain et des plantations.

2.2. Répartition selon le nombre de contrats régissant l'émission de Sukuk[147]

Du point de vue islamique, il est permis que les Sukuk soient émis aussi bien sur la base d'un seul contrat, que sur deux ou plusieurs contrats de financement.

- **Emission de Sukuk sur la base d'un seul type de contrat de financement :** Ce sont des Sukuk émis selon l'une des modalités de financement islamiques citées ci-dessus. Par exemple l'émission de Sukuk sur la base du contrat Murabaha ou bien Musharaka ou autres.
- **Emission de Sukuk sur la base de deux ou plusieurs types de contrats de financement :** Appelés Sukuk hybrides, ces derniers sont émis sur la base de la combinaison des caractéristiques de deux ou plusieurs options de financement. Nous pouvons citer à titre d'exemple l'émission de Sukuk hybrides basés sur trois types de contrats de financement combinés, à savoir Istisnaa, Ijara et Musharaka.

2.3. Répartition selon la catégorie du contrat de financement islamique[148]

Les Sukuk peuvent être classés selon trois grandes catégories de structurations. Il s'agit principalement des :

- Sukuk basés sur le crédit-bail, tel que Sukuk Ijara
- Sukuk basés sur le principe de partenariat ou de participation, tels que Sukuk Mudaraba, Sukuk Musharaka et Sukuk Waqala
- Sukuk basés sur des contrats de vente, tels que Sukuk Murabaha, Sukuk Istisnaa et Sukuk Salam

2.4. Répartition des Sukuk en fonction de la nature des droits des porteurs de Sukuk

En 2005, le Conseil des Services Financiers Islamiques (IFSB) a précisé dans le cadre de sa norme N°2, que les Sukuk peuvent généralement être classifiés sous deux grandes catégories. Il s'agit des [149] :

- Sukuk basés sur les actifs (Asset-based Sukuk) qui procurent à leurs porteurs des rendements susceptibles d'être clairement prévisibles, comme c'est le cas pour Sukuk Salam, Istisnaâ et Ijara
- Sukuk basés sur l'investissement en capitaux (Equity-based Sukuk) dont les rendements sont déterminés sur la base de la participation dans les pertes et profits de l'investissement. Pour ce type de Sukuk, comprenant Sukuk Musharaka et Mudaraba, les rendements y afférents ne peuvent être facilement prédictibles.

---

[147] MR. SHUSAK AROONPOOLSUP, Islamic Financial Markets : Performance and prospects, Centre of West Asian Studies, ALIGARH MUSLIM University (India), 2012, p 202

[148] Mohd Azmi Omar & Muhamad Abduh & Raditya Sukmana, Fundamentals of Islamic Money and Capital Markets, John Wiley & Sons Singapore, 2013, p 81

[149] IFSB-2, Capital Adequacy Standard For Institutions (Other than insurance institutions) Offering Only Islamic Financial Services, December 2005, p 47

Cela étant, et en dépit des efforts de l'IFSB tendant à simplifier le concept des Sukuk, il s'est avéré par la suite, au vu de l'analyse de la réalité pratique des émissions sur le marché, que les caractéristiques des Sukuk ne se limitent pas seulement aux critères arrêtés dans le cadre de la norme IFSB-2. Car, il a été constaté que pour la plupart des structurations des Sukuk, les détenteurs des titres ne disposaient pas toujours de la propriété réelle des actifs sous-jacents, mais ils n'ont plutôt qu'un simple droit de jouissance. Ce constat était à l'origine de l'initiative de publication par le Conseil des Services Financiers Islamiques (IFSB) en 2009, d'une nouvelle norme supplémentaire (IFSB-7), plus explicite, qui décrit et reflète plus amplement la réalité de la pratique existante sur les marchés financiers[150]. Dans le cadre de cette norme, l'IFSB a procédé à une classification plus avancée pour la détermination des typologies des Sukuk. Il s'agit d'une répartition basée sur la nature de la propriété et des droits des détenteurs de Sukuk sur les actifs sous-jacents. Les nouvelles structurations qui en ressortent s'établissent comme suit[151] :

- La structure des Sukuk adossés à des actifs (Asset-backed Sukuk), qui concerne les Sukuk remplissant les conditions exigées par une institution de notation externe reconnue. Pour cette structure, les détenteurs des Sukuk supportent l'intégralité des pertes en cas d'endommagement ou de dépréciation des actifs.
- Les Sukuk basés sur les actifs (Asset-based Sukuk), qui peuvent prendre deux formes :
  - Les Sukuk basés sur les actifs avec engagement irrévocable de rachat des actifs par l'initiateur. Ce type de Sukuk fait généralement référence à la structure de titrisation appelée « Pay-through », puisque le rendement généré par les actifs est directement transféré par l'émetteur aux investisseurs.
  - Les Sukuk basés sur les actifs selon la structure « Pass-through ». Dans ce cas, une structure indépendante achète en qualité d'émetteur, les actifs de l'initiateur et les rassemble dans un portefeuille d'actifs dans l'objectif d'émission de Sukuk. L'entité émettrice exige que les détenteurs des Sukuk disposent d'un droit de recours à l'encontre de l'initiateur. L'émetteur choisit donc une méthode conforme aux préceptes de la Shariah, pour garantir le paiement des flux financiers en cas de défaillance de l'initiateur.

En résumé, on peut souligner que la principale divergence entre les Sukuk basés sur les actifs et ceux adossés aux actifs concerne essentiellement deux aspects. D'une part, la réalisation du transfert réel des actifs aux détenteurs

---

[150] د. سعيد محمد بوهراوة و د. أشرف وجدي دسوقي، تقويم□قدي للقضايا الشرعية المتعلقة بملكية الصكوك القائمة على الأصول،□دوة الصكوك الإسلامية عرض وتقويم، مجمع الفقه الإسلامي والمعهد الإسلامي للبحوث والتدريب، 2010، ص110-111

[151] IFSB-7, Capital Adequacy Requirements for Sukuk, Securitization and Real Estate Investment, Islamic Financial Services Board (IFSB), January 2009, p 3-4

des Sukuk, qui se manifeste par leur sortie du bilan de l'initiateur et d'autre part, les droits dont disposent les porteurs des titres en cas de défaut de paiement[152].

Pour ce qui est des Sukuk adossés aux actifs ou Sukuk asset-backed, les actifs sortent du bilan de l'initiateur pour être transférés au bilan du véhicule de titrisation (SPV). De ce fait, les porteurs de Sukuk ont une propriété réelle sur les actifs sous-jacents et en cas de défaut, ils disposent d'un droit de recours direct sur lesdits actifs et non pas sur l'initiateur. Cependant, pour les Sukuk asset-based ou Sukuk basés sur les actifs, l'initiateur conserve la propriété légale des actifs, qui restent enregistrés au niveau de son bilan et par conséquent, les investisseurs ne disposent pas de droit de recours sur les actifs, en cas de défaut ou d'insolvabilité[153].

2.5. Répartition basée sur l'objectif de l'émission des Sukuk

Deux raisons majeures sont à la source de l'expression du besoin d'émission des Sukuk. Ce besoin exprimé peut être la résultante d'un simple manque de liquidité nécessaire pour subvenir aux charges et engagements éventuels. Comme il peut être la conséquence de la volonté de réaliser un investissement. Il s'agit des Sukuk de financement et des Sukuk d'investissement :

- **Les Sukuk de financement ou Sukuk spécifiques :** Ces Sukuk correspondent à la catégorie des titres Shariah-compatibles émis pour se procurer des liquidités. Les sommes collectées de la souscription en Sukuk sont employées, au gré de l'émetteur et selon ses besoins. Elles peuvent être utilisées pour faire face à des dépenses de consommation et de fonctionnement, comme elles peuvent servir au financement de projets[154].
- **Les Sukuk d'investissement ou Sukuk généraux :** Ce type de Sukuk correspond aux titres conformes à la Shariah, émis dans l'intention d'acquérir- par le biais du montant total collecté lors des souscriptions- des actifs nécessaires pour le montage d'une nouvelle activité ou pour l'extension d'un projet déjà existant. Cette opération correspond à une activité réelle génératrice de richesse qui contribue à la réalisation du développement économique. Ce type de Sukuk concrétise exactement les finalités de l'invention des Sukuk[155]

---

[152] Shabana M. Hassan, Asset-backed & Asset-based sukuk : In introduction, ISRA Bloomberg Bulletin October 2013, Fatwa in Islamic Finance, p 1-2

[153] Ketut Ariadi & Anderson Caputo Silva, Sukuk Markets : A proposed approach for development, Politicy Reasearch Working Paper 7133, Finance and Markets Global Practice Group, World Bank Group, December 2014, p 3

[154] د. رضا سعد الله، الصكوك الإسلامية: مدخل عام، دوة الصكوك الإسلامية، تو س 28 و29 مارس 2015، ص 8

[155] مجلس مجمع الفقه الإسلامي الدولي المنعقد في دورة مؤتمره العشرين بوهران خلال الفترة من 26 شوال إلى 2 من ذي القعدة 1433ه، الموافق 13 إلى 18 سبتمبر 2012م، قرار رقم 188(3/20) بشأن استكمال موضوع الصكوك الإسلامية

2.6. Répartition sur la base du statut de la partie émettrice

Généralement, les Sukuk peuvent être émis par des entités souveraines, des entreprises privées, ainsi que par des institutions à but non lucratif. Dans ce cadre, ils peuvent être répartis en trois classes, à savoir :

- **Les Sukuk souverains (Sovereign Sukuk) :** Ce sont des Sukuk émis par les institutions gouvernementales et les établissements publics dans l'objectif de financer des projets d'infrastructure générateurs de flux monétaires, à distribuer aux détenteurs de Sukuk. Les Sukuk souverains peuvent être également émis, afin que le produit collecté de l'opération de souscription soit affecté au financement du déficit budgétaire.
- **Les Sukuk de sociétés (Corporate Sukuk)** : Ce sont des Sukuk émis par des sociétés ou des institutions financières. Les sommes collectées de la souscription peuvent être destinées à l'acquisition de nouveaux actifs, le financement d'un nouveau projet ou l'extension d'une activité existante. Les fonds peuvent être également affectés à la couverture des dettes ou des besoins de liquidités.
- Les Sukuk émis par des associations ou des fondations caritatives tels que Sukuk Waqf

2.7. Répartition selon la durée de vie des Sukuk

Le critère de classification des Sukuk selon la durée de vie peut être étudié en fonction de deux aspects. D'un côté, les Sukuk peuvent être émis pour une durée déterminée avec des maturités courtes (moins d'un an), moyennes (entre une année et trois ans) ou longues (supérieures à trois ans). D'un autre côté, ils peuvent également prendre la forme de titres financiers émis pour une période non déterminée, en raison du caractère permanent de l'activité d'investissement financée par l'émission des Sukuk[156].

2.8. Répartition selon l'intention de l'acheteur des Sukuk[157]

Selon ce critère, les Sukuk peuvent être classés en trois catégories s'établissant comme suit :

- **Les Sukuk conservés à des fins commerciales** : Ces Sukuk sont achetés par l'investisseur en vue de réaliser des gains et des plus-values, en profitant des fluctuations positives à court terme des prix sur les marchés.
- **Les Sukuk achetés pour servir d'instrument de gestion de liquidités** : Ce sont des Sukuk achetés en cas de disponibilité de surliquidités, et sont revendus par la suite lors de la survenance d'une insuffisance de liquidité.

---

[156] هيئة المحاسبة والمراجعة للمؤسسات المالية الإسلامية، المعايير الشرعية، المعيار الشرعي رقم 17 "صكوك الاستثمار"، 2015، ص 479

[157] د. أحمد شعبان محمد علي، الصكوك والبنوك الإسلامية أدوات لتحقيق التنمية، دار الفكر الجامعي، الطبعة الأولى، 2013، ص 32

- **Les Sukuk conservés jusqu'à leurs échéances :** Ce sont les Sukuk achetés dans l'intention et l'objectif de les conserver en portefeuille jusqu'à la date de maturité. La conservation des Sukuk peut émaner de la propre volonté de leurs porteurs, comme elle peut dépendre d'une obligation shariatique interdisant la circulation de certains types de Sukuk, en raison de la nature des actifs sous-jacents.

2.9. Répartition selon le critère de négociabilité des Sukuk

Il s'agit de la négociabilité ou non des Sukuk[158]. En effet, les Sukuk sont de nature des titres financiers islamiques négociables. Toutefois, on relève dans certains cas, que les Sukuk deviennent non négociables sur le marché secondaire. Et ce, en raison de la nature des sous-jacents représentatifs de catégories d'actifs, qui ne peuvent faire l'objet de transactions du point de vue shariatique.

Selon la Shariah, il y a des restrictions relatives à la négociation et à la circulation des Sukuk. En termes de négociabilité sur le marché secondaire, les Sukuk peuvent être classés en deux catégories[159] :

- Les Sukuk négociables au prix de marché, tels que Sukuk Ijara, Mudaraba et Musharaka
- Les Sukuk transférables à leur valeur nominale (Face value), tels que Sukuk Murabaha et Istisnaa

2.10. Répartition selon le type du taux de rendement

- **Sukuk à taux de rendement fixe :** Il est valide du point de vue islamique, la détermination d'un taux de rendement fixe pour certaines catégories de Sukuk.
- **Sukuk à taux de rendement variable :** Le taux de rendement de ce type de Sukuk est souvent lié à un taux de référence déterminé, tels que le LIBOR, EURIBOR, SAIBOR, majoré d'une éventuelle marge de risque.

2.11. Répartition selon la modalité d'extinction des Sukuk

Les catégories des Sukuk diffèrent selon l'échelonnement de l'échéancier de leur extinction :

- **L'extinction des Sukuk à maturité :** Au terme de la durée de vie des Sukuk et après liquidation de l'investissement, la valeur réelle des actifs sous-jacents (remboursement du capital), en sus des rendements, sont versés aux porteurs de titres au prorata de leurs parts.
- **L'extinction périodique des Sukuk tout au long de leur durée de vie :** Dans ce cas, les Sukuk peuvent être répartis en Sukuk dégressifs

---

[158] Yash Majeethia, Tushar Bose, Islamic financial instruments an opportunity for financing infrastructure in India, Journal of business management and social sciences research, Volume 3, N°5, May 2014, p 21

[159] Essia Ries Ahmed & Md. Aminul Islam & Tariq Tawfeeq Youssif Alabdullah, Islamic sukuk: Pricing mechanism and rating, Journal of Asian Scientific Research 2014, 4(11), p 644-645

(Sukuk Mutanaqissa) et Sukuk progressifs (Sukuk Mutazayida). Les Sukuk dégressifs signifient qu'une partie de leur valeur est reprise (Istirdad) chaque année, tandis que pour les Sukuk progressifs, leur rendement périodique dégagé est réinvesti[160].

II. Structuration et gestion des émissions des Sukuk

1. Structuration, émission et montage des Sukuk

1.1. Typologies des émissions de Sukuk

1.1.1. Emission simple et Sukukisation

L'opération d'émission des Sukuk peut se réaliser sur la base de deux types de montages différents. Certes, les deux types d'émissions constituent une source de financement permettant l'accès à la liquidité par appel à souscription au public, mais ils se caractérisent par l'existence de différences au niveau du processus du montage. Dans ce cadre, il s'avère primordial de faire la distinction entre l'émission simple de Sukuk et la Sukukisation. Cette distinction repose essentiellement sur l'appropriation ou non de l'émetteur des actifs susceptibles de faire l'objet de transformation en titres financiers.

Le premier type de montage appelé « émission simple » des Sukuk a pour objectif l'utilisation du montant collecté de la souscription dans le financement de l'opération d'acquisition de nouveaux actifs. Alors que le deuxième type, dénommé « Sukukisation[161] », constitue une opération en vertu de laquelle, des actifs existants générateurs de profits sont transformés en titres financiers, en vue de se procurer des liquidités[162].

1.1.2. Emission directe et émission indirecte

L'opération d'émission des Sukuk peut être assurée directement par le bénéficiaire du résultat de l'émission (Emission directe). Elle peut aussi être confiée à un intermédiaire, qui prend généralement la forme d'un véhicule de titrisation, créé spécialement pour assurer ladite mission (Emission indirecte).

Au niveau de la titrisation conventionnelle, le passage par un véhicule de titrisation est considéré comme l'un des facteurs assurant la réussite du montage de l'opération de titrisation. La raison d'être et la mission principale de ce véhicule consiste en l'acquisition des actifs qui feront l'objet de titrisation, par le biais de transformation en titres financiers à émettre à l'intention des investisseurs[163]. Il s'agit d'une entité juridique indépendante, qui a pour but spécial et exclusif la réception des revenus générés par les actifs

---

160 د. أحمد شعبان محمد علي، الصكوك والبنوك الإسلامية أدوات لتحقيق التنمية، دار الفكر الجامعي، الطبعة الأولى، 2013، ص 29

161 Selon la conférence Baraka N°22 (2002), l'appellation Sukukisation est choisie comme alternative au mot titrisation utilisé dans le domaine de la finance conventionnelle pour désigner la transformation de crédits en obligations.

162 د. محمد عبد الحليم عمر،الصكوك الإسلامية (التوريق) وتطبيقاتها المعاصرة،2009، ص 2

163 Nasri Antoine Diab & Iyad Hareth Georges Boustany, La titrisation des actifs : Structurations juridiques et financières sur les marchés émergents, Editions Delta, Première Edition 2003, p : 146

qui ont fait l'objet de titrisation, afin de verser aux investisseurs les intérêts en sus du remboursement du capital[164].

L'émission indirecte des Sukuk à travers le passage par un véhicule ad hoc a été calquée sur le processus de montage de l'opération de titrisation conventionnelle. Dans la pratique, la plupart des émissions de Sukuk réalisées ont été effectuées par le biais d'une structure ad hoc[165].

Selon la Shariah, la création d'un organisme de titrisation n'est pas une obligation pour que l'opération de Sukukisation soit licite. Aucune disposition n'interdit le montage d'une opération de Sukukisation sans recours à une entité ad hoc. En effet, plusieurs émissions réussies de Sukuk ont été marquées par l'absence de la création d'un véhicule ad hoc (Sukuk Binladen), chose qui a poussé de nombreux auteurs et chercheurs à s'interroger sur l'utilité et la nécessité du recours à une telle entité.

Néanmoins, la lecture des écrits académiques relatifs au sujet des Sukuk, ainsi que la pratique des émissions laissent entendre que les émissions de Sukuk doivent être réalisées d'une façon indirecte, notamment par l'intermédiaire d'une entité ad hoc, créée à l'initiative de la partie bénéficiaire de l'émission. Dans le même sens d'idée, les lois marocaines et égyptiennes exigent le passage par un véhicule ad hoc pour l'émission des Sukuk. La loi tunisienne, bien qu'elle impose l'émission indirecte des Sukuk, ouvre une brèche pour se passer de cette entité et procéder à une émission directe en cas de validation du comité shariatique. La loi jordanienne fait peut-être l'exception, puisqu'elle tolère l'émission directe des Sukuk sans passer par un intermédiaire[166].

Dans la pratique, l'émission simple d'obligations (sans recours à la titrisation) est généralement une opération d'émission directe, qui se réalise sans l'intervention d'un véhicule ad hoc. Cependant, pour les émissions basées sur la titrisation, le passage par un véhicule de titrisation s'avère nécessaire. Après la survenance de la crise de 2008, les questions relatives à l'intérêt de l'émission indirecte ont commencé à se poser[167].

De ce qui précède, on peut déduire que l'émission indirecte par l'intermédiaire d'un véhicule ad hoc n'est pas indispensable, lorsque l'émission de Sukuk a pour objectif l'acquisition de nouveaux actifs, qui ne sont pas déjà appropriés par l'initiateur. Pour le cas de la Sukukisation (l'émission de Sukuk par le biais du transfert de la propriété d'actifs existants de l'initiateur aux détenteurs de Sukuk), la question qui devrait être posée est la suivante : Est-ce que l'opération de Sukukisation a besoin, pour assurer sa réussite, de la fonction principale pour laquelle est institué le véhicule de

---

[164] Claude Laporte, La titrisation d'actifs en Suisse Asset-backed Securitisation, Editions Schulthess, 2005, p : 85

[165] Clifford chance, March 2013

[166] د. رضا سعد الله، الصكوك الإسلامية: مدخل عام،دوة الصكوك الإسلامية، تو س 28 و29 مارس 2015، ص 16

[167] Ibid., p 14

titrisation, à savoir, la protection des actifs transférés contre les risques de faillite de l'initiateur[168]?

La réponse est que l'appropriation réelle et complète des actifs sous-jacents aux Sukuk par les détenteurs de titres est l'une des exigences shariatiques. Elle se manifeste par la sortie des actifs objets de Sukukisation du bilan et des comptes de l'initiateur. Cette opération est réalisée avec ou sans recours à un véhicule ad hoc[169].

Par ailleurs, certains spécialistes estiment que le véhicule de titrisation représente les détenteurs de Sukuk et veille en conséquence à la sauvegarde de leurs droits et intérêts. Cette affirmation fait l'objet de controverses, car[170]:

- La relation du véhicule de titrisation avec l'initiateur n'est pas toujours stable et a tendance à changer avec le changement du régime juridique de chaque pays. D'un autre côté, l'initiateur qui crée cette instance détient, ne serait-ce que moralement, un certain degré d'influence sur ce véhicule. Par conséquent, et même si le véhicule de titrisation a été institué pour représenter les intérêts des investisseurs, on ne peut écarter totalement l'éventualité d'existence de conflits d'intérêts qui pourraient altérer la neutralité du véhicule.
- D'autre part, il y a lieu de souligner que bon nombre d'organisations procèdent à l'émission de Sukuk ou même d'obligations en ayant recours à une partie, autre que la SPV, qui est chargée de la mission de représentation des investisseurs et la protection de leurs droits. Il s'agit en l'occurrence du dépositaire. Ce qui nous conduit à s'interroger sur l'opportunité d'existence d'une multitude d'entités représentatives des détenteurs de Sukuk.

En guise de conclusion - et d'un point de vue scientifique - on ne peut pas prétendre que la réussite de l'industrie financière islamique est subordonnée à la reproduction littérale du mécanisme du véhicule de titrisation conventionnelle dans le domaine d'émission des Sukuk. Si une telle structure paraissait nécessaire, il y a lieu de la remplacer, pour plus de transparence et d'équité, par l'institution d'un comité ad-hoc pour la représentation des porteurs de Sukuk et la protection de leurs droits. Il serait judicieux que la mission d'institution de cette structure soit l'apanage d'une institution publique, telle que l'autorité du marché financier, et ce, afin d'éviter tous conflits d'intérêts[171].

[168] د. رضا سعد الله، الصكوك الإسلامية: مدخل عام، ندوة الصكوك الإسلامية، تونس 28 و29 مارس 2015، ص 16

[169] Ibid.

[170] Ibid.

[171] Ibid.

1.2. Parties intervenantes dans le processus d'émission des Sukuk

En principe, les deux principales parties de l'opération d'émission des Sukuk sont l'entité désirant se procurer des ressources financières d'une part, et les investisseurs acceptant de souscrire en Sukuk, dans l'optique de la réception future de flux de revenus, d'autre part. Autrement dit, il s'agit de l'émetteur des Sukuk et des souscripteurs qui constituent les deux parties du contrat d'émission[172]. Mais en réalité, et selon la pratique, plusieurs autres parties interviennent dans le cadre du processus de montage d'une émission de Sukuk, et ce, dans l'objectif d'accomplir différentes missions nécessaires à la réussite de l'opération. L'intervention de toutes les parties qui seront citées, ci-après, n'est pas obligatoirement nécessaire, comme il est possible qu'une seule partie accumule deux ou plusieurs fonctions différentes.

Les acteurs intervenant dans le processus d'émission des Sukuk se présentent comme suit :

- **L'initiateur :** C'est le bénéficiaire des sommes collectées de l'émission des Sukuk. L'initiateur devient lui-même émetteur dans le cas d'une émission directe de Sukuk.
- **L'émetteur[173]:** C'est l'entité qui utilise le résultat des fonds collectés de la souscription, selon des options conformes aux règles de la Shariah. L'émetteur du Sak peut être une société, une personne physique, une institution financière ou un gouvernement. Néanmoins, une institution financière intermédiaire peut remplacer l'émetteur et se charger de l'organisation de l'opération d'émission, en contrepartie d'une rémunération ou d'une commission déterminée dans le cadre du prospectus d'émission des Sukuk.
- **Le mandataire d'émission (Waqil al Isdar)[174]:** C'est l'institution intermédiaire qui s'occupe de l'opération d'émission et qui prend toutes les décisions à la place de l'émetteur. Cette mission est assurée en contrepartie d'une rémunération convenue et déterminée dans le cadre du prospectus d'émission. La relation entre l'émetteur et le mandataire d'émission est régie sur la base d'un mandat (contrat Waqala) avec rémunération.
- **Les investisseurs :** Ce sont les porteurs de titres, qui initialement souscrivent dans les Sukuk lors de l'émission primaire et deviennent par la suite des acheteurs des Sukuk sur le marché secondaire. La détention des Sukuk permet aux investisseurs de se procurer du droit de propriété des actifs sous-jacents. Les porteurs de Sukuk sont des associés dans une propriété indivise et par conséquent, ils se partagent

---

172 هيئة المحاسبة والمراجعة للمؤسسات المالية الإسلامية، المعايير الشرعية، المعيار الشرعي رقم 17 "صكوك الاستثمار"، 2015

173 Ibid.

174 Ibid.

les profits réalisés, ainsi que les risques encourus au prorata de leurs parts respectives.

- **Le directeur de l'émission** : C'est la partie chargée de la gestion, qui représente les détenteurs de Sukuk et qui veille à l'application des termes du contrat d'émission, en contrepartie d'une rémunération[175]. Les Sukuk sont gérés suivant deux modes de management à savoir, la Mudaraba ou la Waqala d'investissement. Le directeur désigné à cet effet est appelé Mudarib ou Waqil[176].
- **L'agent payeur (Mutaahid Addaf'a)** : Il s'agit de l'institution intermédiaire qui s'engage du règlement des droits des porteurs de Sukuk après leur réception[177]. Elle a pour mission l'exécution des ordres de paiement.
- **Le directeur de l'investissement** : C'est l'entité chargée totalement ou partiellement des travaux d'investissement, désignée par l'émetteur ou le directeur de l'émission, conformément aux termes convenus dans le prospectus d'émission[178].
- **Le dépositaire (Amine Al-Isdar ou Amine Al-Istithmar)** : C'est la société financière intermédiaire, en charge de la mission de protection des droits et intérêts des porteurs de Sukuk, de la supervision du directeur de l'émission, ainsi que de la conservation des documents et garanties. Le dépositaire assure ces fonctions sur la base d'un contrat Waqala (Mandat) avec rémunération, selon les conditions stipulées sur le prospectus d'émission.
- **Le percepteur (Servicer/al muhassil)[179]** : Sa fonction est la collecte des cash-flows monétaires générés par les Sukuk et leur transfert, par la suite, à la partie qui représente les investisseurs. Le percepteur peut être lui-même la partie émettrice.
- **L'arrangeur[180]:** C'est l'entité chargée de l'arrangement de l'opération d'émission. Elle se charge de la constitution du véhicule de titrisation, choisit les actifs objets de l'émission en cas de Sukukisation et collabore avec les agences de notation.
- **Le Chargé de la couverture de la souscription en Sukuk (Underwider) (Motaahid attaghtiya) (le recouvreur)[181]:** Sa fonction est de promouvoir la commercialisation des Sukuk auprès des

---

175 هيئة المحاسبة والمراجعة للمؤسسات المالية الإسلامية، المعايير الشرعية، المعيار الشرعي رقم 17 "صكوك الاستثمار"، 2015

176 د. فهد بن بادي المرشدي، الصكوك أحكامها وضوابطها وإشكالاتها دراسة شرعية□قدية، دار كنوز اشبيليا للنشر والتوزيع، الطبعة الأولى، 2014، ص34

177 هيئة المحاسبة والمراجعة للمؤسسات المالية الإسلامية، المعايير الشرعية، المعيار الشرعي رقم 17 "صكوك الاستثمار"، 2015

178 Ibid.

179 د. رضا سعد الله، الصكوك الإسلامية: مدخل عام،□دوة الصكوك الإسلامية، تو□س 28 و29 مارس 2015، ص 13

180 Ibid.

181 Ibid.

investisseurs. Il se porte, en outre, garant de la souscription dans la totalité des titres présentés et ce, à travers son engagement de souscription pour le reste des Sukuk n'ayant pas fait l'objet de transaction.

- **Le conseiller d'émission (Mostachar tarh)**[182] **:** Son rôle consiste en l'organisation de l'émission et la commercialisation des titres financiers sur le marché.
- **Les agences de notation financière :** Ce sont des institutions indépendantes spécialisées dans l'étude du risque de défaut[183]. La notation est un processus d'évaluation du risque synthétisé en une note[184], permettant de donner une opinion sur le risque de défaillance de paiement d'un émetteur ou d'une émission. Pour les détenteurs de titres, la notation constitue l'un des éléments fondamentaux, qui donne une idée sur le degré de sécurité du placement qu'ils comptent réaliser[185]. Pour le cas des Sukuk, les agences de notation permettent d'évaluer la capacité de l'émetteur à honorer ses engagements et de donner une estimation des risques auxquels pourraient être confrontés les détenteurs de Sukuk.

1.3. Les étapes pratiques de l'émission des Sukuk

L'opération d'émission de Sukuk passe par un long processus, qui s'étale sur toute la durée de vie des titres, depuis leur émission jusqu'à leur extinction. Ce processus peut être synthétisé en quatre principales étapes qui se présentent comme suit :

1.3.1. Etape préliminaire relative aux travaux préalables à l'émission

L'étape préliminaire est décisive et occupe une place primordiale dans le processus d'émission des Sukuk. Sa bonne maîtrise contribue à la réussite de la structuration de l'opération. Lors de cette phase, l'objectif de l'émission des Sukuk, le volume des fonds à collecter, ainsi que les actifs éligibles doivent être bien déterminés et identifiés. Et ce, afin de réunir les éléments nécessaires pour aboutir à l'élaboration d'une étude préliminaire, permettant d'avoir une visibilité quant à la faisabilité de l'opération d'émission[186].

Les actifs sous-jacents aux Sukuk constituent le noyau dur du montage. Pour cela, ils doivent retenir une attention particulière en termes de conformité aux préceptes de la Shariah. L'identification d'actifs Shariah-compatibles,

---

182 د. فهد بن بادي المرشدي، الصكوك أحكامها وضوابطها وإشكالاتها دراسة شرعية□قدية، دار كنوز اشبيليا للنشر والتوزيع، الطبعة الأولى، 2014، ص 34

183 Eric PAGET-BLANC & Nicolas PAINVIN, La notation financière, Rôle des agences et méthodes de notation, Editions DUNOD, 2007, p7

184 Daniel Karyotis, La notation financière, une nouvelle approche du risque, La Revue Banque Editeur, 1995, p 16

185 Jeanne-Françoise de Polignac, La notation financière, l'approche du risque de crédit, Revue Banque Edition, 2002, p 13

186 عناصر لمرحلة تقسيم الصكوك، جريدة القبس، 7 يونيو 2008، العدد 12580، ص 538

générateurs de revenus est la première et la plus importante étape dans le processus d'émission des Sukuk.

Généralement, les parties en charge de l'opération d'émission de Sukuk font appel à des experts qui forment un comité. Ce dernier a pour mission d'étudier, en premier lieu, si les actifs ciblés sont susceptibles de faire l'objet de l'émission. Ce comité se charge également d'arrêter les conditions nécessaires pour l'accomplissement de l'opération, ainsi que de l'élaboration d'un programme de travail bien ficelé, décrivant avec précision, les différentes étapes du processus, à même d'assurer le bon déroulement des travaux préalables à l'opération d'émission des Sukuk. Dans le cas d'une émission simple qui a pour objectif l'acquisition de nouveaux actifs, les caractéristiques desdits actifs sont déterminées et énumérées. Pour le cas d'une émission de Sukuk qui nécessite le passage par une Sukukisation, les actifs susceptibles de faire l'objet de Sukukisation sont identifiés et réunis en un seul portefeuille. Quant au cas d'une émission indirecte, il est procédé, le cas échéant, à la création d'une SPV.

Une fois les actifs éligibles identifiés et déterminés, une étude de faisabilité économique du projet, couvrant tous ses aspects, est établie afin de faire ressortir les indicateurs de rentabilité. A l'issue de cette étude, l'obtention de l'avis favorable d'une autorité ou d'un comité de supervision shariatique est obligatoire. L'obtention de l'accord attestant la conformité de l'émission aux préceptes de la Shariah, constitue l'une des composantes fondamentales de cette étape préliminaire. Il s'agit d'une condition sine qua non, formant un tremplin pour le passage aux autres étapes de l'étude de faisabilité[187].

Les volets financiers et juridiques représentent aussi des éléments décisifs, qui contribuent à la réussite du montage. L'analyse financière de l'investissement permet de donner une visibilité sur la performance financière et fait ressortir les indicateurs de rentabilité servant de base à la prise de la décision d'investissement. Quant à l'étude juridique, elle permet de s'assurer de la conformité de l'opération, avec la réglementation en vigueur, dans le pays d'émission et de clarifier les droits et engagements de chacune des parties prenantes au montage[188]. La politique de commercialisation des Sukuk est également arrêtée à ce stade.

Les Sukuk peuvent être présentés directement sur le marché pour souscription auprès du public, comme ils peuvent être vendus à un investisseur qui se charge de leur commercialisation et leur vente aux éventuels porteurs. Afin de réunir toutes les conditions de sécurité et de garantie assurant la vente de la totalité des Sukuk, une partie qui s'engage à l'achat des Sukuk, restant

---

187 د. سعيد محمد بوهراوة و د. حسين سعيد، "الصكوك والتحديات الشرعية والتنموية"، بحوث□دوة البركة السادسة والثلاثين للاقتصاد الاسلامي، 2015، ص 145

188 عناصر لمرحلة تقسيم الصكوك، جريدة القبس، 7يو□يو 2008، العدد 12580، ص 538

non vendus à l'expiration de la période de souscription pourrait être désignée[189].

À la suite de la réalisation de l'ensemble des analyses traitant les divers aspects relatifs à l'émission, le prospectus d'émission qui constitue la feuille de route de l'opération est élaboré. Les informations et les conditions qui y figurent ne doivent pas déroger aux normes shariatiques.

1.3.2. Etape de l'émission des Sukuk

Les actifs objets de l'opération d'émission étant rassemblés et réunis en un portefeuille, sont répartis en unités équivalentes prenant la forme de Sukuk. Par la suite, ces Sukuk sont présentés sur le marché pour souscription.

L'opération d'émission de Sukuk est fondée sur un contrat d'investissement shariatique, qui met en relation essentiellement et en premier lieu l'émetteur des Sukuk et les souscripteurs. Cette relation entre les deux parties au contrat d'émission est déterminée selon le type du contrat et sa nature shariatique. La décision de souscription des investisseurs se fonde principalement sur les informations contenues dans le prospectus d'émission, qui donne un aperçu sur les conditions de réalisation de l'investissement, la rentabilité escomptée, ainsi que les droits et obligations des parties intervenantes.

La gestion des Sukuk est assurée selon les contrats Mudaraba ou waqala. Le postulat de base de ces deux types de contrats est l'affirmation du Mudarib ou du Waqil d'une part, et le consentement des apporteurs de capitaux d'autre part. L'accord sur les conditions du déroulement de l'affaire se réalise généralement dans le cadre d'une réunion de contractualisation. Or, pour les Sukuk, on constate l'existence de plusieurs apporteurs de fonds, qui expriment leur acceptation pour la participation dans le financement de l'investissement, à travers la souscription et qu'il s'avère parfois difficile ou même impossible de les réunir pour exposer et discuter de leurs attentes[190]. De ce fait, la problématique de l'expression de l'affirmation (إيجاب) et du consentement (قبول) a déclenché des débats qui ont abouti à la naissance et l'apparition d'avis qui ont pris deux orientations :

- Dans le cadre de la Décision N° 30(3/4) du Conseil Islamique de Jurisprudence, il a été stipulé que « Le contrat des Sukuk est basé sur les conditions contractuelles déterminées dans le cadre du prospectus d'émission. « L'affirmation » est exprimée par la souscription en Sukuk, tandis que le consentement est exprimé par la partie émettrice ».

  Dans ce cas, le prospectus d'émission des Sukuk ne représente pas l'affirmation de l'émetteur, mais constitue un support d'information diffusé et publié, dans l'objectif de la définition des conditions et des

---

189 Al-Korra Daghi

190 هشام أحمد عبد الحي، الصناديق والصكوك الإستثمارية الإسلامية، دراسة تطبيقية فقهية، منشأة المعارف بالاسكندرية، 2010، ص 358

normes du contrat, selon lesquels sont émis les Sukuk. Le prospectus d'émission représente, en effet, l'élément déclencheur de la prise de décision du public par l'expression de leur affirmation auprès de l'émetteur des Sukuk[191].

- D'après les prescriptions de la norme N°17 de l'AAOIFI, il est stipulé que « Le prospectus d'émission des Sukuk constitue l'invitation adressée par l'émetteur aux souscripteurs. La souscription en Sak est l'affirmation, alors que le consentement est exprimé par l'acceptation de la partie émettrice. Sauf s'il a été stipulé dans le cadre du prospectus d'émission, que ce dernier constitue l'affirmation, dans ce cas, la souscription exprime le consentement [192]».

  Cela étant, on relève que l'AAOIFI a présenté deux conceptions relatives à la problématique de l'expression de l'affirmation et du consentement. La première est similaire à celle avancée par le Conseil Islamique de Jurisprudence, alors que la seconde constitue une notion élargie des deux concepts. Selon la nouvelle approche de l'AAOIFI, l'affirmation peut être exprimée à travers la publication du prospectus d'émission, qui comporte et contient tous les éléments et conditions relatifs au contrat shariatique, sur la base duquel les Sukuk sont émis. Alors que le consentement consiste en la souscription en Sukuk émis et le règlement de leur valeur[193].

1.3.3. Etape de la gestion du portefeuille des Sukuk

Après l'accomplissement des étapes précédentes, et selon le type de la structuration de l'émission et la modalité de gestion des Sukuk, l'émetteur, le véhicule de titrisation ou un autre organisme assure la mission de gestion du portefeuille des Sukuk. Cette mission de gestion- qui est censée être effectuée tout au long de la durée de vie des Sukuk - est accomplie par mandat délivré par les porteurs des certificats. La partie gestionnaire collecte les revenus, ainsi que les produits périodiques générés par les actifs sous-jacents aux Sukuk et procède à leur distribution aux investisseurs, au prorata de leur parts dans l'investissement financé. Cette partie offre et assure également tous les services nécessaires à la bonne gestion du portefeuille[194].

1.3.4. Etape de l'extinction des Sukuk

A maturité, il est procédé à la liquidation de l'activité d'investissement financée par le résultat de l'émission, suite à la cession des actifs sous-jacents aux Sukuk. Cette opération correspond à l'étape d'extinction des Sukuk, qui

---

[191] د. فهد بن بادي المرشدي، الصكوك أحكامها وضوابطها وإشكالاتها دراسة شرعية□قدية، دار كنوز اشبيليا للنشر والتوزيع، الطبعة الأولى، 2014، ص 32

[192] هيئة المحاسبة والمراجعة للمؤسسات المالية الإسلامية، المعايير الشرعية، المعيار الشرعي رقم 17 "صكوك الاستثمار"،2015، ص 477

[193] د. فهد بن بادي المرشدي، الصكوك أحكامها وضوابطها وإشكالاتها دراسة شرعية□قدية، دار كنوز اشبيليا للنشر والتوزيع، الطبعة الأولى، 2014، ص 32

[194] Nathif J. Adam & Abdulkader Thomas, Islamic Bonds : Your Guide to Issuing, Structuring and Investing in Sukuk, Euromoney Books, 2004, p 56

se matérialise par le paiement de la valeur des Sukuk aux dates et selon les termes stipulés sur le prospectus d'émission. Ce paiement est effectué dans le respect des normes shariatiques d'extinction des titres financiers islamiques[195]. L'opération d'extinction des Sukuk se réalise selon deux options différentes[196] :

1ère option : L'extinction des Sukuk se réalise en une seule fois, à travers le remboursement à maturité de la valeur des Sukuk à tous leurs détenteurs.

2ème option : L'extinction des Sukuk est échelonnée sur la durée de vie des Sukuk. Dans ce cas, les versements périodiques aux détenteurs des Sukuk sont constitués de deux composantes. Une première composante représente les profits générés par l'investissement, et une seconde correspond à l'extinction et la récupération partielle de la valeur du Sak. De cette manière, les montants relatifs à la récupération de la valeur des Sukuk, ainsi que les profits se trouvent attribués aux détenteurs des Sukuk à maturité.

2. La gestion des opérations d'émission de Sukuk

Le contrat d'émission de Sukuk lie l'émetteur aux souscripteurs[197]. La relation entre ces deux parties prend deux formes différentes. D'un côté, cette relation pourrait être une relation de gestion basée sur la Mudaraba ou la Waqala d'investissement, selon la nature de l'activité, ainsi que des ressources y afférentes. D'un autre côté, ce rapport émetteur-souscripteur pourrait avoir comme fondement, le mode d'emploi des sommes collectées de la souscription. Ainsi, les fonds peuvent être utilisés dans le financement d'opérations Murabaha et dans ce cas, ils sont appelés « Sukuk Murabaha », ou dans des projets financés par un contrat Ijara, donnant naissance à des « Sukuk Ijara ». Cela s'applique pour tous les autres modes d'investissement et de financement islamiques.

2.1. Première relation du montage de l'opération d'émission des Sukuk

Dans la plupart des émissions, les opérations de Sukuk sont gérées sur la base des contrats Mudaraba ou Waqala d'investissement[198]. Dans ce cadre, la société émettrice se charge et assure la gestion des Sukuk en contrepartie, généralement, d'une part indivise dans le rendement, conformément aux principes de la Mudaraba. Néanmoins, les souscripteurs peuvent aussi, confier la mission de gestion à la société émettrice, sur la base d'un contrat Waqala,

---

195 Zamir Iqbal & Abbas Mirakhor, An Introduction to Islamic Finance – Theory and Practice-, Willey Finance, Second Edition, 2011, p 187

196 محمد ابراهيم□قاشي، عملية التصكيك ودورها في تحقيق مقاصد الشريعة الإسلامية، الندوة العالمية عن الفقه الإسلامي وأصوله وتحديات القرن الواحد والعشرين، مقاصد الشريعة وسبل تحقيقها في المجتمعات المعاصرة، المجلد الثا□ي، 2006، ص 60

197 هيئة المحاسبة والمراجعة للمؤسسات المالية الإسلامية، المعايير الشرعية، المعيار الشرعي رقم 17 "صكوك الاستثمار"، 2015

198 هشام أحمد عبد الحي، الصناديق والصكوك الإستثمارية الإسلامية، دراسة تطبيقية فقهية، منشأة المعارف بالاسكندرية، 2010، ص 355

moyennant le versement d'une rémunération fixe, indépendamment de la réalisation de profits[199].

Ces deux modes de gestion des Sukuk ont fait l'objet d'analyses, de débats, puis de mise en forme au cours de cycles de conférences spécialisées en la matière.

Selon la jurisprudence et les directives de la 8ème Conférence Fiqhique Al Baraka, il a été prescrit la validité, du point de vue shariatique, de la gestion des Sukuk selon deux options, à savoir la Mudaraba et la Waqala. Ces résolutions énoncent qu'« Il est valide de donner de l'argent à celui qui le gère. Cette rémunération prend la forme d'une part du bénéfice, conformément au contrat Mudaraba, selon lequel le Mudarib mérite une part indivise du profit. De même qu'il est également licite de donner de l'argent à celui qui le gère sur la base d'un contrat Waqala d'investissement. Cette rémunération peut se matérialiser par le versement d'un montant correspondant à un salaire déterminé ou à une part fixe du capital. Le Waqil reçoit sa rémunération aussi bien en cas de gain qu'en cas de perte ».

2.1.1. Option de gestion de l'émission des Sukuk sur la base du contrat Mudaraba

La Mudaraba est un contrat unanimement autorisé du point de vue shariatique. Selon ce contrat, une partie apporte son argent et l'autre fournit son effort pour l'utilisation et la fructification des sommes affectées à une activité commerciale. Dans ce cadre, trois cas de figures sont envisageables[200] :

- Réalisation d'un gain : Dans ce cas, le profit dégagé est réparti, sur la base des conditions préalablement convenues, par les deux parties au contrat Mudaraba. Généralement, il prend la forme d'une part déterminée du profit (La moitié, le quart, le tiers, 35%, 20%,…).
- Non réalisation d'un bénéfice distribuable : Dans ce cas, l'apporteur du capital maintien son droit sur son capital, alors que le Mudarib ne peut prétendre à la récompense de son travail, car l'association entre les deux parties porte uniquement sur le droit de percevoir une partie du profit réalisé.
- Survenance d'une perte : En cas de perte, l'apporteur du capital supporte seul la perte subie, tandis que le Mudarib ne reçoit aucune rémunération en contrepartie de son travail. A souligner qu'il ne sera pas équitable que le Mudarib assume une partie de la perte du capital, surtout lorsque le déficit n'a pas été la résultante et la conséquence d'un manquement, d'une erreur de gestion ou d'une négligence.

---

199 د. أحمد شعبان محمد علي، الصكوك والبنوك الإسلامية أدوات لتحقيق التنمية، دار الفكر الجامعي، الطبعة الأولى، 2013، ص 33

200 د. حسن الأمين، المضاربة الشرعية وتطبيقاتها الحديثة، البنك الإسلامي للتنمية، المعهد الإسلامي للبحوث والتدريب، الطبعة الثالثة، ص 19

Partant de ce qui précède, on note que dans le cadre de gestion des Sukuk sur la base du contrat Mudaraba, le directeur reçoit en contrepartie de son travail une part indivise du profit. Toute demande émanant de sa part pour la perception d'un montant fixe, préalablement déterminé, comme rémunération est jugée illicite du point de vue shariatique[201].

Par ailleurs, et en vertu de la décision N° 30(4/3) du Conseil Islamique de Jurisprudence, les fonctions de Mudarib (la partie qui reçoit les sommes collectées de la souscription dans l'objectif de les investir dans une activité) peuvent être assurées par l'émetteur des Sukuk, à condition que l'acte de gestion soit séparé et indépendant de l'acte d'émission des Sukuk[202]. Dans ce cas, ce dernier accumule la qualité de propriétaire d'une part du projet à concurrence de son apport, et sa fonction de Mudarib, qui lui permet de bénéficier d'une part du profit réalisé, selon les clauses du prospectus d'émission.

Il y a lieu de souligner en outre, que la forme de la Mudaraba la plus utilisée est celle de la Mudaraba restrictive (Mudaraba Mukayada). Cette formule entoure l'opération de souscription de toutes les restrictions susceptibles de sauvegarder les intérêts des investisseurs. A cet effet, le prospectus d'émission englobe le maximum de restrictions et conditions relatives à la gestion de l'activité d'investissement, assorties de leurs explications et définitions, ce qui constitue une source de confiance et un élément déterminant facilitant aux investisseurs la prise de décision pour la souscription en Sukuk[203].

A l'inverse, lorsque le prospectus d'émission contient des informations ou des données incomplètes, insuffisantes ou ambiguës sur la gestion des Sukuk, l'image fidèle de l'investissement dont le financement est souhaité est mal transmise aux investisseurs. Ce qui peut constituer un élément poussant les apporteurs potentiels de fonds à s'abstenir à la souscription et ce, en raison du doute qui pourrait surgir des imperfections constatées. Ainsi, l'opération d'émission des Sukuk risquerait de ne pas aboutir, et les Sukuk ne pourraient prendre naissance. Dans ce cas, la société émettrice perdrait, aussi bien sa notoriété sur la place, que les sommes déboursées jusqu'alors pour établir le montage de l'émission[204].

2.1.2. Option de gestion de l'émission des Sukuk sur la base du contrat Waqala d'investissement[205]

Dans le cas de la gestion des Sukuk sur la base de la Waqala d'investissement, un salaire est fixé en contrepartie du travail fourni par le directeur. Cette rémunération, payée périodiquement (annuellement, trimestriellement, mensuellement, ...etc.) est versée au directeur, aussi bien

---

201 هشام أحمد عبد الحي، الصناديق والصكوك الإستثمارية الإسلامية، دراسة تطبيقية فقهية، منشأة المعارف بالاسكندرية، 2010، ص355

202 Ibid., p 356

203 Ibid., p 355-356

204 Ibid., p 356

205 Ibid., p 356-358

en cas de réalisation d'un profit, qu'en cas de survenance d'une perte, étant donné qu'il s'agit d'un travail fourni indépendamment de la performance financière des Sukuk.

D'autre part, l'initiateur peut assurer la gestion du portefeuille des Sukuk en qualité de mandataire (Waqil) du véhicule de titrisation, en contrepartie d'une rémunération déterminée de concert entre les deux parties[206].

La Shariah permet que la société de gestion des Sukuk soit constituée de souscripteurs, propriétaires d'un certain nombre de Sukuk. Dans ce cas, la société de gestion devient à la fois mandatrice (Waqil) et associée. Pour cela, l'établissement d'un acte de gestion séparé et indépendant de l'acte d'émission des Sukuk s'avère nécessaire. De ce fait, le salaire octroyé au directeur des Sukuk n'aura aucune relation avec son statut d'associé. En cas de résiliation du contrat de gestion, l'acte de participation aux Sukuk continue toujours à produire ses effets.

Il est à signaler que la gestion des Sukuk concerne les actifs sous-jacents, acquis par les sommes collectées auprès des détenteurs des Sukuk. Dans ce cadre, le directeur représente les détenteurs des titres et agit dans leurs intérêts en matière de placement de l'argent collecté, selon les conditions figurant sur le prospectus d'émission. A préciser que même dans les cas où le directeur est lui-même émetteur des Sukuk et bénéficiaire des sommes collectées de la souscription, les actifs qu'il gère en sa qualité de directeur deviennent la propriété des détenteurs de titres et en conséquence, ces derniers, peuvent si bon leur semble, le décharger de la gestion desdits actifs, étant donné qu'il s'agit d'une fonction indépendante de l'émission.

2.2. Deuxième relation du montage de l'opération d'émission des Sukuk[207]

La relation entre l'émetteur et les souscripteurs est également déterminée selon le type du contrat de financement islamique, en vertu duquel sont émis les Sukuk. Ce contrat constitue le principal déterminant des droits et engagements des deux parties. Cette relation peut être illustrée, selon le type des Sukuk, comme suit :

2.2.1. Sukuk de propriété d'actifs loués

L'émetteur des Sukuk de propriété d'actifs loués est le vendeur d'actifs loués ou destinés à la location. Les souscripteurs sont les acheteurs de ces actifs. Le montant collecté des souscriptions représente le prix d'acquisition des actifs. Les détenteurs de Sukuk deviennent alors, propriétaires des actifs dans l'indivision et supportent en conséquence, les risques encourus et

206 محمد ابراهيم□قاشي، عملية التصكيك ودورها في تحقيق مقاصد الشريعة الإسلامية، الندوة العالمية عن الفقه الإسلامي وأصوله وتحديات القرن الواحد والعشرين، مقاصد الشريعة وسبل تحقيقها في المجتمعات المعاصرة، المجلد الثا□ي، 2006، ص 60

207 هيئة المحاسبة والمراجعة للمؤسسات المالية الإسلامية، المعايير الشرعية، المعيار الشرعي رقم 17 "صكوك الاستثمار"، 2015

bénéficient des profits et avantages réalisés sur la base du principe de participation.

2.2.2. Sukuk de droit d'usufruit

- **Sukuk de jouissance d'actifs existants**

L'émetteur est le vendeur de l'usufruit grevé sur l'actif existant. Les souscripteurs sont les acquéreurs du droit cédé, dont le prix correspond au montant collecté de la souscription. Les porteurs de Sukuk disposent de la propriété indivise des usufruits. Ils supportent, en conséquence, les pertes et profitent des avantages qui en résultent.

- **Sukuk de jouissance d'usufruit ou de location d'actifs à fabriquer ou à produire**

L'émetteur de ce type de Sukuk est le vendeur de l'usufruit portant sur l'actif à fabriquer ou à produire. Les souscripteurs sont les acheteurs du droit cédé, au prix correspondant à la somme collectée auprès des souscripteurs. Les porteurs de ce type de Sukuk deviennent les propriétaires des usufruits dans l'indivision et supportent, par conséquent, les pertes et profits correspondants.

- **Sukuk de services :**

L'émetteur des Sukuk est le prestataire du service et les souscripteurs sont les acheteurs de la prestation. La valeur collectée des souscriptions correspond à la rémunération du service.

2.2.3. Sukuk Salam

L'émetteur de ce type de Sukuk est le vendeur de la marchandise objet du Salam et les souscripteurs sont les acheteurs de ladite marchandise. La somme collectée des souscriptions correspond au prix d'achat de la marchandise (le capital du Salam). Les titulaires des Sukuk sont les propriétaires de la marchandise, objet du contrat Salam, et ont le droit de percevoir son prix de vente. Le même droit leur est reconnu en cas d'existence d'un contrat Salam parallèle.

2.2.4. Sukuk Al-Istisna'a

L'émetteur des Sukuk Al-Istisna'a est le fabriquant (le vendeur) et les souscripteurs sont les acheteurs de l'actif à fabriquer, dont le coût correspond à la valeur des fonds collectés de la souscription. Les porteurs de Sukuk deviennent les propriétaires de l'actif fabriqué, et ont le droit de percevoir son prix de vente ou le prix de vente de l'actif fabriqué dans le cadre d'Al-Istisna'a parallèle.

2.2.5. Sukuk Murabaha

L'émetteur des Sukuk Murabaha est le vendeur de la marchandise objet de l'opération Murabaha et les souscripteurs en sont les acheteurs. Les fonds collectés de la souscription correspondent à la valeur d'achat de la marchandise. Cette dernière devient la propriété des porteurs de Sukuk qui ont le droit de disposer de sa valeur de vente.

2.2.6. Sukuk Musharaka

L'émetteur des Sukuk Musharaka est celui qui lance l'appel à participation à ses côtés dans un projet ou une activité déterminée. Les souscripteurs sont les associés dans le contrat Musharaka. Les fonds collectés de la souscription représentent la part des souscripteurs dans le capital de la Musharaka. Les souscripteurs sont propriétaires des actifs, au prorata de leurs apports et partagent, par conséquent, les pertes et profits qui en résultent.

2.2.7. Sukuk Mudaraba

L'émetteur des Sukuk Mudaraba est le Mudarib et les souscripteurs sont Arbab Al Mal (les apporteurs du capital). Les fonds collectés des souscriptions représentent le capital de la Mudaraba. Les porteurs de certificats sont les propriétaires des actifs de la Mudaraba. Ils bénéficient, en conséquence, des parts des profits contractuellement définies et en supportent les pertes générées.

2.2.8. Sukuk Waqala d'investissement

L'émetteur des Sukuk Waqala est le waqil (le mandataire) de l'investissement et les souscripteurs sont les mandants. Les sommes collectées lors des souscriptions correspondent au montant faisant l'objet du mandat d'investissement. Les porteurs de titres sont les propriétaires des actifs sous-jacents aux Sukuk et disposent de leurs avantages et supportent les risques y afférents.

2.2.9. Sukuk Muzara'a

Deux cas de figure sont envisageables :

- L'émetteur des Sukuk Muzara'a est le propriétaire du terrain ou de l'usufruit et les souscripteurs sont les Muzari'oun (cultivateurs) dans le contrat Muzara'a (les apporteurs du travail ou les personnes qui travaillent pour leurs comptes). Les fonds collectés des souscriptions constituent le coût de l'opération de culture.
- L'émetteur peut être le Muzari'a (l'apporteur du travail) et les souscripteurs sont les propriétaires du terrain (les investisseurs qui ont financé l'acquisition du terrain par les sommes collectées lors de la souscription). Chaque porteur de Sukuk est propriétaire de la part qui lui est contractuellement destinée de la récolte.

2.2.10. Sukuk Mussaqat

Deux cas de figure se présentent :

- L'émetteur des Sukuk est le propriétaire du terrain (propriétaire du terrain ou de son usufruit), sur lequel sont plantés les arbres. Les souscripteurs sont les irrigateurs (al Mussaqoun) dans le contrat Mussaqat. Les sommes collectées de la souscription représentent le coût d'entretien des arbres.
- L'émetteur des titres peut être également l'irrigateur (le Mussaqi ou l'apporteur du travail) et les souscripteurs sont les propriétaires du terrain (les investisseurs ayant souscrit dans les Sukuk pour le

financement de l'irrigation du terrain) et par conséquent, ils ont le droit à une part contractuellement convenue des fruits des arbres.

2.2.11. Sukuk Mugharassa

Deux cas de figure se présentent :

- L'émetteur des Sukuk est le propriétaire d'un terrain arborisable et les souscripteurs sont les Mugharissoun (les chargés de plantation ou planteurs) dans le cadre du contrat Mugharassa. Les sommes collectées de la souscription représentent les coûts de la plantation des arbres.
- L'émetteur peut être également le Mughariss (l'apporteur du travail) et les souscripteurs sont les propriétaires du terrain (les investisseurs ayant financé la plantation du terrain à travers les montants collectés de la souscription) qui ont le droit à une part du terrain et des arbres selon les termes convenus dans le contrat.

III. Reprise, rachat et circulation des Sukuk

1. Cession, reprise et rachat des Sukuk

1.1. La cession des Sukuk (Retrait de l'indivision : Takharoj)[208]

La cession de la part constitue l'une des formes les plus importantes des modes de circulation des Sukuk. Le détenteur du Sak est un associé dans l'investissement financé par les fonds collectés de la souscription. Parmi les droits dont dispose le porteur du Sak, en sa qualité d'associé dans une part indivise, la possibilité de céder les titres en sa possession. Le retrait du propriétaire du Sak se matérialise par la cession des Sukuk représentatifs de sa part de propriété dans l'investissement, à un prix déterminé de concert avec l'acheteur.

En effet, la cession de la part a fait l'objet de plusieurs publications des jurisconsultes et d'autorités shariatiques de régulation. Leurs avis ont tous convergé vers la validité de cette opération.

Les scholars contemporains ont effectivement permis avec unanimité la cession de la part, en cas de détention des Sukuk, à condition que la part vendue soit bien déterminée. Pour le cas des Sukuk, l'identification de la part est matérialisée par la précision du nombre de Sukuk qui renseigne sur la part détenue dans l'indivision.

Dans le même sens d'idée, on relève d'après la lecture des recommandations et publications de la 10ème conférence Al Baraka, qu'il est permis du point de vue islamique la cession des parts entre associés par la vente des Sukuk détenus, à condition de respecter les normes shariatiques y afférentes.

Le détenteur des Sukuk peut se désister de sa part de propriété par la vente des Sukuk en sa possession à l'un de ses associés (actuels détenteurs de Sukuk) ou à une partie étrangère. De même, les Sukuk peuvent être vendus à

---

208 هشام أحمد عبد الحي، الصناديق والصكوك الإستثمارية الإسلامية، دراسة تطبيقية فقهية، منشأة المعارف بالاسكندرية، 2010، ص 366-370

l'émetteur ou à une autre institution financière à la suite d'un engagement de rachat.

1.2. L'engagement de reprise et de récupération des Sukuk (Istirdad)

Selon l'AAOIFI, il est autorisé pour les Sukuk susceptibles d'être négociables, que l'émetteur du Sak, s'engage expressément sur le prospectus d'émission, du rachat des Sukuk qui lui sont proposés, après l'accomplissement et l'achèvement de l'opération d'émission au prix du marché. Toutefois, cet engagement de rachat ne peut shariatiquement se réaliser sur la base de la valeur nominale du Sak[209].

D'autre part et d'après la décision du Conseil Islamique de Jurisprudence relative aux obligations d'investissement : « La circulation des Sukuk Muqarada sur le marché des titres financiers est licite, à condition qu'elle se conforme aux aspects shariatiques et qu'elle soit réalisée sur la base des mécanismes de l'offre et de la demande, conformément aux attentes et intentions des contractants. La circulation des Sukuk est également licite, suite à l'expression par la partie émettrice, pendant certaines périodes et pour un délai déterminé - à travers la publication d'avis ou l'expression de sa volonté auprès du public - de son engagement de rachat à un prix déterminé, à prélever sur le profit dégagé de la Mudaraba. Dans ce cas, il serait préférable de faire appel à des experts pour la détermination des prix, sur la base des cours du marché et suivant la solidité financière du projet. L'engagement de rachat émanant d'une partie autre que l'émetteur et qui souhaiterait le financer par ses fonds propres est également licite [210]».

Il importe de signaler en outre, que la partie initiatrice peut s'engager lors de l'émission des Sukuk de leur rachat en cas de demande, à un prix convenu et dont l'estimation est mise à jour périodiquement. Cet engagement prend le nom de reprise ou de récupération, puisque le titre en question est remis à son émetteur initial. Il se peut aussi, que l'engagement de rachat émane d'une autre institution financière. Dans les deux cas de figure, le remboursement de la valeur des Sukuk est tributaire de la disponibilité de liquidités en cas de demande, ce qui est subordonné à la réalisation de profits sur investissement. A préciser également que l'engagement de rachat est irrévocable tout au long de la durée de vie des Sukuk. Cet engagement pourrait être assorti pour sa concrétisation d'un certain nombre d'aspects, modalités ou conditions nécessaires à sa réalisation, ainsi que la détermination des priorités en cas d'accroissement éventuel des demandes de rachat. Les détenteurs de Sukuk peuvent, à tout moment, demander le remboursement de la valeur de leurs

---

[209] هيئة المحاسبة والمراجعة للمؤسسات المالية الإسلامية، المعايير الشرعية، المعيار الشرعي رقم 17 "صكوك الاستثمار"، 2015

[210] مجلس مجمع الفقه الإسلامي الدولي المنعقد في دورة مؤتمره الرابع بجدة في المملكة العربية السعودية من 18 إلى 23 جمادى الآخرة 1408 الموافق 6 إلى7 شباط (فبراير) 1988، قرار رقم 30(3/4) بشأن سندات المقارضة وسندات الاستثمار

titres, en présentant une demande de remboursement à l'agent payeur ou directement à l'émetteur[211].

En l'absence d'un marché financier islamique dynamique sur lequel se réalisent les négociations des Sukuk, la partie émettrice prend généralement, en guise d'encouragement des souscripteurs et de stimulation de la commercialisation des titres, l'initiative d'engagement et de promesse de rachat des Sukuk présentés à la vente et leur transformation en liquidités en cas de demande. Ce rachat se réalise généralement selon le prix publié périodiquement à l'attention des propriétaires des titres. L'engagement de rachat peut émaner de la partie émettrice elle-même ou d'une institution financière désignée sur le prospectus d'émission. Ce dernier contient toutes les conditions nécessaires et les informations relatives à la réalisation de l'opération de rachat. Il mentionne aussi la méthode de détermination des prix de rachat, la partie qui en a la charge, ainsi que la partie habilitée à recevoir les demandes de rachat[212].

Il s'avère nécessaire de préciser que le prix de rachat n'est pas préalablement déterminé lors de la déclaration de l'engagement de rachat. Au début, la partie qui s'engage au rachat des Sukuk se contente de l'acceptation et de la formulation de son accord pour le rachat des titres présentés à la vente, sans pour autant fixer le prix de rachat y afférent, car ce dernier sera déterminé lors de la réalisation de l'opération, suivant le prix de marché[213].

En réalité, l'option proposée par la partie engagée au rachat ne représente qu'une simple affirmation (ijab), c.à.d. une promesse de rachat. La vente réelle ne s'accomplit que si cette acceptation (ijab) est assortie du consentement (qaboul), manifestée par le détenteur du Sak, lors de la présentation de la demande de rachat. Ce procédé consistant en l'engagement irrévocable de rachat dans le futur des titres, selon la valeur de marché est jugé équitable et valide du point de vue shariatique, surtout que cette opération ne se réalise pas sur la base de la valeur nominale des titres[214].

Il importe de souligner, en outre, qu'il est permis du point de vue islamique l'engagement d'une institution pour le rachat du reste des Sukuk n'ayant pas fait l'objet de souscription lors de l'émission. L'engagement émanant de la partie chargée de l'accomplissement des procédures relatives à la souscription est irrévocable. Il est illicite que cette partie reçoive en contrepartie de son engagement une commission quelconque[215].

---

[211] هشام أحمد عبد الحي، الصناديق والصكوك الإستثمارية الإسلامية، دراسة تطبيقية فقهية، منشأة المعارف بالاسكندرية، 2010، ص364

[212] Ibid.

[213] Ibid., p 365

[214] Ibid.

[215] هيئة المحاسبة والمراجعة للمؤسسات المالية الإسلامية، المعايير الشرعية، المعيار الشرعي رقم 17 "صكوك الاستثمار"، 2015

2. Circulation des Sukuk

En vertu de la décision N°30(5/4) du Conseil Islamique de Jurisprudence[216], le Sak représente une propriété d'une part indivise dans le projet créé ou financé par les Sukuk. Ce droit de propriété persiste tout au long de la durée de vie du projet. Il en découle que le détenteur du Sak dispose de tous les droits shariatiquement permis sur sa propriété, tels que la vente, le nantissement, la donation, la succession et autres droits.

Concernant les prix de cession des Sukuk, le principe et qu'ils sont déterminés à l'amiable entre les parties concernées. Ils peuvent être égaux, supérieurs ou inférieurs à leurs prix d'acquisition, puisqu'il s'agit de la vente d'une part indivise dans les actifs sous-jacents aux Sukuk[217]. Il est valide du point de vue islamique, la circulation des Sukuk Muqarada sur les marchés des titres financiers, selon les normes shariatiques et conformément aux règles de l'offre et de la demande, basées sur le libre choix des co-contractants[218].

La circulation d'un titre financier signifie sa transmission survenue à la suite du changement de propriétaire[219]. D'après l'AAOIFI, la circulation du Sak signifie le droit de disposer sur la part indivise que représente le Sak par voie de cession, mise en gage, donation ou tous actes shariatiques translatifs de droits[220]. Autrement dit, il s'agit de la cession des Sukuk sur le marché secondaire.

A l'instar des autres titres financiers conventionnels ou islamiques, les Sukuk peuvent circuler selon les différentes modalités de transfert existantes ou d'usage qui ne dérogent pas aux principes shariatiques, tels que le transfert physique (circulation matérielle), le transfert scriptural (circulation scripturale) ou encore par voie d'outils électroniques (circulation électronique)[221].

A l'issue de l'émission des Sukuk, deux relations contractuelles sont générées. La première relation dénommée Mudaraba ou Waqala est une relation de gestion par laquelle, l'acheteur du titre mandate l'émetteur à gérer les actifs sous-jacents aux Sukuk, dans l'optique de réalisation de profits. La deuxième relation a trait à la modalité d'utilisation des fonds collectés de la souscription. Cette modalité doit être nécessairement réalisée selon un contrat

---

216 مجلس مجمع الفقه الإسلامي الدولي المنعقد في دورة مؤتمره الرابع بجدة في المملكة العربية السعودية من 18 إلى 23 جمادى الآخرة 1408 الموافق 6 إلى7 شباط (فبراير) 1988، قرار رقم 30(3/4) بشأن سندات المقارضة وسندات الاستثمار

217 مجلس مجمع الفقه الإسلامي الدولي المنعقد في دورته الخامسة عشرة بمسقط (سلطنة عمان) من 14 إلى 19 محرم 1425 الموافق 6 إلى11 آذار(مارس) 2004، قرار رقم 137(3/15) بشأن صكوك الإجارة

218 مجلس مجمع الفقه الإسلامي الدولي المنعقد في دورة مؤتمره الرابع بجدة في المملكة العربية السعودية من 18 إلى 23 جمادى الآخرة 1408 الموافق 6 إلى7 شباط (فبراير) 1988، قرار رقم 30(3/4) بشأن سندات المقارضة وسندات الاستثمار

219 Joseph ANTOINE & Marie-Claire CAPIAU-HUART, Titres et bourse, Tome 1 : Valeurs mobilières, Editions De Boeck, 2ème Edition 1997, p 327

220 هيئة المحاسبة والمراجعة للمؤسسات المالية الإسلامية، المعايير الشرعية، المعيار الشرعي رقم 17 "صكوك الاستثمار"، 2015

221 Ibid.

shariatiquement valide, condition sine qua non pour que l'appropriation des Sukuk devienne licite[222].

S'agissant de l'appropriation des Sukuk, celle-ci se réalise selon deux principales modalités. La première consiste en l'achat des Sukuk lors de leur création à l'occasion de leur émission. Les Sukuk sont ainsi transférés de l'émetteur à leurs premiers propriétaires qui sont généralement les souscripteurs. Dans ce cas de figure, il s'agit de l'appropriation des Sukuk. La deuxième modalité survient à la suite de l'achat des Sukuk déjà émis de leurs détenteurs initiaux. Ce cas d'appropriation rentre dans le cadre de la circulation des Sukuk[223].

L'appropriation de tous les types de Sukuk qui respectent les caractéristiques d'un titre financier islamique est licite. Autrement dit, l'appropriation et non la circulation des Sukuk Murabaha, Mudaraba, Musharaka, Istisnaa, Salam… etc., est d'office valide shariatiquement.

Pour le cas de circulation des Sukuk, cette dernière peut être entachée d'invalidité shariatique pour certains types de Sukuk, dont la circulation est interdite par la Shariah. La circulation des Sukuk shariatiquement négociables peut s'avérer également illicite. Cette invalidité de circulation peut toucher les Sukuk qui sont négociables shariatiquement dans deux situations. La première situation surgit durant certaines étapes de la vie des Sukuk, alors que la deuxième a trait à la nature de la part de chaque catégorie des composants des actifs sous-jacents.

La circulation et la reprise des Sukuk sont valides du point de vue islamique, lorsqu'ils représentent des parts indivises dans la propriété d'actifs prenant la forme d'actifs tangibles, usufruits ou services, et ce, après l'expiration du délai de souscription, l'affectation du produit de la souscription et le commencement de l'activité. Cela étant, il importe de souligner qu'avant le démarrage de l'activité, certaines prescriptions shariatiques doivent être observées, notamment celles relatives au contrat de change et aux normes de circulation des dettes en cas de liquidation des actifs sous-jacents prenant la forme de dettes, ou bien en cas de vente à prix différé des actifs sous-jacents aux Sukuk[224].

Cet état de chose résulte de l'existence d'une multitude de modes de circulation des Sukuk. Il paraît en conséquence opportun d'exposer et d'expliquer chacun de ces modes.

---

222 د. معبد علي الجارحي و د. عبد العظيم جلال أبو زيد، أسواق الصكوك الإسلامية وكيفية الارتقاء بها، ندوة الصكوك الإسلامية عرض وتقويم، مجمع الفقه الإسلامي والمعهد الإسلامي للبحوث والتدريب، 2010، ص 302

223 Ibid.

224 هيئة المحاسبة والمراجعة للمؤسسات المالية الإسلامية، المعايير الشرعية، المعيار الشرعي رقم 17 "صكوك الاستثمار"، 2015

2.1. Normes générales de circulation des Sukuk

Certes, les Sukuk sont des titres financiers transmissibles, mais leur circulation est soumise à un certain nombre de restrictions, édictées par la loi islamique.

Du fait que les Sukuk sont des titres financiers islamiques représentatifs d'une part indivise dans la propriété d'actifs, qui peuvent être des actifs tangibles, des usufruits, des services, de la monnaie, ou des dettes, etc., la validité shariatique de leur circulation est étroitement liée à la nature des actifs sous-jacents, ainsi qu'à la part que représente chaque catégorie d'actifs dans cet ensemble.

La problématique de circulation des Sukuk peut être abordée selon deux approches distinctes, qui sont étroitement liées à la nature des actifs sous-jacents. Ainsi, la principale distinction entre les deux approches repose sur l'existence ou non de la monnaie et des dettes dans la composition de ces actifs.

2.1.1. Circulation des Sukuk dont les actifs sous-jacents ne contiennent ni monnaie ni dettes

Il s'agit des Sukuk émis en contrepartie d'actifs tangibles, usufruits, services ou autres droits. La circulation de cette catégorie de Sukuk, avec tous les modes de transfert des titres licites, est permise à l'unanimité des scholars. Et ce, en raison de l'inexistence de la monnaie ou de dettes qui font l'objet de controverses shariatiques. Car, la circulation dans ce cas est considérée comme étant une opération licite, qui consiste en la revente d'actifs Shariah-compatibles[225].

Selon l'AAOIFI, est considérée conforme aux préceptes islamiques, l'opération de circulation des Sukuk représentatifs d'une part indivise dans la propriété d'actifs tangibles, usufruits ou services, après l'expiration de la période de souscription, l'affectation des fonds collectés de la souscription et le démarrage de l'activité[226]. Le Conseil Islamique de Jurisprudence, a également stipulé dans le cadre de l'une de ses décisions, que lorsque les actifs sous-jacents au titre financier sont composés d'actifs tangibles, usufruits ou droits, leur circulation est licite et se réalise au prix déterminé de concert entre les parties intéressées[227].

---

225 د. معبد علي الجارحي و د. عبد العظيم جلال أبو زيد، أسواق الصكوك الإسلامية وكيفية الارتقاء بها،□دوة الصكوك الإسلامية عرض وتقويم، مجمع الفقه الإسلامي والمعهد الإسلامي للبحوث والتدريب، 2010، ص 304

226 هيئة المحاسبة والمراجعة للمؤسسات المالية الإسلامية، المعايير الشرعية، المعيار الشرعي رقم 17 "صكوك الاستثمار"، 2015

227 مجلس مجمع الفقه الإسلامي الدولي المنعقد في دورته العشرين بوهران (الجمهورية الجزائرية الديمقراطية الشعبية) من 26 شوال إلى 2 ذي القعدة 1433، الموافق 13 إلى18 سبتمبر(أيلول) 2012، قرار رقم 188(3/20) بشأن استكمال موضوع الصكوك الإسلامية

2.1.2. Circulation des Sukuk dont les actifs sous-jacents sont composés, entre autres, de monnaie et de dettes

Cette catégorie de Sukuk peut être scindée en trois types, selon les cas rencontrés. Ces types s'établissent comme suit :

- Les actifs sous-jacents aux Sukuk constitués uniquement de monnaie
- Les actifs sous-jacents aux Sukuk constitués uniquement de dettes
- Les actifs sous-jacents aux Sukuk constitués d'un mélange d'actifs tangibles, usufruits, services, dettes et monnaie tels que, les Sukuk Musharaka, Mudaraba et waqala

2.1.2.1. La circulation des Sukuk dont les actifs sous-jacents sont composés uniquement de monnaie

- **Lors de l'émission des Sukuk :**

Lors de l'émission des Sukuk et avant l'affectation du résultat de souscription à l'achat d'actifs tangibles, les Sukuk sont représentatifs de monnaie. De ce fait, la vente des Sukuk au cours de cette étape est considérée comme étant une vente de monnaie, dont la circulation ne peut être licite qu'en cas de conformité aux deux conditions de change shariatiques suivantes : L'échange simultané (takabod al hal) et la similitude des monnaies d'échange (tamatol) c.à.d. que le prix de vente doit être égal à la valeur nominale du Sak si la transaction est réalisée au moyen d'une même monnaie[228].

Cette situation a été abordée aussi bien par le Conseil Islamique de Jurisprudence dans le cadre de sa décision n°30(3/4), que par l'AAOIFI dans le cadre de sa norme N°17 :

- Concernant la Décision n°30(3/4) du Conseil Islamique de Jurisprudence, il a été précisé que lorsque le capital collecté de la souscription n'est pas encore affecté aux fins de l'émission et qu'il prend encore la forme de monnaie, la circulation des Sukuk Muqarada est considérée comme étant un échange de monnaie contre de la monnaie, et par conséquent, leur négociation est soumise aux normes de change[229].
- Pour ce qui est de la norme 17 de l'AAOIFI, il a été souligné qu'elle est valide du point de vue islamique, la circulation des Sukuk avant l'affectation des sommes collectées de la souscription et le commencement de l'activité d'investissement, sous réserve du respect des normes shariatiques régissant le contrat de change[230].

- **Lors de la liquidation et de l'extinction des Sukuk**

Durant la période de liquidation ou d'extinction des Sukuk, le directeur vend l'ensemble des actifs sous-jacents aux Sukuk et procède au règlement de

---

228 د. معبد علي الجارحي و د. عبد العظيم جلال أبو زيد، أسواق الصكوك الإسلامية وكيفية الارتقاء بها،□دوة الصكوك الإسلامية عرض وتقويم، مجمع الفقه الإسلامي والمعهد الإسلامي للبحوث والتدريب، 2010، ص 304

229 مجلس مجمع الفقه الإسلامي الدولي المنعقد في دورة مؤتمره الرابع بجدة في المملكة العربية السعودية من 18 إلى 23 جمادى الأخرة 1408 الموافق 6 إلى7 شباط (فبراير) 1988، قرار رقم 30(3/4) بشأن سندات المقارضة وسندات الاستثمار

230 هيئة المحاسبة والمراجعة للمؤسسات المالية الإسلامية، المعايير الشرعية، المعيار الشرعي رقم 17 "صكوك الاستثمار"، 2015، ص 479

la totalité des sommes exigibles. En même temps, toutes les créances et droits sont transformés en monnaie. A ce stade final de la durée de vie des Sukuk, ces derniers ne peuvent également faire l'objet de circulation sur le marché, que dans le respect des règles et des normes de change[231].

2.1.2.2. La circulation des Sukuk dont les actifs sous-jacents sont composés uniquement de dettes

Les Sukuk dont les actifs sous-jacents sont composés exclusivement de dettes ne peuvent être négociés sur le marché, qu'en respectant les normes shariatiques de circulation des dettes[232]. Cette condition - citée dans le cadre de la décision 30(3/4) du Conseil Islamique de Jurisprudence - a été également évoquée dans le cadre de la norme 17 de l'AAOIFI. Cette dernière stipule que les normes shariatiques relatives aux dettes doivent être respectées et appliquées à l'extinction des Sukuk, lors de la liquidation, période au cours de laquelle les actifs prennent la forme de dettes. Lesdites normes sont également appliquées aux opérations de vente à terme des actifs sous-jacents aux Sukuk[233].

Les conditions de circulation des Sukuk citées ci-dessus sont applicables aux Sukuk Murabaha, Istisnaâ et Salam[234].

2.1.2.3. Les actifs sous-jacents aux Sukuk sont composés d'un mélange d'actifs tangibles, usufruits, services, dettes et monnaie, tels que Sukuk Musharaka, Mudaraba et waqala

La finance islamique en général, et les produits financiers islamiques en particulier, doivent s'inscrire dans la lignée des outils permettant la promotion de l'investissement réel générateur de richesses. En effet, lorsque la part majoritaire des actifs sous-jacents aux Sukuk correspond à des actifs réels, tels que les marchandises et les services, les objectifs escomptés de la mise en place de la finance islamique se concrétisent et ne sont pas compromis.

Selon la décision 30(3/4) du Conseil Islamique de Jurisprudence, lorsque le capital collecté de la souscription est transformé en actifs de natures diverses, composés de monnaie, dettes, actifs tangibles et usufruits, la circulation des Sukuk y afférents est autorisée du point de vue islamique. Cette circulation se réalise au prix déterminé à l'amiable, entre les parties concernées, à condition que la part majoritaire des actifs sous-jacents corresponde aux catégories d'actifs tangibles et usufruits.

Lorsque les actifs sous-jacents aux Sukuk sont composés en majorité d'actifs financiers c.à.d. de monnaie et de dettes, les avis des scholars et des

---

231 د. فهد بن بادي المرشدي، الصكوك أحكامها وضوابطها وإشكالاتها دراسة شرعية□قدية، دار كنوز اشبيليا للنشر والتوزيع، الطبعة الأولى، 2014، ص 47

232 مجلس مجمع الفقه الإسلامي الدولي المنعقد في دورة مؤتمره الرابع بجدة في المملكة العربية السعودية من 18 إلى 23 جمادى الأخرة 1408 الموافق 6 إلى7 شباط (فبراير) 1988، قرار رقم 30(3/4) بشأن سندات المقارضة وسندات الاستثمار

233 هيئة المحاسبة والمراجعة للمؤسسات المالية الإسلامية، المعايير الشرعية، المعيار الشرعي رقم 17 "صكوك الاستثمار"، 2015

234 د. فهد بن بادي المرشدي، الصكوك أحكامها وضوابطها وإشكالاتها دراسة شرعية□قدية، دار كنوز اشبيليا للنشر والتوزيع، الطبعة الأولى، 2014، ص 46-47

institutions de réglementation et de régulation des marchés financiers islamiques se sont scindés en divers courants qui se présentent comme suit :

- **Premier cas : Les dettes et la monnaie sont des composantes principales des actifs sous-jacents aux Sukuk**

Les dettes et la monnaie constituent la principale composante des actifs sous-jacents aux Sukuk, en plus des actifs tangibles et usufruit. Il s'agit de la situation dans laquelle les Sukuk représentent une part indivise dans un actif et qu'ils sont liés au financement d'une activité à caractère statique c.à.d. une activité d'investissement dont la réalisation n'engendre pas une modification de la structure des actifs sous-jacents aux Sukuk[235].

Les avis de la jurisprudence contemporaine relatifs à la circulation de cette catégorie de Sukuk tendent vers la licéité de l'opération, sans pour autant converger vers des normes et conditions unifiées. Dans ce cadre, trois courants de prise de position sont identifiés, à savoir :

  - **1er courant :** Détermination de la norme en prenant en considération la majorité absolue

Au départ, et dans le cadre de sa décision N° 30(3/4) relative aux obligations Muqarada et obligations d'investissement, le Conseil Islamique de Jurisprudence a souligné que pour la libre circulation des Sukuk, la part des actifs sous-jacents autres que la monnaie et les dettes doit être majoritaire, sans pour autant fixer un pourcentage. Concernant les situations dans lesquels les actifs sont composés en majorité de monnaies et dettes, les normes de circulation shariatiques y afférentes sont à respecter.

  - **2ème courant :** Détermination de la norme de majorité (la norme du tiers) à condition que la part des dettes et monnaie n'excède pas les deux tiers (70%)

Selon la norme 21 de l'AAOIFI, lorsque les actifs d'une société sont diversifiés et constitués d'actifs tangibles, usufruit, monnaie et dettes, et que l'activité principale repose sur les actifs tangibles, usufruits et droits, la circulation des actions les représentant est valide du point de vue islamique. La soumission aux dispositions de change et des dettes n'est pas exigée, à condition que la valeur de marché des actifs tangibles, usufruits et droits ne soit pas inférieure à 30% de la totalité des actifs de la société[236].

  - **3ème courant :** La norme du dixième

Le marché financier de Dubaï a mis en place la norme du dixième, au lieu de celle du tiers arrêtée par l'AAOIFI. Il a jugé licite et valide la circulation des Sukuk, si la part des actifs tangibles, négociables shariatiquement atteint 10% de la totalité des actifs sous-jacents, à condition que la transaction ne soit pas réalisée avec une mauvaise foi, ayant pour but la recherche d'une

---

235 د. فهد بن بادي المرشدي، الصكوك أحكامها وضوابطها وإشكالاتها دراسة شرعية□قدية، دار كنوز اشبيليا للنشر والتوزيع، الطبعة الأولى، 2014، ص 54

236 هيئة المحاسبة والمراجعة للمؤسسات المالية الإسلامية، المعايير الشرعية، المعيار الشرعي رقم 21، 2015

alternative déguisée, constituant une astuce d'évasion et de détournement pour aboutir à la vente pure et simple des dettes et monnaie[237].

En effet, selon la norme du marché financier de Dubaï relative aux Sukuk, il a été stipulé qu'est permise du point de vue islamique, l'émission de Sukuk dans l'objectif d'acquisition d'un portefeuille financier d'investissement Shariah-compatible, composé de types d'actifs diversifiés dans le respect des deux conditions suivantes[238] :

- La part des dettes ou de la monnaie ou des deux ne doit pas excéder 90% du total des actifs sous-jacents aux Sukuk. Si les actifs tangibles et usufruits représentent moins de 10% du total des actifs, l'achat du portefeuille devient illicite et ne peut se réaliser que dans le respect des conditions shariatiques de circulation des dettes ou de la monnaie.
- Que l'objectif de la constitution du portefeuille ne représente pas un moyen d'évasion ou de détournement pour la vente des dettes et monnaie, sans se conformer aux restrictions shariatiques y afférentes.

- **Deuxième cas : Les dettes et la monnaie constituent un accessoire**

Plusieurs jurisconsultes contemporains ont affirmé que si les actifs sous-jacents aux Sukuk sont constitués d'un mélange d'actifs, c'est l'activité de la société qui importe le plus et non pas le pourcentage que représente chaque catégorie d'actifs dans la totalité des actifs sous-jacents. Ils ont fondé et appuyé leurs avis sur l'expérience vécue, qui démontre le caractère instable de la part que représente chaque catégorie d'actifs, en raison des mouvements et du caractère dynamique de l'activité d'investissement[239]. Il s'agit de la règle de l'accessoire qui suit le principal.

Par la suite, le Conseil Islamique de Jurisprudence est revenu sur sa décision n° 30(3/4) et l'a explicité dans le cadre de sa décision n°188(3/20). D'après cette nouvelle décision, lorsque les actifs sous-jacents aux Sukuk sont constitués d'un ensemble diversifié d'actifs tangibles, composé de monnaie, dettes, usufruits et droits, deux cas de figure pourraient se présenter[240] :

- o Si la monnaie et les dettes représentent un accessoire qui suit un principal dont les caractéristiques sont conformes à la Shariah, et que le Sak représente la propriété du principal. Dans ce cas, la circulation du Sak est licite, indépendamment et sans prise en

---

237 د. معبد علي الجارحي و د. عبد العظيم جلال أبو زيد، القضايا المتبقية في الصكوك من الناحيتين الفقهية و الإقتصادية، الدورة الحادية والعشرون لمؤتمر مجمع الفقه الإسلامي الدولي،2013، ص 7

238 DFM Standard For Issuing, Aquiring and Trading Sukuk, Fatwa and Shari'a Supervisory Board, Dubai Financial Market, p32-33

239 هشام أحمد عبد الحي، الصناديق والصكوك الإستثمارية الإسلامية، دراسة تطبيقية فقهية، منشأة المعارف بالاسكندرية، 2010، ص 370-371

240 مجلس مجمع الفقه الإسلامي الدولي المنعقد في دورته العشرين بوهران (الجمهورية الجزائرية الديمقراطية الشعبية) من 26 شوال إلى 2 ذي القعدة 1433، الموافق 13 إلى18 سبتمبر(أيلول) 2012، قرار رقم 188(3/20) بشأن استكمال موضوع الصكوك الإسلامية

considération de la part ou du pourcentage correspondant à la monnaie et aux dettes dans la totalité des actifs.

- Si la présence de la monnaie et des dettes dans l'ensemble des actifs n'est pas accessoire, ou que le Sak ne comporte pas la propriété du principal, la circulation du Sak est soumise aux conditions régissant les catégories d'actifs majoritaires.

2.2. Normes de circulation selon le type des Sukuk[241]

2.2.1. Sukuk de propriété d'actifs loués

La circulation des Sukuk de propriété d'actifs loués ou promis à être loués est licite du point de vue shariatique, dès l'émission des Sukuk et depuis l'appropriation de leurs détenteurs des actifs sous-jacents, jusqu'à la fin de leur durée de vie.

Est valide du point de vue shariatique, la reprise par l'émetteur des Sukuk de propriété d'actifs loués avant maturité, au prix du marché ou à un prix convenu entre le détenteur et l'émetteur du Sak.

2.2.2. Sukuk de propriété d'usufruits des actifs désignés

La circulation des Sukuk représentant la propriété d'usufruit d'actifs désignés est permise selon la loi islamique, avant qu'ils fassent l'objet de sous-location. En cas de sous-location, le Sak devient représentatif du loyer et constitue une dette à honorer par le deuxième locataire, et par conséquent, la circulation des Sukuk de ce type devient soumise aux normes et aspects shariatiques relatifs à la circulation des dettes.

Le rachat par l'émetteur des Sukuk de propriété d'usufruits d'actifs désignés est licite, après l'affectation des fonds encaissés aux fins prédéterminées et le paiement des montants de souscription. Il est valide que l'opération de rachat soit réalisée au prix de marché ou à un montant convenu entre les co-contractants lors de la reprise, à condition que le paiement du montant de la souscription ou de la reprise ne soit pas à terme.

2.2.3. Sukuk de propriété d'usufruits d'actifs à fabriquer ou à produire

La circulation des Sukuk représentant la propriété d'usufruits d'actifs à fabriquer ou à produire, ne peut être réalisée avant la désignation de l'actif source de l'usufruit, que dans le respect des normes de circulation des dettes. Toutefois, si l'actif est désigné, la circulation des Sukuk y afférents est permise selon la Shariah.

2.2.4. Sukuk de services

La circulation des Sukuk de propriété des services fournis par une partie dénommée est valide du point de vue islamique, avant de procéder à la sous-location desdits services. En cas de sous-location, le Sak devient représentatif d'un loyer, qui constitue une dette à honorer par le deuxième locataire. Ainsi,

---

241 هيئة المحاسبة والمراجعة للمؤسسات المالية الإسلامية، المعايير الشرعية، المعيار الشرعي رقم 17 "صكوك الاستثمار"، 2015

l'opération en question devient soumise aux prescriptions shariatiques régissant la circulation des dettes.

La circulation des Sukuk de propriété des services fournis par une partie décrite et non dénommée, n'est valide avant la désignation de ladite partie, que dans le respect des normes de circulation des dettes. Une fois la partie désignée, la libre circulation de cette catégorie de Sukuk devient licite.

2.2.5. Sukuk Murabaha

La circulation des Sukuk Murabaha est illicite après la livraison de la marchandise objet de la Murabaha à l'acheteur. Toutefois, la circulation de ce type de Sukuk est licite après l'achat de la marchandise et avant sa vente à l'acheteur.

2.2.6. Sukuk Musharaka, Mudaraba et Waqala d'investissement

La circulation des Sukuk Musharaka, Mudaraba et Waqala d'investissement n'est valide du point de vue sharitique, qu'après la clôture de la période de souscription, l'affectation des sommes encaissées à leurs destinations initialement déterminées et le démarrage de l'activité d'investissement.

2.2.7. Sukuk Muzaraâ et Sukuk Mussaqat

La circulation des Sukuk Muzaraâ et des Sukuk Mussaqat est valide selon la Shariah, après l'expiration du délai de souscription, l'affectation des Sukuk et le commencement de l'activité, lorsque les détenteurs de Sukuk sont les propriétaires de la terre. En revanche, si les porteurs de Sukuk sont les apporteurs du travail (la plantation ou l'irrigation), la circulation des Sukuk ne peut être licite qu'après l'apparition des prémices de la bonne culture.

2.2.8. Sukuk Mugharassa

La circulation des Sukuk Mugharassa est licite après l'achèvement de la durée de souscription, l'affectation des Sukuk, le commencement de l'activité, quel que soit le statut des porteurs de Sukuk, propriétaires de terrain ou apporteurs de travail.

Les Sukuk en tant que titres islamiques, dont l'introduction est assez récente sur les marchés financiers, sont souvent assimilés à certains titres conventionnels et plus particulièrement aux obligations. Pour élucider cette confusion qui crée l'amalgame entre ces deux outils, dont les fondements éthiques divergent, nous avons procédé à l'éclaircissement du concept de Sukuk, ainsi qu'à l'énumération de leurs caractéristiques et typologies.

S'agissant des structurations de Sukuk, celles-ci peuvent prendre une multitude de typologies. Dans ce cadre, le processus de déroulement de l'opération de financement par Sukuk a été scindé en quatre étapes, couvrant leur durée de vie, depuis leur émission jusqu'à leur extinction. Il est à souligner en outre, que l'opération d'émission de Sukuk se distingue également par l'intervention de différentes parties, ayant chacune un rôle bien déterminé à jouer, afin d'assurer la réussite du montage et de l'aboutissement de l'opération.

La gestion de l'opération d'émission de Sukuk, tout au long de la durée de vie des titres, a fait également l'objet de cette section, à travers la description et l'analyse de ses différentes étapes. Quant aux modalités de gestion des opérations financées par le biais des Sukuk, la relation entre l'émetteur et les porteurs de titres a été aussi décrite et analysée dans tous ses aspects, afin de cerner les volets afférents à la gestion dont la maîtrise constitue un élément clef du succès de l'opération d'émission de Sukuk.

Par ailleurs, le traitement des aspects afférents à la circulation des Sukuk sur les marchés financiers ou circulant directement entre personnes physiques et morales s'est avéré d'une importance primordiale. Car, nous avons constaté que même si les Sukuk respectent toutes les normes édictées par la Shariah, leur circulation peut s'avérer illicite du point de vue islamique. La prohibition de la circulation de certains Sukuk peut avoir comme source le type même de structuration, qui les affecte et les rend non négociables. Ainsi, nous avons remarqué que même si les Sukuk paraissent naturellement négociables, leur circulation pourrait s'avérer parfois illicite, lorsque la circulation des actifs sous-jacents est rejetée shariatiquement.

L'analyse des traits distinctifs de la titrisation islamique, appelée Sukukisation, en la mettant en relation avec la titrisation conventionnelle, telle qu'elle est pratiquée sur les marchés financiers, a permis d'enlever toute ambiguïté entourant cette technique financière support des émissions de Sukuk.

Ce chapitre s'est également intéressé au traitement et à l'analyse minutieuse de tous les volets touchant aux Sukuk. La définition du concept de Sukuk, l'énumération des différentes modalités du montage d'une opération d'émission, la description du processus du montage et de gestion de l'émission, depuis les travaux préparatoires de l'émission des Sukuk jusqu'à leur extinction, ainsi que le traitement des principes régissant le transfert et la circulation des Sukuk ont constitué des points dont la compréhension permet d'assurer la réussite de l'opération d'émission de Sukuk.

La compréhension de l'ensemble des volets traités dans le cadre des chapitres précédents, contribue par leur maîtrise à réduire ou même à éliminer certains risques auxquels sont confrontés les Sukuk. Ces risques peuvent survenir suite à la compréhension incomplète ou erronée de la particularité des titres islamiques. Ils peuvent avoir comme conséquences, la diminution ou même l'arrêt de la distribution des rendements aux détenteurs des Sukuk, suite à la survenance de difficultés, ou encore, en cas d'échec de l'opération d'émission.

Le chapitre suivant s'apprête à traiter les différents aspects relatifs à l'analyse de la relation risque-rendement des Sukuk

Chapitre III : La relation Rendement – Risque des Sukuk

Les principaux défis auxquels sont confrontés les Sukuk, au cours de leurs processus de modernisation et de développement, consistent en la mise en place de titres financiers qui répondent aux doubles impératifs suivants : D'une part, les Sukuk sont censés être des titres financiers originaux, conformes aux préceptes de la Shariah, et d'autre part, ils doivent représenter non seulement une alternative licite, proposant une nouvelle architecture des moyens de financement Shariah-compatible, mais également offrir aux investisseurs, au moins les mêmes avantages que leurs corollaires conventionnels.

Certes, les Sukuk diffèrent des titres financiers conventionnels, du fait qu'ils reposent sur une multitude de structurations financières islamiques. Toutefois, le souci majeur est de procurer à ces instruments la place qu'ils méritent dans un environnement connaissant une concurrence accrue. Cet état de chose a poussé certains précurseurs des Sukuk, à axer leurs efforts sur les aspects de performances et de rendement, au détriment de ceux shariatiques, et ce, afin de concevoir des instruments d'investissement bien sécurisés, à même d'encourager les investisseurs à y souscrire. Cette tendance justifiable eu égard au contexte de création récente, a malheureusement abouti à l'émission d'un certain nombre de Sukuk, entachés d'une multitude de vices shariatiques.

Le présent chapitre a pour ambition de traiter et d'analyser les divers aspects relatifs à l'étude du rendement et des risques des Sukuk.

Selon les préceptes de la Shariah, il ne peut y avoir de rendement sans encourir un certain niveau de risque, pour que les opérations d'investissement et de financement soient valides du point de vue islamique. Cela signifie que le rendement des Sukuk nécessite une attention particulière et une analyse minutieuse, afin de comprendre et d'énumérer les conditions essentielles devant obligatoirement être respectées pour que l'opération d'émission soit licite.

Pour ce qui est du risque, la compréhension de son acception en finance islamique constitue un préalable pour l'étude des risques relatifs aux Sukuk, qui diffèrent selon la modalité de financement islamique sous-jacente.

Les Sukuk, en tant que titres financiers Shariah-compatibles nécessitent le recours à des méthodes de gestion et de couverture des risques qui sont conformes aux normes islamiques.

Afin d'expliquer les divers points cités ci-dessus, le présent chapitre sera structuré comme suit :

Section 1 : Aspects relatifs au rendement et aux risques des Sukuk

Section 2 : Méthodes et stratégies de gestion et de couverture des risques des Sukuk

Section 1 : Aspects relatifs au rendement et aux risques des Sukuk

Le rendement et le risque sont deux notions intimement intrinsèques. Le risque relatif à un titre financier est défini comme étant la probabilité de survenance d'un rendement généré, différent du rendement prévisible attendu. Car, la relation Risque-Rendement est décrite comme étant une relation entre le gain (ou la perte) par rapport à un objectif donné.

L'arbitrage entre le rendement et le risque repose sur un postulat de base selon lequel, plus le risque est élevé, plus on s'attend à un rendement supérieur et inversement. Autrement dit, les placements exposés à des risques importants offrent les taux de rendement les plus élevés. De ce fait, l'étude de la relation Rendement-Risque des Sukuk ne peut être ignorée et s'avère primordiale, aussi bien sur le plan théorique que pratique.

La présente section a pour objectif d'éclaircir les divers concepts et aspects relatifs au rendement et aux risques des Sukuk, qui doivent nécessairement respecter un certain nombre de normes et de règles shariatiques.

En premier lieu, nous commencerons par la définition du concept de rendement et de ses différentes typologies, valides du point de vue islamique. Ensuite, et pour que les opérations de versement du rendement par la partie gestionnaire d'une part, et l'obtention de ce rendement par les détenteurs des Sukuk d'autre part, soient licites, il paraît nécessaire de mettre en relief les modalités d'évaluation, de distribution et de gestion des rendements générés par les Sukuk.

Il importe de souligner enfin, que le rendement ne peut être étudié seul, son analyse doit nécessairement tenir compte du risque y afférent. C'est la raison pour laquelle nous avons opté en deuxième lieu, dans le cadre de cette section, pour l'explication des divers concepts généraux relatifs aux risques des Sukuk, avant de procéder à un éclaircissement plus avancé de ces risques, à travers leur répartition selon les différentes structurations de Sukuk.

I. Evaluation, modes de gestion et distribution des rendements des Sukuk

1. Cadre général du rendement des Sukuk

Le rendement attendu d'un placement - qui représente la rémunération de l'investisseur - constitue la principale motivation du choix d'instruments financiers et le critère de base le plus important de rétention d'un investissement [242].

Le niveau du rendement est l'élément clé et décisif dans le processus de prise de la décision d'investissement. Il représente un facteur permettant

[242] Lawrence J. Gitman, Michael Joehnk, Gérard Desmuliers, Frédéric Herbin, Octave Jokung-Nguéna, Georges Langlois, Investissement et marchés financiers, Editions Pearson, 9ème édition, 2005, p 106

d'effectuer le rapprochement et les comparaisons, entre le niveau de profit réel ou attendu d'un actif quelconque et celui espéré[243].

Selon les préceptes de la Shariah, il ne peut y avoir de rendement sans prise de risque. Tout investisseur désirant investir son argent, doit être disposé à accepter la perte en cas de sa survenance[244].

1.1. Définition du rendement des Sukuk

Le rendement des Sukuk se matérialise par le versement périodique des profits ou par une plus-value dégagée, suite à la revente du titre financier à un prix supérieur à sa valeur d'achat. Dans ce cadre, deux sources de rendement en constituent ses composantes. Il s'agit du revenu périodique et de la plus ou moins-value[245] :

- Le revenu périodique : C'est le revenu distribué régulièrement aux détenteurs de Sukuk, à titre de produit d'un investissement.
- La plus ou moins-value : C'est la variation de la valeur de marché d'un Sak, qui constitue également une mesure du rendement d'un investissement. Lorsque la différence entre le prix de vente et le prix d'achat initial est positive, on parle d'une réalisation d'une plus-value, alors que dans le cas contraire, il s'agit d'une moins-value

Le rendement d'un Sak correspond à l'accroissement de la richesse procurée à son détenteur, en termes de bénéfice et de plus ou moins-value sur la valeur du Sak. Il est tributaire de la performance des actifs sous-jacents aux Sukuk, et prend généralement la forme d'un taux fixe ou variable, qui exprime le résultat dégagé sur une période déterminée et qui est rapporté au montant initialement investi. Le taux de rendement constitue une mesure essentielle de la performance, du fait qu'il permet de donner une estimation de ce que rapportera l'investissement dans le futur[246]. Il représente, alors, un indicateur très important, aussi bien pour les investisseurs futurs, détenteurs des Sukuk, car il leur donne une estimation des revenus à recevoir, que pour l'émetteur, qui aura une visibilité sur les fonds qu'il versera aux porteurs de titres dans le futur, après le commencement de l'activité d'investissement.

[243] Lawrence J. Gitman, Michael Joehnk, Gérard Desmuliers, Frédéric Herbin, Octave Jokung-Nguéna, Georges Langlois, Investissement et marchés financiers, Editions Pearson, 9ème édition, 2005, p 108

[244] Tariq Alrifai, Islamic Finance And New Financial System, An Ethical Approach To Preventing Future Financial Crises, John Wiley & sons, 2015, p 119

[245] Lawrence J. Gitman, Michael Joehnk, Gérard Desmuliers, Frédéric Herbin, Octave Jokung-Nguéna, Georges Langlois, Investissement et marchés financiers, Editions Pearson, 9ème édition, 2005, p106-107

[246] Ibid., p 109

Le taux de rendement exigé par un investisseur est le taux qui lui permet de compenser le risque encouru [247]:

Rendement exigé de l'investissement j = Taux sans risque + Prime de risque de l'investissement j

Taux sans risque = Taux réel de rendement + Prime d'inflation anticipée

Le taux de profit fixé lors du montage de l'opération, qui figure sur le prospectus d'émission, correspond au profit prévisible jusqu'à la distribution du bénéfice réellement réalisé, chose qui est conforme aux préceptes de la Shariah[248].

Le risque du taux de rendement des Sukuk, qui fait partie du risque de marché, est la résultante de l'incertitude des rendements attendus des actifs sous-jacents. Cette incertitude provient du risque de performance des actifs sous-jacents aux Sukuk, qui peut entrainer une divergence par rapport aux attentes des détenteurs des titres. Plus la divergence est grande, plus le risque du taux de rendement est important[249].

Le risque du taux de rendement des Sukuk est celui relatif au décalage entre les attentes des détenteurs de Sukuk, en termes de rendement et le rendement effectivement réalisé. Les différentes fluctuations et évolutions défavorables du rendement sont la résultante des facteurs de risques qui exercent une influence sur les actifs sous-jacents aux Sukuk[250]. En général, à l'instar des transactions financières islamiques, les Sukuk - étant donné leur nature particulière - sont confrontés au risque du taux de rendement. La particularité de ce dernier, par rapport au taux d'intérêt en finance conventionnelle, est que le taux de rendement des Sukuk est étroitement et fortement lié à la performance des investissements auxquels ils sont adossés. Par conséquent, les résultats et la performance des investissements ne peuvent

[247] Lawrence J. Gitman, Michael Joehnk, Gérard Desmuliers, Frédéric Herbin, Octave Jokung-Nguéna, Georges Langlois, Investissement et marchés financiers, Editions Pearson, 9ème édition, 2005, p 120-121

[248] د. محمد فخري صويلح، قراءة في قا□ون الصكوك الإسلامية الأر□ي في ضوء المعيار الشرعي للصكوك و قا□ون الصكوك المصري، مؤتمر الصكوك الإسلامية و أدوات التمويل الإسلامي، 2013، ص 295

[249] Hennie Van Greuning & Zamir Iqbal, Risk Analysis For Islamic Banks, The World Bank, 2008, p 159

[250] Ioannis Akkizidis & Sunil Kumar Khandelwal, Financial Risk Management For Islamic Banking And Finance, Palgrave Micmillan, 2008, p 39

être déterminés de façon précise[251]. Pour les titres à taux d'intérêt en finance conventionnelle, une somme doit être nécessairement versée aux porteurs de titres. Alors qu'au niveau des Sukuk, même si un taux de rendement fixe ou variable est déterminé à l'avance, les fonds ne seront versés aux détenteurs de Sukuk qu'en cas de réalisation de profit. Et de ce fait, en cas de sous performance des actifs sous-jacents aux Sukuk, les montants des distributions périodiques peuvent être parfois inférieurs aux attentes des investisseurs voire même nuls.

1.2. Types des rendements des Sukuk

Le niveau du rendement atteint ou souhaité des Sukuk est tributaire d'une multitude de facteurs, dont les deux plus importants et plus significatifs sont d'une part, les caractéristiques intrinsèques à l'investissement, et d'autre part, les contraintes extérieures. Dans ce sens, le rendement des Sukuk dépend de plusieurs variables prenant diverses formes de risques, notamment, le risque du taux d'intérêt, le risque d'inflation, le risque de change, le risque légal, le risque de conformité à la Shariah, le risque de crédit, le risque de défaut, le risque de maturité, le risque de liquidité et le risque de réinvestissement[252].

Les rendements des Sukuk sont répartis - selon les termes convenus sur le prospectus d'émission - tout au long de la durée de vie des Sukuk. Ils sont distribués aux détenteurs de certificats, sur la base d'un taux de profit espéré, qui peut être fixe ou variable. Il peut y avoir également des émissions de Sukuk qui ne donnent pas lieu aux distributions de rendements périodiques à l'instar des Sukuk à zéro-coupon.

L'arbitrage de l'investisseur entre le choix de Sukuk à taux fixe et ceux à taux variable s'appuie sur deux éléments essentiels, à savoir, les anticipations des taux sur le marché et le niveau d'aversion aux risques des investisseurs.

- **Rendement des Sukuk à taux fixe (Risque de marge ou Mark-up Risk)**

Le rendement des Sukuk ne peut en aucun cas être basé sur le paiement d'un taux d'intérêt fixe prédéterminé. Selon la part de participation dans le capital des Sukuk, les détenteurs de certificats auront le droit en une part du bénéfice réalisé. Il s'agit du principe de partage des pertes et profits. Cependant, il existe des exceptions à cette règle pour certains types de Sukuk, émis selon des modalités de financement islamiques, dont le rendement peut

---

251 د/ سليمان□اصر ، أ/ ربيعة بن زيد، إدارة مخاطر الصكوك الإسلامية الحكومية، دراسة تطبيقية على الصكوك الحكومية السو□ية، بحث مقدم إلى المؤتمر الدولي الخامس حول الصيرفة الإسلامية والتمويل الإسلامي، تحت عنوان:"إدارة المخاطر ؛ التنظيم والإشراف"، 2012، ص 8

252 Ahamed Lebbe Abdul Rauf, Yusnidah bt Ibrahim, Determinants Of Risk And Return Performance With Special Reference To GCC Sukuk Market Structure, International Journal of Development and Economic Sustainability, Vol.2, No.2, pp. 64-78, June 2014

être connu à l'avance et au début de l'opération, tels que la Murabaha ou l'Ijara[253].

Selon les règles de la finance islamique, les investisseurs porteurs de Sukuk ne disposent d'aucune garantie des rendements périodiques ou du capital investi. En vertu de la Shariah, les rendements ne peuvent être garantis, car, en cas d'échec de l'investissement, aucun rendement ne sera distribué aux investisseurs. Toutefois, la détermination au moment de l'émission d'un taux de rendement fixe est acceptable et envisageable en finance islamique. Mais cela ne signifie pas que le rendement est garanti, car en cas de défaut, les investisseurs ayant financé l'opération ne vont rien recevoir. De ce fait, les investisseurs doivent à priori avoir conscience des risques potentiels des investissements en Sukuk[254]. De plus, puisque les Sukuk sont des titres financiers représentatifs d'actifs dont la valeur est volatile, susceptible d'augmenter ou de diminuer avec le temps, la valeur du principal c.à.d. le capital initialement versé, peut diminuer et être plus faible que la valeur du financement initial, puisqu'elle correspond à la valeur des actifs sous-jacents aux Sukuk[255].

Il existe pour chaque type de Sukuk un risque de rendement qui lui est spécifique, étroitement lié à la nature de l'option de financement qui en constitue la base du montage.

Pour les Sukuk à taux fixe, les investisseurs sont exposés au risque de marge (Mark-up risk), subi dans le cadre des opérations fondées sur les modalités de financement islamiques, dont le coupon peut prendre la forme d'un taux fixe. Dans ce cas, le taux de marge fixe est préalablement déterminé pour toute la durée de l'émission, alors que les taux sur les marchés changent continuellement. De ce fait, les investisseurs ne peuvent bénéficier des fluctuations favorables des taux de marché, et vont subir, par conséquent, un manque à gagner. Le détenteur des Sukuk à taux fixe est également exposé à un risque de taux important, car, la valeur du Sak varie dans le sens inverse du niveau des taux d'intérêt sur le marché. C'est le cas notamment des Sukuk Murabaha, pour lesquels le taux de marge est fixé au moment du dénouement du contrat[256].

Selon l'étude de Mohammed Taqi Othmani, il a été relevé que certains émetteurs ont déployé beaucoup d'efforts, pour que les Sukuk soient

---

253 Casper Van Hilten, Islamic Securitization By Means Of Sukuk And Struggle For Shari'ah Compliance Bachelor Dissertation Arabic & Islam, Faculty of Humanities, Utrecht University, April 2014, p 15

254 Tariq Alrifai, Islamic Finance And New Financial System, An Ethical Approach To Preventing Future Financial Crises, John Wiley & sons, 2015, p 119

255 Casper Van Hilten, Islamic Securitization By Means Of Sukuk And Struggle For Shari'ah Compliance Bachelor Dissertation Arabic & Islam, Faculty of Humanities, Utrecht University, April 2014, p 15

256 Zamir Iqbal & Abbas Mirakhor, An introduction to islamic finance –Theory and practice- Iqbal & Mirakor, John Wiley & sons, Second Edition, 2011, p 282

semblables à leurs corollaires conventionnels, en leur donnant certaines caractéristiques des obligations, afin de favoriser leur commercialisation sur le marché financier. La détermination d'un montant fixe du rendement ou d'un taux fixe à verser obligatoirement d'une façon périodique, indépendamment de la performance réelle des actifs sous-jacents aux Sukuk, les transforme en titres financiers similaires aux obligations conventionnelles et deviennent, par conséquent, des titres incompatibles avec les préceptes de la Shariah. La détermination et la fixation d'un profit certain et sûr nous pose devant une situation de garantie du profit, alors qu'il est illicite que la partie émettrice garantisse le capital du Sak ou son rendement[257].

- **Rendement des Sukuk à taux flottant (Risque du taux de référence ou de benchmark)**

« Un actif à taux flottant est un instrument qui distribue des coupons calculés sur la base d'un taux nominal révisé en fonction de l'évolution des taux de marché ». L'actif à taux flottant génère un coupon flottant, dont la variation est fonction d'une référence ou d'un indice[258]. Le taux flottant qui sert de base pour le calcul du coupon est calculé à partir de la formule suivante [259]:

It=Référence (t)+Marge

L'objectif de l'indexation à un indice de référence est la réduction, ou si possible, l'élimination de l'impact des taux sur la valeur de marché des titres financiers[260]. Le coupon relatif aux Sukuk à taux flottant est composé de deux parties : La première est relative au taux de référence retenu, alors que la deuxième représente une marge fixe déterminée au moment de l'émission. Pour les Sukuk à taux de rendement flottant, les coupons à distribuer périodiquement aux détenteurs de certificats sont revus à chaque échéance, selon les termes convenus sur le prospectus d'émission, et ce, afin de prendre en compte les fluctuations du taux de référence. A ce titre, les Sukuk à taux flottant sont exposés au risque du taux de référence et au risque de marge.

La marge additive, souvent ajoutée à l'indice de référence servant de base au calcul du coupon flottant est fixée au début, pour toute la durée de l'émission. Elle tient compte principalement de la prime de risque de défaut qui est généralement une fonction croissante de la durée de l'émission. Pour atténuer le risque de marge, les titres à taux flottant sont parfois émis avec une

---

257 د. محمد فخري صويلح، قراءة في قا□ون الصكوك الإسلامية الأرد□ي في ضوء المعيار الشرعي للصكوك وقا□ون الصكوك المصري، مؤتمر الصكوك الإسلامية وأدوات التمويل الإسلامي، جامعة اليرموك، الأردن،12 و13 تشرين الثا□ي2013، ص 295

258 Roland Portait & Patrice Poncet, Finance de marché - Instruments de base produits dérivés portefeuille et risque -, Editions Dalloz, 2008, p 194

259 Ibid., p 130

260 Ibid.

marge ajustée périodiquement, selon les termes du contrat, afin de refléter la réalité du niveau du risque de défaut de l'émetteur[261]. Chose qui est valable également pour les Sukuk, en tant que titres financiers pouvant avoir un taux de rendement flottant.

Deux principales raisons expliquent l'existence d'une marge additive en sus de l'indice de référence. La première raison a trait aux exigences du marché, qui imposent une légère sur-rémunération prenant la forme d'un taux de marge représentatif d'une prime de liquidité. Tandis que la seconde, qui est en fait la plus importante, est la résultante, en général, du paiement de la plupart des émetteurs non bancaires, d'un taux supérieur au taux interbancaire pour compenser le risque de signature. Ce qui explique que la marge additive est la somme de la prime de liquidité et du spread de signature. La variation de ce dernier dépend de la notation de l'émetteur, de la durée de l'émission et du prix de marché du risque de crédit[262]. Dans ce cadre, plus la durée de vie du titre est élevée, plus le spread de crédit est fort, ce qui contribue à l'augmentation de la marge, qui engendre une diminution de la valeur du titre financier[263].

L'achat des titres à taux flottant est généralement réalisé dans l'objectif de minimiser le risque de fluctuation du cours du titre[264]. En cas d'absence d'indices islamiques, les taux de référence conventionnels peuvent être retenus comme taux de référence des Sukuk à taux flottant. Ce qui rend le marché des Sukuk exposé aux fluctuations du marché du taux utilisé comme référence[265].

Pour les Sukuk dont le taux de profit espéré est indexé à un taux de référence conventionnel, deux cas de figures dérogeant aux préceptes de la Shariah sont rencontrés au cours de leur durée de vie. Lorsque les profits sont inférieurs au taux de benchmark, la totalité des profits est distribuée aux porteurs de Sukuk et le complément est versé par la partie gestionnaire pour compenser le reliquat entre le rendement réalisé et celui attendu par les investisseurs porteurs de titres. Dans le cas contraire, lorsque les profits réalisés excèdent l'indice de référence, une partie du surplus est donnée à titre incitatif à la partie gestionnaire. Ces deux actes sont considérés par les scholars comme étant des transactions entachées de Riba[266].

---

[261] Bertrand Jacquillat & Bruno Solnik, Marchés financiers : gestion des portefeuilles et des risques, Editions Dunod, 2ème édition 1990, p 255

[262] Roland Portait & Patrice Poncet, Finance de marché - Instruments de base, produits dérivés, portefeuille et risque -, Editions Dalloz, 2008, p 211-212

[263] Ibid.

[264] Bertrand Jacquillat & Bruno Solnik, Marchés financiers : gestion des portefeuilles et des risques, Editions Dunod, 2ème édition 1990, p 251

[265] Zamir Iqbal & Abbas Mirakhor, An introduction to islamic finance: Theory and practice, John Wiley & Sons, second edition, 2011, p 282

[266] Ahmed Khalid AL-Maghlouth, Sukuk, An inside study of its background, structures, challenges and cases, Open University of Malaysia, 2009, p 45

Par ailleurs, il y a lieu de souligner que l'absence d'une étude de faisabilité économique du projet et de ses perspectives de réussite conduit parfois, à la détermination d'un taux approximatif de profit, basé sur un indice de référence, pour la fixation du pourcentage du rendement distribuable. Il est remarqué également, que pour certaines émissions, les détenteurs de Sukuk n'exigent pas de l'initiateur ou de l'émetteur la fourniture d'informations relatives à la performance réelle du projet d'investissement financé. Cet état de chose signifie que l'opération d'émission des Sukuk se transforme, parfois, en une transaction de financement, avec promesse d'achat des titres à terme, assortie du versement de profits périodiques. Ce qui rend l'étude de faisabilité sans intérêt et privilégie la solvabilité de l'initiateur ou de l'émetteur[267].

2. Aspects relatifs à l'évaluation et à la distribution des rendements des Sukuk

2.1. Modalités d'évaluation des rendements des Sukuk

Du fait que les investissements financés par le résultat de la souscription en Sukuk s'étalent sur des durées plus ou moins moyennes ou longues, les émetteurs de Sukuk procèdent généralement à la répartition des profits périodiques, selon deux modes de distribution [268]:

- **Première méthode :** Distribution des sommes considérées comme étant des avances, tout au long de la durée de vie des Sukuk jusqu'à maturité. A l'extinction des Sukuk et après la liquidation de l'investissement, il est procédé à la régularisation des montants correspondants aux profits préalablement distribués, conformément aux résultats réellement et effectivement réalisés.
- **Deuxième méthode :** Distribution définitive des profits de façon périodique. Chaque période de distribution des bénéfices est indépendante des périodes précédentes, sans avoir besoin de liquidation effective du projet.

Pour que les deux parties au contrat d'émission des Sukuk prennent connaissance de l'existence d'un gain ou d'une perte, il est nécessaire de procéder à la liquidation, appelée par les fuqahas « tandid ». Cette liquidation peut être réelle (tandid hakiki), comme elle peut être réalisée suite à une évaluation comptable et financière à la clôture des comptes (tandid hokmi). Dans le domaine des Sukuk, le concept « Tandid » signifie la transformation d'actifs tangibles, usufruits ou droits en monnaie, pour s'assurer en premier, de la protection du capital et puis de la réalisation d'un bénéfice en second lieu. Dans le cas de l'évaluation réelle suite à la liquidation, l'ensemble des actifs sous-jacents aux Sukuk sont vendus, alors que pour l'évaluation à la

---

267 الدكتور سعيد محمد بوهراوة، الإشكالات الشرعية المتعلقة بإصدارات الصكوك، بحوث□دوة الصكوك الإسلامية بتو□س 28 و29 مارس 2015، ص 9

268 د. أشرف دوابة، الصكوك الإسلامية بين النظرية والتطبيق، دار السلام للطباعة، الطبعة الأولى، 2009، ص 109-111

clôture des comptes (Tandid hokmi), il est procédé à l'estimation de la valeur des actifs[269].

Le profit des Sukuk est mérité à la suite de sa réalisation effective, et son appropriation survient après l'évaluation comptable à la clôture des comptes, ou après la liquidation des actifs à maturité. Pour le projet qui génère un revenu ou une récolte (irad ou ghalla), ce qui est distribué et réparti aux parties au contrat - au cours de la durée de vie des Sukuk - est considéré comme étant des sommes versées à titre d'avances et acomptes[270], jusqu'à la clôture des comptes ou la liquidation effective de l'investissement[271].

Bien qu'à l'origine, le rendement soit mérité à l'expiration de la durée de vie du projet financé par les Sukuk et après protection du capital, les scholars ont soutenu à l'unanimité, la validité shariatique du versement d'avances sur profits aux détenteurs de Sukuk. Ainsi, à l'issue de la liquidation à terme du projet, il est procédé à la régularisation des montants versés et ceux mérités effectivement par les détenteurs des titres et la partie émettrice[272]. En ce sens, il a été stipulé selon les normes de l'AAOIFI, « qu'il est valide du point de vue islamique, la distribution de montants à titre d'avances avant la liquidation de l'investissement ou l'évaluation à la clôture périodique des comptes, et ce, en attente de la régularisation ultérieure avec l'engagement du remboursement ou de la remise du surplus mérité réellement après l'évaluation réelle »[273].

2.2. Distribution des rendements périodiques des Sukuk

L'objet de la répartition est le profit (Ribh) en son sens shariatique, qui constitue le surplus excédant le capital et non le revenu ou la récolte. Le profit est déterminé et connu suite à la liquidation ou à l'évaluation financière du projet. L'excédent au capital est le profit à répartir entre les porteurs de Sukuk et l'agent Mudaraba ou la partie gestionnaire, dans le respect des normes régissant la relation entre les parties au contrat d'émission des Sukuk[274].

La répartition des pertes et profits relatifs aux Sukuk est soumise aux règles shariatiques. D'une part, le profit réalisé est réparti selon une part indivise et connue entre les co-contractants, conformément aux termes et conditions figurant sur le prospectus d'émission, sans qu'il ne soit un montant fixe. D'autre part, la perte est supportée par les apporteurs de capitaux, selon la part

---

269 الضوابط الشرعية لصكوك المضاربة، مؤتمر الصكوك الإسلامية وأدوات التمويل الإسلامي، جامعة اليرموك، الأردن،12 و13 تشرين الثاني2013، ص 177

270 مجلس مجمع الفقه الإسلامي الدولي المنعقد في دورة مؤتمره الرابع بجدة في المملكة العربية السعودية من 18 إلى 23 جمادى الآخرة 1408 الموافق 6 إلى7 شباط (فبراير) 1988، قرار رقم 30(3/4) بشأن سندات المقارضة وسندات الاستثمار

271 القضايا المتعلقة بالصكوك في الاردن، مؤتمر الصكوك الإسلامية وأدوات التمويل الإسلامي، جامعة اليرموك، الأردن،12 و13 تشرين الثاني2013، ص 197 و198

272 د. محمد فخري صويلح، قراءة في قانون الصكوك الإسلامية الأردني في ضوء المعيار الشرعي للصكوك وقانون الصكوك المصري، مؤتمر الصكوك الإسلامية وأدوات التمويل الإسلامي، جامعة اليرموك، الأردن،12 و13 تشرين الثاني2013، ص 295

273 هيئة المحاسبة والمراجعة للمؤسسات المالية الإسلامية، المعايير الشرعية، المعيار الشرعي رقم 17 "صكوك الاستثمار"

274 مجلس مجمع الفقه الإسلامي الدولي المنعقد في دورة مؤتمره الرابع بجدة في المملكة العربية السعودية من 18 إلى 23 جمادى الآخرة 1408 الموافق 6 إلى7 شباط (فبراير) 1988، قرار رقم 30(3/4) بشأن سندات المقارضة وسندات الاستثمار

de chaque associé dans le capital. Le porteur du Sak a le droit en une part du profit et supporte les pertes à concurrence de sa contribution dans le capital. La garantie par l'émetteur d'une part du profit est illicite du point de vue islamique. A signaler qu'il ne peut y avoir de profits qu'après sauvegarde du capital, car le profit constitue une protection du capital[275].

La part du rendement prévisible des Sukuk est déterminée dans le cadre du prospectus d'émission[276], ou sur le titre financier, à condition qu'elle ne prenne pas la forme d'un montant fixe préalablement déterminé, à verser aux détenteurs de Sukuk ou au propriétaire du projet[277]. La méthode de répartition des rendements entre les investisseurs porteurs de Sukuk et la partie émettrice doit être stipulée sur le prospectus d'émission. Il est illicite de laisser cette décision jusqu'à la fin du projet ou de l'opération financée par les sommes collectées de la souscription en Sukuk[278]. La révision périodique - suite au consentement des co-contractants - de cette part à la baisse ou à la hausse est permise par la Shariah[279]. Par ailleurs, selon les directives du Conseil Islamique de Jurisprudence, la préparation des comptes et des états relatifs aux bénéfices générés, ou aux pertes subies par le projet, leur publication et leur mise à la disposition des porteurs de certificats de Sukuk est une exigence shariatique[280].

Concernant la méthode de calcul des profits, il a été constaté à travers la consultation de bons nombres de prospectus d'émission des Sukuk qu'elle y est mentionnée. L'importance primordiale accordée à la précision de cette formule de calcul, a été confirmée et approuvée par les lois jordanienne et égyptienne relatives aux Sukuk. Ces dernières soulignent la nécessité et l'obligation de citer et d'expliciter, dans le cadre du prospectus d'émission, la méthode de calcul des profits. Cette exigence contribue à rendre la formule de calcul des profits transparente, et permet d'enlever toute ambiguïté l'entourant. Ce qui rend la partie émettrice plus crédible vis-à-vis des détenteurs de Sukuk[281].

Les rendements du projet d'investissement financé par les Sukuk doivent être distribués aux porteurs de titres, quelles que soient leurs valeurs, après

---

275 د. أشرف دوابة، الصكوك الإسلامية بين النظرية والتطبيق، دار السلام للطباعة، الطبعة الأولى، 2009، ص109

276 لقضايا المتعلقة بالصكوك في الاردن، مؤتمر الصكوك الإسلامية وأدوات التمويل الإسلامي، جامعة اليرموك، الأردن،12 و13 تشرين الثاني2013، ص 197

277 مجلس مجمع الفقه الإسلامي الدولي المنعقد في دورة مؤتمره الرابع بجدة في المملكة العربية السعودية من 18 إلى 23 جمادى الآخرة 1408 الموافق 6 إلى7 شباط (فبراير) 1988، قرار رقم 30(3/4) بشأن سندات المقارضة وسندات الاستثمار

278 د. حسين حسين شحاتة، أحكام وأسس حساب زكاة صكوك الاستثمار، مؤتمر الصكوك الإسلامية وأدوات التمويل الإسلامي، جامعة اليرموك، الأردن،12 و13 تشرين الثاني2013، ص 207

279 Ibid., p 205

280 مجلس مجمع الفقه الإسلامي الدولي المنعقد في دورة مؤتمره الرابع بجدة في المملكة العربية السعودية من 18 إلى 23 جمادى الآخرة 1408 الموافق 6 إلى7 شباط (فبراير) 1988، قرار رقم 30(3/4) بشأن سندات المقارضة وسندات الاستثمار

281 د. محمد فخري صويلح، قراءة في قانون الصكوك الإسلامية الأردني في ضوء المعيار الشرعي للصكوك وقانون الصكوك المصري، مؤتمر الصكوك الإسلامية وأدوات التمويل الإسلامي، جامعة اليرموك، الأردن،12 و13 تشرين الثاني2013، ص 295

déduction des montants correspondant aux charges et dépenses, y compris la rémunération de la partie gestionnaire ou la part du Mudarib dans le bénéfice réalisé[282].

Les Sukuk procurent à leurs porteurs des rendements fondés sur les principes de marge (Mark-up) ou de partage des pertes et profits (Equity). L'application de ce dernier principe engendre un niveau d'incertitude afférent au taux de rendement relativement élevé[283]. En outre, le rendement de certains types de Sukuk fondés sur les principes de participation et de partenariat, ne peut être connu avec précision avant la fin de l'investissement. De ce fait, les émetteurs sont tenus d'attendre les résultats des investissements financés par Sukuk, pour déterminer le niveau du rendement à distribuer aux investisseurs porteurs de titres. Si au cours de la durée de vie de l'investissement, le taux de rendement s'avère inférieur à celui prévu, les rendements que vont recevoir les investisseurs seront de même[284]. Mais pour pallier cette situation, des méthodes de gestion des distributions périodiques Shariah-compatibles, sont utilisées par les gestionnaires, pour que les versements périodiques soient égaux ou proches des niveaux de profit annoncés au début de l'émission et attendus par les détenteurs de titres.

Les Sukuk sont parfois conçus par leurs émetteurs, par imitation de la structure des cash-flows générés par les obligations conventionnelles. A ce titre, on peut citer, par exemple, les cas suivants[285] :

- Pour la structure des Sukuk Murabaha, l'acompte peut inclure une partie importante du paiement final, semblable au paiement du principal des obligations conventionnelles.
- Pour les cas des Sukuk Musharaka et Mudaraba, les profits peuvent prendre la forme d'un montant fixe distribué régulièrement. Tout excédent, qui en résulte, est affecté au gestionnaire ou au directeur des Sukuk, à titre d'incitation et d'encouragement pour la maximisation du profit de l'investissement.
- S'agissant du rachat de l'investissement dans les structures Musharaka et Mudaraba, il est parfois réalisé en fonction d'un prix prédéterminé, au prorata de la contribution au capital.

Ces pratiques et autres actes illicites ont été relevés et signalés par Dr. Taqi Othmani, qui a remarqué que la plupart des Sukuk émis avant 2007, étaient caractérisés par la distribution de bénéfices, s'appuyant sur un pourcentage basé sur le taux d'intérêt. Les émetteurs des Sukuk entachés par ce vice, s'efforçaient de justifier et de légaliser leurs actes frauduleux, du point de vue

---

282 محمد تقي العثماني، الصكوك وتطبيقاتها المعاصرة، ص 17

283 Zamir Iqbal & Abbas Mirakhor, An introduction to islamic finance : Theory and practice, John Wiley & Sons, Second Edition, 2011, p 285

284 Hennie Van Greuning & Zamir Iqbal, Risk Analysis For Islamic Banks, The World Bank, 2008, p 159

285 Ketut Ariadi Kusuma & Anderson Caputo Silva, Sukuk markets : A proposed approach for development, world Bank, Finance and markets global practice Group, December 2014, p 2

islamique, en intégrant sur le prospectus d'émission une clause qui stipule, qu'en cas de réalisation d'un profit supérieur au taux prédéterminé, calculé sur la base du taux d'intérêt, le surplus sera versé à la partie gestionnaire, qu'elle soit Mudarib, associé ou waqil d'investissement, et ce, en tant que prime en contrepartie de la bonne gestion. Il existe même des émissions de Sukuk en vertu desquelles, les détenteurs de Sukuk ont le droit de recevoir un rendement périodique, basé sur le taux d'intérêt, sans pour autant préciser que le surplus soit mérité par le gestionnaire des Sukuk[286]. Dès lors, les émetteurs et les acteurs du marché des Sukuk sont devenus de plus en plus initiés aux aspects shariatiques, non seulement lors du processus de montage des émissions de Sukuk, mais aussi tout au long de leur durée de vie.

Parmi les actes illicites relevés également dans ce cadre, on peut citer le fait qu'en cas de réalisation d'un profit inférieur à celui préalablement déterminé, basé sur le taux d'intérêt, la partie gestionnaire de l'opération s'engage à payer la différence entre le profit réel et celui prévisible aux porteurs de Sukuk, en leur octroyant un crédit sans intérêt. Le remboursement du montant correspondant à ce crédit s'effectue, par la suite, par prélèvements ultérieurs sur les excédents de profits au taux de distribution préalablement déterminé, ou bien il est retranché du prix de rachat des actifs sous-jacents aux Sukuk à maturité. Le recours à l'endettement ayant pour objectif la compensation de la carence du profit effectivement réalisé, par rapport à celui espéré et attendu par les détenteurs des Sukuk est rejeté du point de vue shariatique[287]. Selon les directives de l'AAOIFI, il est interdit selon les préceptes de la Shariah, que le directeur des Sukuk, qu'il soit Mudarib, associé ou Waqil d'investissement, s'engage à octroyer aux porteurs de Sukuk un crédit en cas de diminution du profit effectif ou prévisible [288]. Cette disposition est reprise par la loi jordanienne relative aux Sukuk, qui interdit l'endettement pour compenser la différence négative relative au profit espéré ou bien à la valeur du capital du Sak. Autrement dit, la compensation de la perte de la valeur du Sak ou de la diminution du rendement prévisible, par recours à l'endettement est illicite. Pour remédier à cette situation, différentes modalités de gestion des distributions de rendements sont envisageables[289].

[286] محمد تقي العثماني، الصكوك وتطبيقاتها المعاصرة، ص 5-9

[287] Ibid.

[288] د. فهد بن بادي المرشدي، الصكوك أحكامها وضوابطها وإشكالاتها دراسة شرعية□قدية، دار كنوز اشبيليا للنشر والتوزيع، الطبعة الأولى، 2014، ص 88

[289] د. محمد فخري صويلح، قراءة في قا□ون الصكوك الإسلامية الأرد□ي في ضوء المعيار الشرعي للصكوك وقا□ون الصكوك المصري، مؤتمر الصكوك الإسلامية وأدوات التمويل الإسلامي، جامعة اليرموك، الأردن،12 و 13 تشرين الثا□ي2013، ص 296

2.3. Méthodes pratiques de gestion des distributions des rendements aux détenteurs de Sukuk

Plusieurs options - valides du point de vue islamique - peuvent être utilisées afin d'ajuster les distributions de profits périodiques aux porteurs de certificats de Sukuk, pour qu'elles correspondent au taux de profit espéré préalablement déterminé sur le prospectus d'émission. Il s'agit principalement de :

- **La compensation volontaire du rendement à titre de donation :**

Les institutions financières islamiques ou autres catégories d'émetteurs de Sukuk, peuvent être parfois amenées, en raison des pressions concurrentielles et afin de réussir à attirer les investisseurs potentiels en Sukuk, au versement d'un profit supérieur à celui effectivement généré par les actifs sous-jacents, si les rendements sont faibles comparativement au rendement moyen du marché. Dans ce cas, l'émetteur des Sukuk pourrait renoncer volontairement à une partie des bénéfices dont il a droit, au profit des porteurs de Sukuk, afin de les fidéliser et les encourager à conserver les titres en leur possession[290].

- **La garantie des rendements des Sukuk :**

L'option de garantie des distributions périodiques de profits aux détenteurs de Sukuk est envisageable en finance islamique, sous réserve du respect de certaines exigences shariatiques. Ainsi, la garantie du versement régulier d'une somme fixe de profits, doit nécessairement émaner d'une troisième partie indépendante. Même si la décision du Conseil Islamique de Jurisprudence stipule que la garantie se limite uniquement au dédommagement de la perte c.à.d. la garantie de la valeur du Sak, aucune disposition shariatique n'interdit la garantie d'un rendement fixe, puisque ça constitue un engagement à titre de donation, autorisé par les Maléquites. Cet engagement de rendement émane généralement d'une partie intéressée par la réussite des projets financés par les Sukuk[291].

- **L'octroi d'un crédit aux détenteurs de Sukuk pour la compensation de la différence entre le profit prévisible et celui effectivement réalisé :**

Le prêt du directeur des Sukuk aux porteurs de titres, en cas de diminution du profit prévisible attendu, est l'une des pratiques relevées dans certaines émissions de Sukuk. Cette formule suppose que le directeur des Sukuk, s'engage à prêter aux détenteurs de titres, en cas de non-génération de profit par le projet dans lequel a été investi le résultat de la souscription, ou bien dans le cas où le profit réalisé est en deçà des prévisions. Le directeur des Sukuk récupère les montants octroyés en prélevant ultérieurement les sommes

---

290 د/ سليمان□اصر، أ/ ربيعة بن زيد، إدارة مخاطر الصكوك الإسلامية الحكومية، دراسة تطبيقية على الصكوك الحكومية السود□ية، بحث مقدم إلى المؤتمر الدولي الخامس حول الصيرفة الإسلامية والتمويل الإسلامي، تحت عنوان: «إدارة المخاطر؛ التنظيم والإشراف"، 2012، ص 8-9

291 د. عبد الستار أبو غدة، المخاطر في الصكوك الإسلامية وموقف الشريعة من ضم□ها، □دوة الصكوك الإسلامية عرض وتقويم المنعقدة في رحاب جامعة الملك عبد العزيز بجدة 24 و 25 ماي 2010، ص 6

prêtées des surplus de bénéfices réalisés au cours des périodes ultérieures. En cas de non-réalisation de gains, le montant du crédit est prélevé sur la valeur des actifs sous-jacents aux Sukuk à maturité. Dans le cadre de sa décision n°188(3/20), le Conseil Islamique de Jurisprudence a jugé que cette opération est illicite. Ce type de crédit est source de confusion du point de vue shariatique, du fait que la relation entre la partie gestionnaire et les détenteurs de Sukuk est une relation d'échange (Muawada), qui peut prendre la forme de Musharaka, Mudaraba, ou wakala avec rémunération. La source d'ambigüité et de vice shariatique entachant cette opération concerne la réunion du crédit et du contrat Muawada[292]. En ce sens, deux cas de figure se présentent pour le crédit octroyé aux détenteurs de Sukuk [293]:

- **Premier cas : Le crédit n'est pas remboursable**

L'engagement de l'émetteur de la garantie du profit prévisible aux porteurs de Sukuk est illicite. La raison de la prohibition trouve sa source, dans le fait que l'émetteur n'est qu'un gestionnaire chargé du management du projet. De ce fait, il est illicite qu'il garantisse le profit, sauf en cas de manquements ou d'abus. De plus, lors de la contractualisation, aucun profit n'existait et par conséquent, la garantie de l'inexistant et de ce que la délivrance ne peut avoir lieu n'est pas valide shariatiquement.

Parfois, l'émetteur s'engage à octroyer un crédit remboursable, uniquement en cas de réalisation ultérieure d'un excédent de profit, sinon, il procède à la régularisation du remboursement du crédit par la passation d'écritures comptables pour solde. Ces deux pratiques sont également prohibées, car, il s'agit en réalité d'une garantie contre toute diminution éventuelle des distributions périodiques. L'émetteur n'a pas le droit de se faire rembourser les sommes avancées aux porteurs de titres, qu'en cas de disponibilité de surplus de profit suffisant pour couvrir la valeur du crédit accordé. Ce qui signifie que l'essence non apparente de la transaction est le non-remboursement des sommes octroyées, tandis que la survenance du remboursement n'est qu'un fait probable.

- **Deuxième cas : Le crédit est remboursable**

Le directeur des Sukuk s'engage, en cas de manque de bénéfices, à prêter aux porteurs de Sukuk, le complément du profit prévisible aux dates des distributions périodiques. Ce prêt est remboursé par la suite, à partir de prélèvements sur les profits réalisés ultérieurement, sinon, il sera déduit de la valeur des Sukuk à maturité. Dans ce dernier cas, le directeur des Sukuk achète à maturité les actifs sous-jacents à un montant égal à la différence entre la valeur nominale des Sukuk et la somme des fonds avancés aux investisseurs à titre de crédit remboursable. Cet engagement du directeur de Sukuk à prêter

---

[292] د. عبد الستار الخويلدي، الجوا□ب القا□و□ية المتعلقة بإصدار الصكوك،□ـــــــدوة الصكوك الإسلامية بين الضوابط الشرعية والمقتضيات القا□و□ية والمحاسبية، تو□س 28 و29 مارس 2015، ص 16

[293] د. فهد بن بادي المرشدي، الصكوك أحكامها وضوابطها وإشكالاتها دراسة شرعية□قدية، دار كنوز اشبيليا للنشر والتوزيع، الطبعة الأولى، 2014، ص 109-112

le complément pour que le profit distribuable soit égal à celui prévisible, est assorti d'un engagement de la part des porteurs de Sukuk à renoncer, au profit du directeur, du surplus excédant le profit prévisible pour la période concernée. On peut déduire, au vu de ce mécanisme, que le directeur des Sukuk n'accepte d'octroyer ce crédit sans contrepartie, que parce qu'il bénéficierait d'une part supérieure à ce qu'il doit réellement dans le bénéfice effectivement réalisé, et ce, par la perception, d'une prime exigée en cas de réalisation d'un bénéfice supérieur à celui prévisible.

Cette promesse d'octroi de crédit est source de polémique du point de vue shariatique, en raison de la nature de la relation entre la partie gestionnaire et les porteurs de titres, qui est une relation d'échange (Muawada) et non de dons (Tabaro'a). A noter que l'association du crédit et la Muawada (échange) dans une même opération est rejetée selon les préceptes de la Shariah.

Par conséquent, les avis relatifs à l'engagement de la partie gestionnaire, en cas de non-réalisation du profit prévisible, à l'octroi d'un crédit aux détenteurs de Sukuk se sont scindés en deux courants, ayant des interprétations différentes :

- **1er courant :** Rejet catégorique de l'engagement de l'octroi d'un crédit ou de l'offre à titre de donation en cas d'insuffisance de profits distribuables

Selon la décision du Conseil Islamique de Jurisprudence N°178(4/19), il a été stipulé qu'« Il n'est pas valide du point de vue shariatique, l'engagement du directeur des Sukuk de prêter aux détenteurs de titres ou de leur offrir à titre de donation, au cas où le profit effectivement réalisé est inférieur à celui prévisible. Toutefois, il est à signaler, qu'après l'apparition des résultats de l'investissement, le directeur des Sukuk peut offrir à titre de donation ou de crédit, le reliquat pour que la part distribuée soit égale au profit préalablement déterminé. A rappeler que, si cette pratique devient coutume, elle sera assimilable à un engagement ».

- **2ème courant :** Invalidité de l'engagement de l'octroi d'un prêt, s'il est consenti par le directeur des Sukuk d'investissement

L'engagement du directeur des Sukuk – en sa qualité de Mudarib, d'associé ou de Waqil – à octroyer un crédit aux porteurs de Sukuk est illicite, lorsque le rendement distribuable, réellement généré par les actifs sous-jacents aux Sukuk est inférieur au rendement prévisible. Cette transaction est prohibée, car, il s'agit d'une réunion de la Moawada (Echange) avec le crédit. Selon l'AAOFI, « Le directeur des Sukuk, qu'il soit Mudarib, associé ou waqil par investissement, ne peut s'engager à octroyer aux porteurs de Sukuk un crédit, au cas où le bénéfice réellement réalisé est en deçà du bénéfice prévisible ». Mais pour le cas du directeur de Sukuk des contrats de financement (Sukuk d'actifs tangibles ou droits d'usufruits), il est toléré qu'il s'engage à prêter aux porteurs de Sukuk, en cas de diminution des rendements des actifs sous-jacents, du fait qu'il est considéré comme étant une tierce partie, à condition que son engagement soit indépendant et non prévu dans le cadre des contrats de financement.

- **La création et la tenue d'un compte de réserves des rendements pour la couverture des éventuelles pertes**

Il s'agit du prélèvement du surplus excédant le montant correspondant au taux de profit espéré (qui représente le montant prévisible des distributions périodiques), préalablement déterminé au début de l'opération d'émission des Sukuk. Les sommes sont prélevées du bénéfice global, réalisé avant le prélèvement de la contrepartie de gestion, du fait que les bénéficiaires des profits distribuables soient à la fois les détenteurs des titres et le directeur des Sukuk. La constitution d'un compte de réserves du rendement des Sukuk, pour la couverture des futures pertes potentielles sur le rendement prévisible est envisageable, sans qu'elle ne soit imposée par l'organe de gestion[294].

Selon la décision du Conseil Islamique de Jurisprudence N°30(3/4), « Il n'y a pas de vice shariatique de stipuler dans le prospectus d'émission, la déduction d'une somme déterminée à la fin de chaque période. Les montants déduits peuvent être prélevés de la part du profit des détenteurs des Sukuk, dans le cas d'évaluation périodique lors de la clôture des comptes, ou de leurs parts dans le revenu ou encore du rendement distribué à titre d'avances. Lesdits prélèvements sont déposés dans un compte de réserves spécial, afin de se prémunir des risques de perte de capital ».

- **Garantie des distributions périodiques de rendements à travers une assurance islamique « Takaful »**

Selon l'AAOIFI, « Il est licite que l'émetteur ou les détenteurs des Sukuk prévoient une méthode valide sharitiquement, pour la couverture des risques ou afin d'atténuer les effets négatifs des fluctuations des rendements distribués, et ce, à travers la constitution d'un fonds d'assurance islamique, alimenté à partir des contributions des porteurs de Sukuk. Ceci peut également se réaliser par la participation dans une assurance islamique « Takaful », à travers le versement périodique de sommes prélevées sur la part des rendements ou octroyées à titre de dons par les détenteurs de Sukuk. Aucune disposition shariatique n'interdit la déduction d'un pourcentage précis du rendement »[295].

---

294 د. عبد الستار أبو غدة، المخاطر في الصكوك الإسلامية وموقف الشريعة من ضما□ها،□دوة الصكوك الإسلامية عرض وتقويم المنعقدة في رحاب جامعة الملك عبد العزيز بجدة 24 و25 ماي 2010، ص 6

295 د. فهد بن بادي المرشدي، الصكوك أحكامها وضوابطها وإشكالاتها دراسة شرعية□قدية، دار كنوز اشبيليا للنشر والتوزيع، الطبعة الأولى، 2014، ص 102

II. Risques généraux relatifs aux Sukuk

1. Définition du risque des Sukuk

Un risque est un événement aléatoire qui engendre une perte et/ou qui met en danger des objectifs jugés prioritaires. Le risque est la conséquence de la combinaison d'un aléa et d'une série d'enjeu[296]. Dans ce cadre, la notion du risque est rattachée à des objectifs qui doivent être réalistes[297].

Les investissements et les placements sont caractérisés par le risque ou par l'incertitude[298]. La distinction entre le risque et l'incertitude est importante. La différence principale entre ces deux notions est que le risque est mesurable alors que l'incertitude ne l'est pas[299]. Les probabilités de réalisation des différents résultats envisageables, relatifs à un investissement risqué sont connues. Tandis qu'il n'est pas possible de les définir dans le cas d'incertitude[300].

Plusieurs approches du concept du risque existent en économie islamique. Parfois, l'existence du risque constitue un vice shariatique rendant illicite l'opération financière. Tandis que dans d'autres cas, c'est l'absence du risque qui constitue l'élément rendant la transaction non conforme aux préceptes de la Shariah[301].

Le concept de risque chez les fuqahas s'oriente dans la plupart des définitions vers les vices relatifs à la nature du contrat sous-jacent à la transaction, tels que le Gharar, le Mayssir et le Quimar. Car, la nature même du contrat, contient l'exposition de l'un des contractants à une perte. Alors que pour les financiers, le concept de risque est relatif aux circonstances et évènements ultérieurs au dénouement du contrat et qui entravent l'une des parties au contrat à honorer ses engagements envers l'autre. Lesdits évènements peuvent n'avoir aucune relation avec les caractéristiques du contrat, car, en dépit de la conformité de la nature du contrat aux préceptes de la Shariah, la survenance d'évènements sources de risques dans son acception financière peut avoir naissance[302].

---

296 Richard Mekouar, Risques et assurance de la PME, Editions Dunod, 2006, p23

297 Pierre Caron, Investir et gérer le risque : Comment y parvenir ?, Presses de l'Université du Québec, 2014, p 13

298 Faouzi Rassi, Evaluation relation risque-rendement et produits dérivés, Presses de l'Université du Québec, 2003, p 28

299 Olivier Hassid, Le management des risques et des crises, Editions Dunod, 2011, p 66

300 Faouzi Rassi, Evaluation relation risque-rendement et produits dérivés, Presses de l'Université du Québec, 2003, p 29

301 د. عبد الكريم أحمد قندوز، مراجعة لنظرية المخاطرة في الإقتصاد الإسلامي ودورها فى إبتكار وتطوير منتجات إدارة المخاطر بالصناعة المالية الإسلامية، ملتقى الخرطوم للمنتجات المالية الاسلامية تحت عنوان: التحوط وإدارة المخاطر في المؤسسات المالية الإسلامية، النسخة الرابعة 5 و6 ابريل 2012، ص 10

302 د. موسى آدم عيسى، مخاطر عقد السلم وكيفية معالجتها، ملتقى الخرطوم للصناعة المالية (النسخة السادسة) تحت عنوان: السلم وتطبيقاته المعاصرة ،2014، ص 5

L'investissement en Sukuk consiste en l'échange d'un avantage immédiat et certain contre un avantage futur incertain. La définition du risque relatif aux Sukuk s'articule autour de deux piliers distincts mais complémentaires. D'un côté, il s'agit du risque relatif au contrat financier islamique régissant l'opération d'émission de Sukuk. En effet, en cas de survenance ou de détection d'un vice shariatique, cela peut conduire à un défaut de l'émission, ce qui engendrerait des pertes colossales, aussi bien pour les émetteurs que pour les détenteurs de Sukuk. D'un autre côté, le risque est relatif à tout événement pouvant altérer l'investissement, quelle que soit sa nature, et qui constitue une source de décalage entre les attentes des investisseurs en termes de performances et les résultats réellement réalisés.

2. Types des risques relatifs aux Sukuk

Comme tout actif financier, les Sukuk ne sont pas exemptes de risques. Ils sont exposés à un certain nombre de risques établis comme suit :

2.1. Le risque de marché

Le risque de marché se définit comme le risque des instruments échangés sur un marché. Deux catégories de risques de marché sont identifiées. Il s'agit des risques généraux (systémiques) et des risques spécifiques à l'institution.

Le risque de marché correspond aux risques auxquels sont exposés les rendements des investissements, en cas de conjoncture défavorable survenue indépendamment des caractéristiques inhérentes à l'investissement. Il est la conséquence d'évènements politiques, économiques et sociaux[303]. Il incorpore le risque du taux d'intérêt, le risque du taux de change, le risque d'inflation et le risque relatif aux actifs réels.

- **Le risque du taux d'intérêt**

Les Sukuk sont exposés au risque du taux d'intérêt, parce qu'ils sont généralement émis et négociés dans des pays qui ont un système financier dual, caractérisé par la coexistence des deux systèmes financiers islamique et conventionnel. Cette coexistence suppose que les variations et les modifications du régime des taux d'intérêt affectent invariablement les prix des Sukuk. A l'instar des obligations, il existe une corrélation négative entre le prix des Sukuk et les taux d'intérêt, ce qui impacte le rendement de l'investissement. Ainsi, on constate que le risque est plus bas pour les Sukuk à taux de rendement variable, alors qu'il est plus élevé pour les Sukuk à taux fixe[304].

Les Sukuk à taux de rendement fixe sont exposés de la même manière que les obligations conventionnelles à taux fixe au risque du taux d'intérêt. La variation à la hausse du taux d'intérêt sur le marché, entraîne une baisse de la

[303] Lawrence J. Gitman, Michael Joehnk, Gérard Desmuliers, Frédéric Herbin, Octave Jokung-Nguéna, Georges Langlois, Investissement et marchés financiers, Editions Pearson, 9ème édition, 2005, p 131

[304]Obiyathulla Ismath Bacha & Abbas Mirakhor, Islamic Capital Markets –A comparative approach, John Wiley & Sons, 2013, p 188

valeur des Sukuk à taux de rendement fixe. Tous les actifs à rendement fixe provenant soit d'Ijara, d'istisnaa, de Salam ou de tout autre mode de financement islamique pouvant avoir une forme de rendement fixe, peuvent être confrontés à ce type de risque.

Supposons qu'un investisseur ait acheté le 02 janvier des Sukuk à maturité de 5 ans, à un taux de rendement fixe annuel de 5%. Le 10 Janvier, le taux d'intérêt sur le marché augmente à 10%. Même si les taux d'intérêt sur le marché ont changé (Augmentation), le détenteur des Sukuk va recevoir des paiements de coupons à 5%. Par conséquent, l'actif génère un rendement inférieur à celui des taux offerts sur le marché (Il s'agit d'un manque à gagner : pas de réalisation de plus-value). Cela implique également un risque de réinvestissement (Risque de réinvestissement des coupons) et un coût d'opportunité pour investir à de nouveaux taux, notamment lorsque l'actif n'est pas liquide, comme c'est le cas des Sukuk non négociables[305].

Les Sukuk indexés à un taux de référence comme le LIBOR sont directement concernés par le risque du taux d'intérêt. L'émetteur peut se trouver en difficulté si les taux du marché augmentent et que les actifs sous-jacents aux Sukuk n'ont pas généré autant de profits que ceux prévisibles. Le reliquat est financé à partir du passif du bilan, via les provisions constituées pour faire face aux fluctuations du marché[306].

La maturité des Sukuk joue également un rôle très important dans l'intensification de l'impact du risque de taux d'intérêt. Supposons que les Sukuk soient émis pour une maturité de 10 ans au lieu de 2 ans. L'investisseur devra faire face au risque de réinvestissement pendant 10 ans. En effet, les prix des Sukuk à long terme sont plus volatiles par rapport au taux d'intérêt comparativement aux Sukuk à maturités courtes. Les fluctuations défavorables des taux du marché ont également un impact négatif sur la solvabilité des émissions et entraînent par conséquent, une augmentation du risque de crédit[307].

- **Le risque du taux de change**

Le risque de change survient lorsque l'émission de Sukuk est libellée en une devise, alors que l'investissement est réalisé en une devise différente[308]. Ce sont les Sukuk libellés en monnaie étrangère qui subissent ce type de risque. Les variations de la valeur de la monnaie étrangère par rapport à la monnaie nationale entraînent la variation du rendement prévisible attendu. Par exemple, si la monnaie étrangère se déprécie par rapport à la monnaie nationale, les rendements des Sukuk subiront une régression. A l'inverse, une appréciation de la monnaie étrangère serait favorable, car les détenteurs de

[305] Noureddine Krichene, Islamic Capital Markets: Theory and practice, John Wiley & Sons, 2013, p 664

[306] Ibid.

[307] Ibid.

[308] د. أشرف دوابة، الصكوك الإسلامية بين النظرية والتطبيق، دار السلام للطباعة، الطبعة الأولى، 2009، ص 119

Sukuk vont réaliser et recevoir un gain de change en sus des rendements des Sukuk[309].

Le risque de change résulte des fluctuations défavorables des taux de change, ce qui impacte négativement la position de change. En cas de divergence entre l'unité de devise dans laquelle les actifs sous-jacents aux Sukuk sont libellés et la devise de dénomination des fonds collectés de la souscription en Sukuk, les détenteurs de Sukuk sont exposés au risque de change. Le défi majeur des émetteurs de Sukuk souverains et corporate est de pouvoir concevoir et mettre en place des outils et des stratégies de gestion des risques de change efficaces, tout en restant conformes aux principes de la Shariah[310].

Une formule de couverture contre les risques de change des Sukuk a été proposée et utilisée par le gouvernement chinois. Il s'agit d'une méthode simple ayant pour but d'éliminer le risque de change, par la division du montant de l'émission des Sukuk en deux ou plusieurs tranches. Supposons une émission d'un milliard de Dollars. La première tranche de 400 millions de dollars sera libellée en dollars américains et la deuxième partie de 600 millions de dollars sera libellée en Euros. En effet, les émissions de Sukuk, peuvent être conçues sur la base de ce principe simple, comme elles peuvent porter sur plusieurs devises au lieu de créer une créance conditionnelle sur le bilan de l'émetteur en termes de garanties[311].

- **Le risque d'inflation**

Chaque type d'instrument de placement a une réaction spécifique aux fluctuations du taux d'inflation. L'inflation favorise certains types de placements comme l'immobilier, alors qu'elle pénalise d'autres, tels que les placements en titres à taux fixe[312]. Le risque d'inflation affecte directement le rendement des Sukuk, du fait qu'ils constituent des titres financiers islamiques, dont les actifs sous-jacents peuvent être composés de monnaie, dettes, actifs tangibles et usufruits[313]. Par ailleurs, plus la maturité des Sukuk est longue et le taux d'inflation élevé, plus le risque d'inflation augmente. Lorsqu'une émission est libellée en une monnaie caractérisée par un taux d'inflation élevé, la prime de risque d'inflation sera également élevée[314]. Ce qui nous conduit à déduire que la nature des actifs sous-jacents aux Sukuk, le

---

309 Obiyathulla Ismath Bacha & Abbas Mirakhor, Islamic Capital Markets –A comparative approach, John Wiley & Sons, 2013, p 188

310 Noureddine Krichene, Islamic Capital Markets: Theory and practice, John Wiley & Sons, 2013, p 664- 665

311 Ahmed Khalil, Sukuk: Définition, structure and accounting issues, MPRA, 2011, p 8

312 Lawrence J. Gitman, Michael Joehnk, Gérard Desmuliers, Frédéric Herbin, Octave Jokung-Nguéna, Georges Langlois, Investissement et marchés financiers, Editions Pearson, 9ème édition, 2005, p 110

313 د. أشرف دوابة، الصكوك الإسلامية بين النظرية والتطبيق، دار السلام للطباعة، الطبعة الأولى، 2009، ص 120

314 Obiyathulla Ismath Bacha & Abbas Mirakhor, Islamic Capital Markets –A comparative approach, John Wiley & Sons, 2013, p 188

type du coupon, la devise d'émission, ainsi que la maturité constituent les principaux déterminants du degré de sensibilité des Sukuk au risque d'inflation.

- **Le risque de marché relatif aux actifs réels**

Ces risques sont relatifs à la nature des Sukuk, en tant que titres financiers islamiques, qui représentent une part indivise dans la propriété d'un pool d'actifs. Puisque les actifs réels tels que les marchandises et services sont vendus sur le marché, leurs valeurs sont par conséquent, exposées aux fluctuations de l'offre et de la demande, aux politiques économiques gouvernementales et aux autres facteurs de marché[315].

2.2. Le risque de liquidité

Le risque de liquidité est la conséquence de la survenance et de l'influence négative d'événements non désirables, conduisant à une variation défavorable des flux de trésorerie générés, suite à l'exposition aux risques de crédit et aux risques opérationnels[316]. Dans ce cadre, le risque de liquidité fait référence au risque découlant de la faible commercialisation d'un actif. Ce risque est présent, d'une part, en cas de difficulté de liquidation rapide des actifs, et d'autre part, lorsque l'actif est non liquidable puisque ses prix tendent à être plus volatiles[317].

Le risque de liquidité correspond à l'éventuelle difficulté de rendre liquide un instrument financier ou à ne pas pouvoir le liquider à un prix raisonnable et intéressant[318]. Ce risque est présent lorsque les titres ne sont pas traités sur un marché organisé ou bien lorsqu'ils sont négociés sur un marché non dynamique ou inactif, suite au faible volume des transactions[319].

Il ressort de ce qui précède, que le risque de liquidité relatif aux Sukuk en tant que titres financiers islamiques, peut être traité selon deux angles d'analyses. Au niveau de l'émetteur et au niveau des détenteurs de Sukuk :

- **Risque de liquidité au niveau de l'émetteur :**

Le risque de liquidité survient lorsque l'émetteur des Sukuk se trouve incapable d'honorer ses engagements à leurs échéances, à cause d'une insuffisance de liquidité occasionnée par la baisse inopinée et imprévue des cash-flows générés par l'activité d'investissement. L'émetteur peut être confronté à cette situation, lors des moments d'exigence de paiement de montants pour faire face à des besoins opérationnels, aux moments des

---

315 د. أشرف دوابة، الصكوك الإسلامية بين النظرية والتطبيق، دار السلام للطباعة، الطبعة الأولى، 2009، ص 118

316 Ioannis Akkizidis & Sunil Kumar Khandelwal, Financial Risk Management For Islamic Banking And Finance, Palgrave Micmillan, 2008, p 39

317 Obiyathulla Ismath Bacha & Abbas Mirakhor, Islamic Capital Markets –A comparative approach, John Wiley & Sons, 2013, p 187-188

318 Lawrence J. Gitman, Michael Joehnk, Gérard Desmuliers, Frédéric Herbin, Octave Jokung-Nguéna, Georges Langlois, Investissement et marchés financiers, Editions Pearson, 9ème édition, 2005, p 130

319 Robert Cobbaut, Roland Gillet, Georges Hubner, La gestion de portefeuille, instruments, stratégie et performance, Editions de Boeck, 2ème édition,2015, p 255

distributions périodiques de rendements aux porteurs des Sukuk ou encore à l'échéance, à cause de l'indisponibilité de liquidités suffisantes pour le paiement du surplus de la valeur des Sukuk. L'insuffisance et le manque de liquidités chez l'émetteur- en cas d'accentuation majeure - peuvent conduire à l'échec de l'émission[320]. Le risque de liquidité pour les Sukuk souverains est minime, du fait que l'émetteur est l'Etat.

Deux sources peuvent constituer l'origine du risque de liquidité chez l'émetteur des Sukuk. Il s'agit, d'une part, du risque de crédit et de contrepartie et d'autre part, du risque relatif aux actifs sous-jacents aux Sukuk, générateurs de profits. Les sources de risque de liquidité des Sukuk au niveau de l'émetteur peuvent être détaillées comme suit [321]:

- **Le retard de paiement :** Pour ce qui est du risque de crédit, l'émetteur peut être en situation d'insuffisance de liquidité, ce qui génère un retard de paiement de ses engagements financiers envers les porteurs de Sukuk. Cette situation peut affecter négativement l'image de l'émetteur et atténuer en conséquence, la confiance des investisseurs participant au financement de l'opération.
- **L'incapacité de paiement :** L'émetteur peut se trouver en situation d'incapacité d'honorer ses engagements, en raison de difficultés financières ou en cas de faillite. Pour pallier cette situation, les agences de notation jouent un rôle important dans la prévention de ce type de risque, en attribuant à l'émetteur une note qui reflète le niveau de sa solvabilité. Cette notation constitue une source de confiance pour les investisseurs.
- **Le risque relatif aux actifs tangibles :** C'est l'incapacité probable des actifs sous-jacents aux Sukuk de générer des cash-flows suffisants et nécessaires à la distribution des rendements prévisibles, convenus dans le cadre du prospectus d'émission. Cette incapacité a une influence négative sur la confiance des investisseurs en Sukuk. Ce risque peut être bien géré à travers la réalisation d'une étude de faisabilité, fiable et pertinente du projet d'investissement financé, comportant une bonne estimation des cash-flows futurs que peuvent réellement générer les actifs sous-jacents.

- **Risque de liquidité au niveau des détenteurs de Sukuk :**

Les investisseurs, porteurs de Sukuk sont les principaux concernés par la liquidité de leurs investissements. Ils réalisent des placements de leurs fonds et s'attendent à la réception de rendements. Ils ont également pour objectif de

---

320 د/ سليمان اصر، أ/ ربيعة بن زيد، إدارة مخاطر الصكوك الإسلامية الحكومية، دراسة تطبيقية على الصكوك الحكومية السودا ية، بحث مقدم إلى المؤتمر الدولي الخامس حول الصيرفة الإسلامية والتمويل الإسلامي، تحت عنوان:"إدارة المخاطر؛ التنظيم والإشراف"، 2012، ص 9. عادل بن عبدالرحمن بن أحمد بوقري، مخاطر صيغ التمويل التجارية الإسلامية في البنوك السعودية، رسالة مقدمة لنيل درجة الدكتوراه في الاقتصاد الإسلامي، جامعة أم القرى،المملكة العربية السعودية،2005،ص 126

321 د. صفية ابو بكر، الصكوك الإسلامية، بحث مقدم إلى "مؤتمر المصارف الإسلامية بين الواقع والمأمول"، من 31 مايو إلى 3 يو يو2009، ص 19-20

pouvoir accéder facilement à la liquidité, à travers la vente des Sukuk en leur possession en cas de besoin. Or, en cas d'absence d'un marché secondaire bien structuré et suffisamment liquide, les Sukuk seront exposés au risque de liquidité. A souligner que la cotation des Sukuk dans les bourses n'est pas suffisante à elle seule pour pouvoir améliorer leur liquidité. Les Sukuk sont généralement des titres à moyen et long terme et leur succès est tributaire de leur capacité d'évolution et de développement, afin de devenir des outils de placement de fonds très liquides, disposant de mécanismes de gestion des risques adéquats. Aujourd'hui, la plupart des certificats ont tendance à être conservés jusqu'à maturité[322].

Le risque de liquidité du Sak n'est pas seulement la conséquence de la faible négociation des Sukuk sur le marché. Ce risque est rencontré également, en cas d'achat de certains types de Sukuk - qui de part le mode de financement sur lequel se base leur structuration ou bien en raison de la nature des actifs sous-jacents- ne peuvent être négociables du point de vue shariatique.

2.3. Le risque de crédit et de contrepartie

Le risque de crédit et de contrepartie fait référence à la probabilité qu'un actif ou un crédit devienne irrécouvrable, en raison d'un défaut ou d'un retard de règlement[323]. Les Sukuk, comme tous les titres financiers sont confrontés à ce risque. Néanmoins, le risque de crédit est spécifique et unique en finance islamique, en raison de la nature des Sukuk en tant qu'instruments financiers représentatifs d'un pool d'actifs générateurs de rendement[324].

En raison de l'existence d'une multitude de structurations de Sukuk basées sur des modes de financements islamiques, ayant des soubassements différents, on relève l'existence d'un risque de crédit spécifique à chaque type de Sukuk. Le risque de crédit relatif au retard, report ou défaut de paiement de la contrepartie concernent les Sukuk basés sur les contrats de participation aux bénéfices (Mudaraba et Musharaka), ceux fondés sur la vente et la location (Murabaha et Ijara), ainsi que les Sukuk qui ont pour objectif le financement du fonds de roulement (Salam, Istisnaâ et Mudaraba). Il est à préciser qu'à chaque étape de la durée de vie des Sukuk existe un risque de crédit qui lui est spécifique[325].

Le risque de crédit et de contrepartie survient en cas de renonciation à la réception de la marchandise achetée par le donneur d'ordre d'achat pour les Sukuk Murabaha, ou bien en cas de refus de la réception de l'actif construit dans le cas des Sukuk Istisnaâ. Pour les Sukuk Ijara, le risque de crédit survient

[322] Noureddine Krichene, Islamic Capital Markets: Theory and practice, John Wiley & Sons, 2013, p 663

[323] Ahmed Khalil, Sukuk: Définition, structure and accounting issues, MPRA, 2011, p 8

[324] Noureddine Krichene, Islamic Capital Markets: Theory and practice, John Wiley & Sons, 2013, p 665

[325] Ioannis Akkizidis & Sunil Kumar Khandelwal, Financial Risk Management For Islamic Banking And Finance, Palgrave Micmillan, 2008, p 39

en cas de retard ou de non-paiement des loyers. Le non-respect des engagements de livraison de la marchandise convenue, dans les délais et conformément aux caractéristiques préalablement décrites pour les Sukuk Salam, constitue également une source de ce type de risque[326].

III. Types de risques selon la structuration des Sukuk

1. Les Sukuk basés sur le principe de Partenariat/Participation et sur le leasing

1.1. Les risques relatifs aux Sukuk Mudaraba

Dans le cas de l'investissement Mudaraba, contrat en vertu duquel les détenteurs de Sukuk sont Arbab Al Mal et l'émetteur est le Mudarib, les porteurs de Sukuk sont exposés à un immense risque de crédit, relatif aux fonds avancés au Mudarib, afin de réaliser l'investissement. Ce risque trouve sa source dans le fait que la nature du contrat Mudaraba ne donne pas le droit aux apporteurs de fonds, qui sont les porteurs des Sukuk, de s'immiscer dans la gestion du projet financé, ce qui rend l'évaluation et la gestion du risque de crédit moins aisée[327].

S'agissant des risques relatifs aux compétences et capacités du Mudarib, nous trouvons essentiellement l'aléa moral, qui se matérialise par le non-respect et la violation des termes du contrat par le Mudarib. Ce dernier peut également fournir aux détenteurs de Sukuk des états de synthèses financiers falsifiés, qui ne reflètent pas la situation réelle de l'activité d'investissement, afin de cacher et de dissimuler les failles de sa mauvaise gestion[328]. Pour éviter ce type de risques, les porteurs des Sukuk doivent accorder une attention particulière et bien fondée au choix du Mudarib, ainsi qu'à la composition de la cellule d'audit interne[329].

L'absence de modalités de garanties relatives au mode de financement Mudaraba, autres que celles relatives à la violation par le Mudarib des termes du contrat, compte également parmi les risques auxquels sont exposés les porteurs de ce type de Sukuk. Même en cas d'existence de garanties pour les situations de non-respect des termes du contrat par le Mudarib, les critères de garanties, objet du contrat, sont souvent vagues et imprécis. L'inexistence de normes pointues et bien définies permettant de prouver et de justifier les actes

[326] د. أشرف دوابة، الصكوك الإسلامية بين النظرية والتطبيق، دار السلام للطباعة، الطبعة الأولى، 2009، ص 117-118

[327] Zamir Iqbal & Abbas Mirakhor, An introduction to islamic finance: Theory and practice, John Wiley & Sons, Second Edition, 2011, p 279-281

[328] د/ سليمان□اصر، أ/ ربيعة بن زيد، إدارة مخاطر الصكوك الإسلامية الحكومية، دراسة تطبيقية على الصكوك الحكومية السو□ية، بحث مقدم إلى المؤتمر الدولي الخامس حول الصيرفة الإسلامية والتمويل الإسلامي، تحت عنوان:"إدارة المخاطر؛ التنظيم والإشراف"، 2012، ص 10

[329] زياد الدماغ، مخاطر الصكوك الإسلامية و طرق معالجتها، International Conference on Islamic Banking and Finance (15-16 June 2010, p7

de violation des droits des détenteurs de titres, commis par le Mudarib, constitue également une source majeure de risques[330].

Afin de réduire les risques relatifs aux titres Mudaraba, les détenteurs de Sukuk peuvent opter pour la forme de Mudaraba restrictive, en vertu de laquelle, le Mudarib ne peut opérer que dans les domaines et les secteurs d'activités délimités et décrits dans le cadre des contrats. Bien que cette option augmente parfois les risques, du fait que les activités sont concentrées sur un seul domaine, en contrepartie, elle permet une bonne maîtrise et un suivi minutieux des investissements financés[331].

1.2. Les risques relatifs aux Sukuk Musharaka

Les Sukuk Musharaka, basés sur le principe de participation et de partage des pertes et profits, se caractérisent par un niveau de risque plus élevé, comparativement aux autres types de Sukuk basés sur le principe de marge.

Les investisseurs, détenteurs de Sukuk Musharaka, sont exposés principalement, entres autres, au risque de rendement, en raison de la non-réception en contrepartie de leur participation dans le financement du projet, d'un rendement fixe obligatoirement versé aux échéances périodiques. Car, en leur qualité d'associés, ils supportent les pertes et profits selon les dispositions du contrat Musharaka. De même, dans le cas de la Musharaka dégressive, les détenteurs de Sukuk vendent périodiquement, selon les termes du contrat, une partie de leurs parts dans l'investissement financé, qui est transférée à l'associé, au prix correspondant à sa valeur au moment de la transaction. De ce fait, les porteurs de titres sont exposés à un risque potentiel de perte, en cas de vente de leurs quotes-parts à un prix inférieur au prix d'acquisition[332].

Nous trouvons, également, parmi les risques auxquels sont confrontés les Sukuk Musharaka, la mauvaise gestion du projet, les mauvaises conditions de commercialisation des biens produits, la difficulté de la mise en place d'une procédure efficace de suivi et de réalisation de l'audit, etc.[333].

Les risques relatifs aux Sukuk Musharaka peuvent être synthétisés comme suit :

- **Les risques relatifs à l'associé (Risques moraux) :**

Les risques moraux comptent parmi les principaux risques afférents à la modalité de financement Musharaka. Cette catégorie de risques est exclusivement liée à l'associé, en cas de violation et de non-respect des termes

---

330 د/ سليمان□اصر ، أ/ ربيعة بن زيد، إدارة مخاطر الصكوك الإسلامية الحكومية، دراسة تطبيقية على الصكوك الحكومية السود□ية، بحث مقدم إلى المؤتمر الدولي الخامس حول الصيرفة الإسلامية والتمويل الإسلامي، تحت عنوان:"إدارة المخاطر؛ التنظيم والإشراف"، 2012، ص10-11

331 الصكوك الإسلامية، الجمهورية العربية السورية، وزارة المالية، وحدة إدارة الأوراق المالية الحكومية، ص 26

332 د/ سليمان□اصر ، أ/ ربيعة بن زيد، إدارة مخاطر الصكوك الإسلامية الحكومية، دراسة تطبيقية على الصكوك الحكومية السود□ية، بحث مقدم إلى المؤتمر الدولي الخامس حول الصيرفة الإسلامية والتمويل الإسلامي، تحت عنوان:"إدارة المخاطر؛ التنظيم والإشراف"، 2012، ص 28

333 زياد الدماغ، مخاطر الصكوك الإسلامية و طرق معالجتها، International Conference on Islamic Bankinhg and Finance (15-16 June 2010), p 7

du contrat, ou bien évidemment, en cas de mauvaise gestion de l'investissement en question. Ces risques sont d'importance capitale et sont difficiles à maitriser, car, l'associé n'est pas tenu de garantir le rendement distribuable périodiquement. Pour cela, ces risques doivent être impérativement pris en compte par les détenteurs de titres Musharaka. Pour que la Musharaka soit bien fondée sur des bases solides, l'associé est censé tenir et établir des comptes fiables et pertinents, qui reflètent la réalité des résultats dégagés de l'activité d'investissement financée par Musharaka. Parmi les outils de détournement et de manipulation utilisés par l'associé, nous trouvons, entre autres, l'évaluation des biens au début de l'opération, à une valeur supérieure à leur valeur réelle[334].

Par ailleurs, il y a lieu de souligner que le risque moral est souvent assorti d'un risque relatif à la difficulté de prouver les manquements ou abus de l'associé. En effet, le recours aux procédures judiciaires s'avère très long et coûteux. Pour atténuer ce risque, il serait judicieux que les co-contractants prévoient dans le contrat, une clause stipulant le recours à une institution d'arbitrage pour le règlement à l'amiable des conflits[335].

- **Le risque de crédit :**

Le risque de crédit est relatif à l'insolvabilité de l'associé. Il concerne le retard de paiement ou l'incapacité de l'associé à verser les paiements périodiques à leurs échéances. Ce risque apparait également lors de la liquidation ou à la fin de la Musharaka, en cas d'incapacité de remboursement de la valeur du capital et du profit réalisé[336].

Dans le but d'endiguer les effets pervers relatifs aux risques de crédit et de perte de capital, il est conseillé de prévoir les garanties nécessaires à la couverture des éventuels dégâts, en cas de survenance d'actes frauduleux de la part de l'associé. La constitution de réserves pour faire face aux risques d'investissement, à prélever sur les profits réalisés avant la répartition des rendements périodiques, constitue aussi une des options de gestion de ce type de risques[337].

Pour le cas de la Musharaka dégressive, les détenteurs de Sukuk sont exposés au risque de crédit, lié à la volonté et à la capacité du partenaire associé, de respecter son engagement de rachat, aux dates fixées dans le cadre des contrats préalablement établis. En outre, le capital investi est également soumis à un risque de dépréciation, en cas de diminution de la valeur des actifs sous-jacents aux Sukuk Musharaka[338].

334 د. حمزة عبد الكريم حماد، مخاطر الإستثمار في المصارف الإسلامية، دار الحامد للنشر والتوزيع، الطبعة الأولى، 2015، ص 71

335 د. حسين سعيد، مخاطر ومشكلات تطبيق صيغة المشاركة، بحوث□دوة البركة 37، 13 و14 يو□يو 2016، ص 335

336 Ibid.

337 Ibid., p 332-333

338 Amr Mohamed El Tiby, Islamic Banking- How To Manage Risk And Improve Profitability- John Wiley & Sons, 2011, p 57

- **Le risque de marché :**

Ce risque est la résultante des fluctuations des prix des actifs sous-jacents aux Sukuk Musharaka, de l'instabilité des marchés sur lesquels se vendent les biens produits, ou encore de l'instabilité des taux de change relatifs aux actifs et investissements réalisés en monnaies étrangères. Parmi les risques de marché corrélatifs à ce type de Sukuk, on relève également la difficulté de l'évaluation précise lors de la clôture périodique des comptes, des actifs sous-jacents aux Sukuk[339].

- **Les risques opérationnels :**

Il s'agit des risques afférents aux études de faisabilité économique des projets financés par les sommes collectées de la souscription en Sukuk Musharaka. Les risques opérationnels concernent également la non-maîtrise des politiques, procédures et aspects shariatiques nécessaires à l'application et à la réalisation du contrat Musharaka, appelés « Risques opérationnels shariatiques »[340]. Afin de réduire les risques opérationnels relatifs à l'option de financement Musharaka, il y a lieu de prendre en compte les mesures et les dispositions suivantes[341] :

- La bonne préparation et planification des projets financés par Sukuk Musharaka, car, la faiblesse des études de faisabilité est l'une des causes principales de l'échec des investissements financés par cette catégorie de Sukuk.
- Le bon choix de l'associé gestionnaire, qui doit disposer d'une expertise, d'une parfaite maîtrise du domaine d'investissement et d'une connaissance approfondie des différents types de risques auxquels est exposé le projet.
- Les détenteurs de Sukuk peuvent exiger que la part de l'associé dans le capital soit importante, afin de l'inciter à œuvrer activement à la sauvegarde des intérêts des apporteurs de fonds.

1.3. Les risques relatifs aux Sukuk Ijara

Les Sukuk Ijara présentent plusieurs avantages pour toutes les parties prenantes de l'opération de financement. D'une part, pour les porteurs de Sukuk, l'option de financement Ijara représente moins de risques comparativement aux options de financement basées sur les contrats Mudaraba et Musharaka, puisque le financeur est le propriétaire de l'actif loué d'un côté, et bénéficie d'un rendement stable ou quasi-fixe, facilement prévisible d'un autre côté. D'autre part, pour le locataire, l'option Ijara est une modalité de financement hors bilan. En effet, cette modalité constitue une source de financement complète, qui permet le financement total de l'actif loué, contrairement aux autres modes de financement, surtout le crédit

---

[339] د. حسين سعيد، مخاطر ومشكلات تطبيق صيغة المشاركة، بحوث□دوة البركة 37، 13 و14 يو□يو 2016، ص 334-335

[340] Ibid., p 334

[341] د. فضل عبدالكريم محمد، إدارة المخاطر في المصارف الإسلامية، 2008، ص27

conventionnel, qui nécessite généralement la contribution du demandeur au financement d'une partie de l'actif. De plus, l'option Ijara permet au locataire l'établissement d'une bonne planification et programmation de ses dépenses, en raison de sa connaissance préalable de ses engagements financiers. Enfin, l'option Ijara présente un bon outil de protection contre les risques d'inflation, surtout en cas d'Ijara à long terme et à redevances fixes[342].

Certes, les Sukuk Ijara présentent plusieurs avantages, mais cela ne signifie pas qu'ils sont exempts de risques. Les principaux risques qui affectent les Sukuk Ijara se présentent comme suit :

- **Le risque de crédit** :

Dans le cas des Sukuk Ijara, les détenteurs de titres sont exposés au risque de crédit, en cas d'incapacité du locataire à payer les redevances de crédit-bail aux échéances préalablement fixées. Le risque de crédit est couvert par la possession des actifs par les investisseurs financeurs à titre de garantie. Toutefois, pour certains cas dont les actifs sous-jacents aux Sukuk sont des biens meubles, il est parfois difficile pour les porteurs de titres, de récupérer l'actif financé[343].

- **Le risque de marché** :

Les porteurs de Sukuk Ijara sont exposés au risque de marché (risque de prix) en cas de défaillance ou de défaut du locataire, ou s'ils se trouvent contraints de céder les actifs ou de les relouer au prix du marché, qui pourrait être inférieur au prix ou au montant des redevances convenues. De même, le risque de marché survient lorsque le locataire, en cas d'Ijara avec option d'achat, décide de ne pas poursuivre l'exécution du contrat jusqu'à son terme ou lorsqu'il prend la décision de ne pas réaliser le rachat des actifs au terme du contrat[344].

- **Le risque du taux d'intérêt :**

Le montant de la redevance de leasing est généralement fixé au moment du dénouement du contrat. De ce fait, les porteurs de certificats de Sukuk Ijara recevront un loyer périodique fixe. Dans ce cas, lorsque les taux d'intérêt sur le marché augmentent, les porteurs de Sukuk recevront moins d'avantages par rapport aux taux d'intérêt sur le marché[345].

Pour les Sukuk Ijara à taux de rendement variables, pour lesquels les distributions périodiques sont indexées à un taux de référence, les porteurs de

---

342 د. منذر قحف، سندات الإجارة والأعيان المؤجرة، المعهد الإسلامي للبحوث والتدريب، 1990، ص 15-17

343 Amr Mohamed El Tiby, Islamic Banking- How To Manage Risk And Improve Profitability– John Wiley & Sons, 2011, p 53

344 Ibid.

345 Zeinab Rezaei, Sukuk: An Islamic Financial Instrument 2013, Academy of Business and Scientific Reseach, Volume 2, Issue 3, p 265

Sukuk sont en conséquence, exposés aux risques de fluctuations du taux de benchmark[346].

- **Risques opérationnels[347]:**

Quatre principales situations peuvent se produire et exposer les détenteurs des Sukuk Ijara aux risques opérationnels :

- Les porteurs de titres sont exposés au risque de perte des redevances de crédit-bail et au risque juridique, si l'actif est utilisé par le locataire dans des activités prohibées par la Shariah. Dans ce cas, le risque est lié à la difficulté de trouver un nouveau locataire en replacement de l'ancien.
- Les investisseurs sont exposés au risque juridique, en ce qui concerne la poursuite des procédures légales pour la reprise de l'actif loué. Lesdites procédures peuvent s'avérer longues et onéreuses, surtout lorsque le bénéficiaire dispose d'une protection en tant que locataire.
- Les détenteurs de Sukuk sont également exposés au risque, lorsque les actifs sont endommagés par le locataire et que ce dernier refuse de les réparer. Dans ce cas, ils seront appelés à prendre les mesures juridiques nécessaires pour récupérer l'actif tout en supportant le montant correspondant aux dommages.
- Si l'endommagement ou la destruction de l'actif ne sont pas causés par le locataire, les investisseurs financeurs de l'émission sont tenus de réparer ou de remplacer l'actif en question, pour que le locataire continue à verser les redevances durant la période restante de la durée du contrat. Ce risque peut être couvert et atténué par le recours à l'assurance.

2. Les Sukuk basés sur les contrats de vente

2.1. Les risques relatifs aux Sukuk Murabaha

La Murabaha, modalité financière islamique sur laquelle se base ce type de Sukuk, est une opération financière par laquelle, une partie - un intermédiaire financier - achète un actif, pour le compte d'une autre partie et le lui revend par la suite avec une marge bénéficiaire prédéterminée. Comparativement aux autres modes de financement islamiques, l'option Murabaha se présente comme une opération moins risquée que les autres modalités, telles que la

346 د/ سليمان□اصر ، أ/ ربيعة بن زيد، إدارة مخاطر الصكوك الإسلامية الحكومية، دراسة تطبيقية على الصكوك الحكومية السود□ية، بحث مقدم إلى المؤتمر الدولي الخامس حول الصيرفة الإسلامية والتمويل الإسلامي، تحت عنوان:"إدارة المخاطر؛ التنظيم والإشراف"، 2012، ص 11

347 Amr Mohamed El Tiby, Islamic Banking- How To Manage Risk And Improve Profitability– John Wiley & Sons, 2011, p 53-54

Mudaraba et la Musharaka[348]. Les principaux risques afférents aux Sukuk Murabaha se présentent comme suit :

- **Le risque de crédit :**

Dans le cadre de l'opération de financement par Sukuk Murabaha, l'actif est acheté au comptant et vendu par la suite à terme par Murabaha, ce qui engendre la probabilité de non-règlement des échéances à leurs dates d'exigence. Il s'agit du risque de contrepartie[349]. Par conséquent, les Sukuk Murabaha, en tant que titres financiers islamiques, sont exposés au risque de perte, en cas de défaillance ou d'incapacité de remboursement de l'émetteur[350].

Les détenteurs de ce type de sukuk sont exposés au risque de crédit, lorsque l'actif financé est déjà livré au donneur de l'ordre d'achat, alors qu'à l'arrivée de la date d'exigence de paiement, les porteurs de titres ne reçoivent aucun versement à l'échéance[351]. De même, pour le cas des Sukuk basés sur le contrat Murabaha en vertu duquel la partie ayant déclenché l'opération d'achat n'est pas contrainte ni obligée de recevoir l'actif en question, les détenteurs de Sukuk seront exposés également au risque de marché, ainsi qu'au risque de prix, en cas de refus de réception du produit livré par le donneur de l'ordre d'achat[352].

Après la livraison de l'actif sous-jacent aux Sukuk Murabaha, la relation entre le donneur d'ordre d'achat et les porteurs de Sukuk se transforme en une relation débiteur-créditeur. Cette relation engendre la probabilité de retard de l'émetteur ou de l'initiateur d'honorer ses engagements à leurs dates d'exigence contractuelle ou de leur abstention pure et simple au paiement, pour cause de difficultés financières. Il s'agit, en fait, des principaux risques d'investissement auxquels est exposée l'option Murabaha[353]. Dans ce cadre, les agences de notation jouent un rôle important en matière d'estimation de ces types de risques, en attribuant à chaque catégorie de titres une note, en fonction de la probabilité de défaut de l'émetteur[354].

---

348 د. محمد البلتاجي،□حو بناء□موذج محاسبي لتقويم وسائل الاستثمار في البنوك الإسلامية (المرابحة، المضاربة ، المشاركة)، الندوة الدولية (□حو ترشيد مسيرة البنوك الإسلامية) دولة الإمارات العربية المتحدة – دبي،3 إلى5 سبتمبر 2005، ص 10

349 د. محمد محمود مكاوي، الاحتياط ضد مخاطر التمويل المصرفي الاسلامي، دار الفكر و القا□ون، 2015، ص 174

350 Amr Mohamed El Tiby, Islamic Banking- How To Manage Risk And Improve Profitability– , John Wiley & Sons, 2011, p48

351 Zamir Iqbal & Abbas Mirakhor, An introduction to islamic finance : Theory and practice, John Wiley & Sons, Second Edition, 2011, p 279

352 Ibid.

353 د. حمزة عبد الكريم حماد، مخاطر الإستثمار في المصارف الإسلامية، دار الحامد للنشر والتوزيع، الطبعة الأولى، 2015، ص 82

354 Amr Mohamed El Tiby, Islamic Banking- How To Manage Risk And Improve Profitability- John Wiley & Sons, 2011, p 48

- **Le risque de marché :**

Lorsque le donneur d'ordre d'achat s'abstient de recevoir le bien livré, l'actif objet des Sukuk Murabaha serait vendu à une autre partie sur le marché, ce qui peut engendrer un risque de diminution de son prix[355].

Le risque de marché relatif au type de Sukuk Murabaha survient aussi, lorsque l'émetteur annule l'achat et que les détenteurs de Sukuk seront contraints à la revente des actifs achetés. Dans ce cas, ils peuvent subir des pertes, si le prix de marché est inférieur au prix réel de l'actif. Bien plus, les détenteurs de Sukuk seront contraints de supporter, le cas échéant, des coûts supplémentaires et imprévus tels que les frais relatifs au stockage, à la logistique et à la commercialisation[356].

- **Les risques opérationnels** :

La nature des Sukuk Murabaha implique la nécessité de l'achat et de l'appropriation réelle de l'actif, avant sa revente aux porteurs de Sukuk qui en seront propriétaires. Cette contrainte soulève des complications juridiques et financières pour que l'opération de financement soit conforme à la Shariah. Lors de l'étape de rédaction des contrats, de la phase d'acquisition de l'actif et de sa transmission aux détenteurs de titres ou encore pendant toute la durée de vie des Sukuk jusqu'à leur maturité, il est nécessaire de s'assurer que les transactions correspondantes soient conformes aux préceptes de la Shariah et que les objectifs escomptés de l'opération de financement par Sukuk Murabaha ont été effectivement réalisés[357]. Cet état de chose conduit naturellement, à ce que parfois, le coût du financement islamique par Murabaha devienne plus élevé, comparativement aux autres modalités de financement conventionnelles, et ce, en raison des coûts et des charges supplémentaires engagés afin de se prémunir contre les risques encourus[358].

2.2. Les risques relatifs aux Sukuk Istisnaa

Contrairement au Salam, en vertu duquel le paiement doit être effectué intégralement par les investisseurs financeurs lors de l'exécution du contrat, l'Istisnaa est caractérisé par des modes de paiement souples, permettant l'échelonnement, sur la durée de vie des Sukuk, des règlements selon le consentement des co-contractants. Le recours à l'Istisnaa parallèle est également envisageable. Il s'agit d'engager une troisième partie pour fabriquer ou construire un type d'actif spécifique, qui correspond aux mêmes caractéristiques que celles de l'actif objet du contrat Istisnaa. L'option Istisnaa parallèle est considérée comme étant un outil de couverture du risque de prix du contrat Istisnaa. Il est à signaler que les deux contrats Istisnaa et Istisnaa

---

[355] د. محمد محمود مكاوي، الاحتياط ضد مخاطر التمويل المصرفي الاسلامي، دار الفكر و القانون، 2015، ص 176

[356] Amr Mohamed El Tiby, Islamic Banking- How To Manage Risk And Improve Profitability–, John Wiley & Sons, 2011, p 48

[357] Ibid., p 49

[358] Mohamed Ali Elgari, Credit Risk in Islamic Banking and Finance, Islamic Economics Studies, Vol.10, N°2, March 2003, p 9-10

parallèle ne sont ni inter-conditionnels ni interdépendants. D'un point de vue juridique, ce sont deux contrats distincts dont les risques ne peuvent être compensés[359]. Les principaux risques des Sukuk Istisnaa sont les suivants :

- **Risques généraux relatifs aux Sukuk Istisnaa[360] :**

En raison de la spécificité du contrat Istisnaa, sa mise en œuvre est exposée à une multitude de risques, en raison de la diversité des parties prenantes et de l'absence de l'actif objet du contrat lors de la contractualisation. Dans ce cadre, et étant donné que le contrat peut s'étaler sur une période relativement longue, cela pourrait pousser certaines parties à se désister ou à renoncer à certains engagements pris lors de la signature des contrats. Ce changement d'attitude pourrait être justifié par des circonstances ou la survenance d'évènements défavorables entourant l'exécution de l'investissement. Les principaux risques généraux relatifs au contrat Istisnaa peuvent être synthétisés comme suit :

- Les risques relatifs au constructeur-producteur (Sani'a) : Ces risques peuvent provenir du manque d'expertise et de professionnalisme du producteur-constructeur, ou de l'insuffisance ou de l'absence des capacités techniques et financières requises pour l'accomplissement de son travail.
- Les risques relatifs au demandeur de l'actif à construire ou à fabriquer (Mustasni'a) : il s'agit du manque de compétence et d'expertise dans la détermination et la description minutieuse des prescriptions techniques du produit à fabriquer. Chose qui peut conduire le constructeur à délivrer un bien en deçà des attentes du demandeur.
- Risques relatifs aux actifs produits ou construits (Masnou'a) : Lorsque l'actif produit ou construit nécessite certaines astuces et conditions spécifiques lors du processus de production ou de construction, de transport ou bien de stockage, des risques supplémentaires - autres que ceux supportés en cas de destruction par la partie responsable - peuvent surgir, en raison des fonctionnalités spécifiques et de la nature des biens produits (Cas des produits pharmaceutiques).
- Risques relatifs à la durée du contrat : Plus la durée du contrat est longue - durée de production ou de construction ou bien la durée de règlement - des risques supplémentaires surgissent. Ces risques sont relatifs aux éventuels changements des circonstances et de l'environnement économique, intervenus au cours de la période d'exécution du contrat.

---

[359] Amr Mohamed El Tiby, Islamic Banking- How To Manage Risk And Improve Profitability–, John Wiley & Sons, 2011, p 50-52

[360] د. محمد محمود مكاوي، الاحتياط ضد مخاطر التمويل المصرفي الاسلامي، دار الفكر والقانون، 2015، ص 244-246

- **Les risques de crédit et de contrepartie :**

Il s'agit des risques relatifs à la probabilité que l'émetteur n'honore pas ses engagements aux échéances convenues, ou ne procède pas au règlement dans le respect des clauses et conditions prédéterminées[361]. Les investisseurs détenteurs des Sukuk Istisnaa, sont exposés aux risques de crédit dans les trois situations suivantes[362] :

- Lorsque l'émetteur n'est pas en mesure d'honorer ses obligations de versements périodiques pendant que le projet est en phase de réalisation. Ce cas d'exposition au risque de crédit survient quand la capacité de remboursement dépend de la solvabilité intrinsèque à l'émetteur, ou lorsque les cash-flows proviennent d'une source autre que l'actif objet du contrat Istisnaa.
- Pour le contrat Istisnaa, dans le cadre duquel la capacité de remboursement de l'émetteur des versements périodiques, dépend totalement ou partiellement des revenus générés par les actifs sous-jacents aux Sukuk, les porteurs de titres sont exposés aux risques liés à la capacité des actifs à générer des revenus.
- Dans le cas d'Istisnaa parallèle, les détenteurs de Sukuk peuvent être exposés au risque de non-achèvement de la tranche du travail convenu. Dans ce cadre, les investisseurs financeurs sont tenus, selon les termes du contrat, de verser la valeur de la tranche échue, bien que les travaux correspondants à ladite tranche ne soient pas achevés par le sous-traitant.

- **Les risques de marché :**

Les détenteurs de Sukuk sont exposés aux risques de prix dans le cas d'Istisnaa et d'Istisnaa parallèle, en cas de défaut ou de non-respect des termes du contrat par le producteur-constructeur. Ils se trouvent ainsi contraints de chercher un autre acheteur. A souligner que dans la plupart de ces cas, les actifs sous-jacents aux Sukuk Istisnaa sont revendus à un prix inférieur à leur valeur réelle[363].

La non-livraison du vendeur dans le cadre du contrat Istisnaa parallèle de l'actif, selon les critères prédéterminés et dans les délais prescrits, ne dispense pas les investisseurs de leur engagement de livraison de l'actif objet du contrat Istisnaa. Ce qui les expose à d'éventuelles pertes, s'ils se trouvent contraints de se procurer de l'actif objet du contrat Istisnaa d'une autre source[364].

[361] د. محمد محمود مكاوي، الاحتياط ضد مخاطر التمويل المصرفي الاسلامي، دار الفكر والقا□ون، 2015، ص 247
[362] Amr Mohamed El Tiby, Islamic Banking- How To Manage Risk And Improve Profitability– John Wiley & Sons, 2011, p 51
[363] Ibid.
[364] د. محمد محمود مكاوي، الاحتياط ضد مخاطر التمويل المصرفي الاسلامي، دار الفكر والقا□ون، 2015، ص 248

- **Les risques opérationnels :**

Les contrats Istisnaa et Istisnaa parallèle sont des contrats à terme. De ce fait, les détenteurs des Sukuk basés sur ces modalités de financement sont exposés aux risques opérationnels suivants[365] :

- En cas de retard de livraison du sous-traitant dans le cas d'Istisnaa parallèle, les porteurs de titres ne seront pas en mesure de livrer dans les délais l'actif objet du contrat Istisnaa. De ce fait, ils peuvent se trouver dans l'obligation de payer des pénalités de retard.
- En cas de dépassement du budget initial préalablement convenu dans le cadre du contrat Istisnaa parallèle, les porteurs de Sukuk peuvent être tenus de supporter totalement ou partiellement le coût additionnel ou supplémentaire, à moins qu'il ne soit convenu autrement dans le cadre du contrat Istisnaa.
- Les investisseurs financeurs de l'opération d'émission de Sukuk peuvent être confrontés au risque de non-achèvement à temps du travail par le sous-traitant. Auquel cas, et compte tenu de la technicité de l'actif en cours de fabrication, les porteurs de titres seront obligés d'engager un processus de recherche d'un nouveau contractant, pour pouvoir continuer et achever le travail restant à accomplir. Ce processus prend généralement du temps et s'avère coûteux. Pour prévenir de tels cas, il serait judicieux que les investisseurs s'enquièrent et réalisent au préalable une étude approfondie sur les capacités du sous-traitant avec lequel le contrat d'Istisnaa parallèle sera noué.

2.3. Les risques relatifs aux Sukuk Salam

Le financement par le mode Salam est parmi les options de financement les plus exposés aux risques[366]. Les risques afférents à cette modalité de financement se présentent comme suit :

- **Les risques de crédit :**

Les porteurs de titres Salam sont exposés au risque de non-fourniture, de non-respect des délais de livraison, ainsi que de la non-conformité de la qualité des biens fournis aux caractéristiques contractuellement déterminées. De tels problèmes peuvent entrainer un retard ou un défaut de paiement et peuvent, par conséquent, exposer les porteurs de titres à des pertes financières en termes de rendements[367]. Dans ce cas, un problème de décalage entre le cahier des charges préalablement défini et la qualité exigée par le client émetteur peut survenir. Le risque de crédit peut même avoir comme source la perte de tout ou partie du capital investi, lorsque les détenteurs de Sukuk procèdent au

---

365 Amr Mohamed El Tiby, Islamic Banking- How To Manage Risk And Improve Profitability– John Wiley & Sons, 2011, p 52

366 د. فضل عبد الكريم محمد، إدارة المخاطر في المصارف الإسلامية، 2008، ص22

367 Zamir Iqbal & Abbas Mirakhor, An introduction to islamic finance: Theory and practice, John Wiley & Sons, Second Edition, 2011, p 279

paiement intégral du contrat et que le produit n'est pas encore livré. Les investisseurs peuvent se prémunir contre ce type de risque, par l'exigence du paiement d'une avance ou la présentation de garanties[368].

- **Les risques de marché**

Dans le cas des suluk Salam, les détenteurs de Sukuk sont exposés au risque de volatilité des prix des matières premières, durant la période séparant la date de livraison de la marchandise et sa date de vente sur le marché. Il s'agit pour ce cas, de la présence de risques similaires à ceux auxquels sont confrontés les modes de financement basés sur les contrats à terme. Afin de se prémunir contre ces types de risques, et d'assurer leur couverture, le recours à un contrat Salam parallèle peut être envisageable[369]. Les porteurs de titres Salam sont également confrontés au risque de marché, lorsque le fournisseur dans le cadre du contrat Salam est incapable de livrer le produit objet du contrat. Dans de telles situations, les investisseurs financeurs seront contraints d'acheter le produit en question du marché, afin d'honorer leurs engagements et exigences de livraison envers les tiers[370].

- **Les risques opérationnels :**

La nature des contrats Salam et Salam parallèle, en tant que contrats à terme sous-jacents aux Sukuk, exposent les porteurs de Sukuk aux trois principaux types de risques opérationnels suivants[371] :

- En cas de livraison anticipée de la marchandise objet du contrat Salam ou Salam parallèle, les porteurs de titres supporteront des coûts supplémentaires, tels que l'entreposage, l'assurance ou même les dommages, s'ils n'arrivent pas à vendre la marchandise immédiatement dès sa livraison. Ce risque survient lorsque les termes du contrat autorisent la livraison de la marchandise avant l'échéance convenue, tant qu'elle répond aux spécifications préalablement décrites.
- En cas de non-conformité des marchandises Salam aux spécifications prédéterminées, les porteurs de Sukuk peuvent soit les accepter au prix initialement convenu, soit différer le délai de leur livraison afin d'y apporter les modifications nécessaires, pour qu'elles soient conformes aux caractéristiques initialement décrites. En cas d'acceptation de la marchandise en son état de livraison, bien qu'elle ne soit pas conforme aux descriptions préalablement fixées, les investisseurs peuvent proposer au bénéficiaire l'acceptation des

---

[368] Amr Mohamed El Tiby, Islamic Banking- How To Manage Risk And Improve Profitability–, John Wiley & Sons, 2011, p49-50

[369] Zamir Iqbal & Abbas Mirakhor, An introduction to islamic finance : Theory and practice, John Wiley & Sons, Second Edition, 2011, p 282-283

[370] Amr Mohamed El Tiby, Islamic Banking- How To Manage Risk And Improve Profitability–, John Wiley & Sons, 2011, p50

[371] Ibid.

marchandises avec les nouvelles spécifications, au prix initialement convenu ou en lui consentant une réduction sur le prix de vente.

- En cas d'incapacité de livraison de la marchandise dans les délais fixés dans le cadre du contrat Salam parallèle, les détenteurs de Sukuk peuvent être exposés au risque juridique, si le bénéficiaire de la marchandise refuse le report de la date de livraison.

Les risques auxquels sont exposés les Sukuk varient selon le type de structuration. Les risques afférents aux Sukuk Murabaha basés sur la vente, diffèrent de ceux relatifs aux Sukuk Musharaka ou Mudaraba qui reposent sur le principe de partage des pertes et profits, ainsi que des autres catégories de Sukuk. De même, les risques des Sukuk dits composés, dont le montage est fondé sur deux ou plusieurs modes de financements islamiques, diffèrent de ceux dits simples, qui sont établis sur un seul contrat de financement. Autrement dit, les risques relatifs aux Sukuk diffèrent principalement, d'une part, selon la nature du contrat régissant la relation entre l'émetteur et les détenteurs de titres, et d'autre part, selon la nature des actifs sous-jacents, du fait que ces derniers peuvent prendre plusieurs formes (biens mobiliers, immobiliers, usufruits ou services). A préciser que les risques relatifs à la modalité de financement islamique, qui constitue la base du montage affectent directement les rendements des Sukuk.

Par ailleurs, les Sukuk se distinguent également par l'existence de types de rendements variés, qui peuvent convenir aux différentes catégories d'investisseurs, selon leurs aptitudes et leurs capacités à supporter les risques encourus. Le rendement prévisible relatif à certains types de Sukuk, tels que Sukuk Ijara et Murabaha peuvent être préalablement déterminés avec exactitude. A l'opposé, nous trouvons que pour les émissions de Sukuk basées sur le principe de partage des pertes et profits, tels que Sukuk Musharaka et Mudaraba, les investisseurs concernés reçoivent des rendements qui ne peuvent être fixés et connus au moment de la passation du contrat, car ces rendements dépendent de la performance et des résultats réellement dégagés des activités d'investissement. Dans ce cas, les investisseurs peuvent être exposés non seulement au risque de rendement, mais également au risque de perte de leur capital. Ceci étant, on peut conclure que le niveau des risques inhérents aux Sukuk fondés sur des modalités de financement participatives est plus élevé comparativement aux autres types de Sukuk. Pour cela, une attention particulière doit être accordée par les éventuels investisseurs, aux critères d'évaluation et de sélection des projets objets de souscription.

Section 2 : Méthodes et stratégies de gestion et de couverture des risques des Sukuk

L'une des principales caractéristiques des obligations est qu'elles constituent des titres financiers qui garantissent à leurs détenteurs le remboursement du capital en sus des intérêts y afférents. A l'opposé, les actions constituent quant à elles, des parts indivises dans une société qui peut réaliser des bénéfices ou subir des pertes, étant donné que le capital ne peut être garanti. Ainsi, on déduit que les actions constituent un investissement à risque élevé, comparativement aux obligations qui sont considérées généralement comme étant un investissement à risque bas.

S'agissant des Sukuk, ceux-ci constituent un outil financier qui combine à la fois certaines caractéristiques des actions et des obligations. Pour cela, les émetteurs de Sukuk sont souvent en quête de techniques visant à atténuer les risques qu'ils peuvent encourir, afin de pouvoir se rapprocher du niveau de protection offert aux investisseurs en titres financiers conventionnels. Dans ce cadre, des mécanismes de garanties, aussi bien des fonds versés par les investisseurs, que des rendements prévisibles propres au système conventionnel se sont vu appliquer d'une manière mimétique aux émissions de Sukuk. Sachant que la garantie du capital ou de la valeur nominale des Sukuk au profit des détenteurs des titres, constitue l'une des problématiques qui nécessite une analyse pointue dans l'objectif d'enlever toute ambiguïté l'entourant.

I. Propriété des sukuk et gestion de leurs risques juridiques

Selon la décision N°178(4/19) du Conseil Islamique de Jurisprudence, il a été stipulé que le cadre juridique organisant le montage et la structuration des Sukuk, constitue l'un des principaux éléments qui jouent un rôle déterminant dans la réussite et le succès des opérations d'émission. Ainsi, on peut affirmer que l'aboutissement de toute émission est tributaire de l'intérêt accordé par les autorités publiques, et en particulier les pouvoirs législatifs des pays concernés. Et ce, afin d'asseoir les fondements d'un environnement adéquat et d'un cadre juridique approprié, à travers l'adoption et la publication de textes et lois couvrant les différents aspects relatifs au processus d'émission des Sukuk. L'objectif de ce dispositif juridico-financier est d'aboutir à la réalisation d'une bonne adéquation entre l'efficacité économique et la crédibilité shariatique.

Cette recommandation du Conseil Islamique de jurisprudence démontre la reconnaissance des organes shariatiques du rôle catalyseur assigné au cadre juridique, dans la réalisation et le succès de l'opération d'émission de Sukuk. A souligner que cette importance trouve sa justification dans la nature particulière des Sukuk, en tant que titres financiers islamiques et ce, pour trois principales raisons [372]:

- Les Sukuk se distinguent par l'existence d'une multitude de relations entre initiateurs et détenteurs de Sukuk, formés d'un large public diversifié, participant au financement de l'investissement par les fonds collectés de la souscription. Pour conférer à l'opération de souscription une grande transparence et une clarté dans les engagements des uns et des autres, ces relations doivent être régies et précisées à travers la mention de clauses obligatoires sur les prospectus d'émission et leur approbation par les parties compétentes concernées.
- Les Sukuk et en particulier les Sukuk souverains, contiennent un aspect intimement lié à un volet très sensible, relatif au système spécifique et particulier afférent à la gestion des biens et propriétés de l'Etat. Il s'agit, en effet, des procédures spécifiques aux transactions juridiques sous-jacentes à l'opération du montage des Sukuk souverains, telles que la vente, la location, la mise en gage etc.,
- Contrairement aux obligations conventionnelles dont la partie émettrice reste toujours propriétaire des actifs, puisqu'il s'agit d'une opération d'endettement, les Sukuk sont caractérisés par le transfert de la propriété des actifs objets de Sukukisation de l'émetteur aux souscripteurs. Ce transfert est matérialisé par la sortie de ces actifs des comptes et états comptables et financiers de l'initiateur. Par ailleurs, et dans le but de préserver les intérêts des souscripteurs et de s'assurer du transfert des propriétés à leur profit, de nouveaux organes juridiques ont vu le jour avec des prérogatives spéciales, leur permettant la détention des droits de propriété à titre de conservation et de protection, dans l'attente de leur transfert final aux souscripteurs.

En effet, le transfert réel de la propriété des Sukuk est une condition fondamentale pour que l'opération de souscription soit valide shariatiquement. Dans la pratique, il existe énormément de difficultés qui rendent ce transfert légal fictif, voir même impossible. A titre d'exemple, le transfert de la propriété de façon légale nécessite parfois le respect de mesures fiscales strictes, donnant lieu au paiement de montants exorbitants avant le transfert de la propriété. Cet état de chose peut rendre les Sukuk moins compétitifs par rapport aux autres outils financiers et pousserait leur initiateur à rechercher d'autres solutions alternatives moins coûteuses, bien qu'elles soient souvent entachées de vices shariatiques.

---

372 د. عبد الستار الخويلدي، الجو□ب القا□و□ية المتعلقة بإصدار الصكوك، □ـــــدوة الصكوك الإسلامية بين الضوابط الشرعية والمقتضيات القا□و□ية والمحاسبية، تو□س 28 و29 مارس 2015، ص 2

1. Problématiques shariatiques relatives à l'aspect juridique de la propriété des Sukuk

1.1. La propriété des détenteurs de Sukuk selon la Shariah

Selon les directives de l'AAOIFI, les Sukuk sont des titres financiers islamiques représentatifs d'une part indivise dans la propriété. Ils doivent représenter la propriété des détenteurs des Sukuk des actifs sous-jacents, avec tous les droits et engagements qui en découlent du point de vue juridique et shariatique. Dans le même cadre, l'aspect relatif à la propriété a été abordé par la décision 30(3/4) du Conseil Islamique de Jurisprudence, qui stipule que le Sak représente la propriété d'une part indivise dans un projet, dont la réalisation et le financement constituent les éléments déclencheurs de l'émission des Sukuk. Cette propriété persiste tout au long de la durée de vie du projet, ce qui donne au propriétaire détenteur du Sak tous les droits dont dispose shariatiquement tout propriétaire, telles que la vente, la donation, l'hypothèque, ainsi que toutes autres transactions valides du point de vue islamique.

D'autre part, l'analyse des caractéristiques des émissions de Sukuk sur les marchés financiers révèle l'existence de plusieurs pratiques frauduleuses, affectant la propriété des détenteurs de Sukuk. Ainsi, certaines émissions de Sukuk contiennent un certain nombre de restrictions et conditions dont l'effet réel vide l'effectivité de la propriété des actifs sous-jacents aux Sukuk de sa substance. Ces restrictions et conditions font que la propriété présumée ne produit, en réalité, aucun effet shariatique ou juridique.

Ci-après, une présentation et une énumération de certaines conditions et restrictions mentionnées sur les contrats et prospectus d'émission de Sukuk :

- Les documents juridiques, les contrats, ainsi que le prospectus d'émission des Sukuk ne mentionnent pas expressément le transfert réel de la propriété des actifs sous-jacents aux propriétaires des Sukuk. Ce sont donc des titres qui donnent à leurs détenteurs un droit d'usage et de jouissance, sans qu'ils n'aient la pleine propriété des actifs sous-jacents. Ils leurs procurent ainsi, un droit en une part dans le rendement.

  Par ailleurs, on remarque aussi que le prospectus d'émission contient parfois, une clause stipulant que l'émetteur vend aux porteurs de Sukuk les droits et usufruits, sans transfert de la propriété des actifs. Cette transaction ne constitue pas pour les détenteurs de Sukuk une opération d'achat d'actifs sous-jacents, mais représente en réalité l'achat des rendements de ces actifs, ce qui est illicite du point de vue shariatique[373].
- Les actifs sous-jacents objets de Sukukisation sont des actifs dont l'appropriation par les détenteurs de Sukuk est interdite ou ne peut être

373 د. فهد بن بادي المرشدي، الصكوك أحكامها وضوابطها وإشكالاتها دراسة شرعية□قدية، دار كنوز اشبيليا للنشر والتوزيع، الطبعة الأولى، 2014، ص 82

réelle, conformément à une loi ou aux usages commerciaux, comme c'est le cas de certains actifs souverains[374]. Toutefois, il importe de signaler que dans certains systèmes juridiques et réglementaires, l'appropriation des actifs souverains peut être réalisée selon les règlements et les lois du pays lieu de Sukukisation[375].

- Dans le cadre de la vente des actifs aux détenteurs des Sukuk, l'initiateur procède délibérément à la surévaluation du prix de ces actifs par rapport à leur valeur de marché. Cette pratique rend difficile la réalisation des transactions sur lesdits actifs et contraint les propriétaires des Sukuk à ne les vendre qu'à leur émetteur[376].
- Les détenteurs des Sukuk sont parfois privés du droit de disposer des actifs sous-jacents. A ce titre, il est stipulé sur le prospectus que les détenteurs de Sukuk, ou leurs représentants ne peuvent, en aucun cas, disposer des actifs sous-jacents et procéder à leur vente ou à tous types d'opérations commerciales ou juridiques, que dans le strict respect des dispositions régissant l'engagement de rachat émanant de l'émetteur[377].
- Lorsqu'en cas de défaillance de l'émetteur, les détenteurs de Sukuk se trouvent sans droit de disposer des actifs sous-jacents aux Sukuk, il ne peut y avoir recours qu'à l'émetteur qui doit s'acquitter des sommes qui leur sont dues. Si l'émetteur confronte des difficultés pour honorer ses dettes, les porteurs de Sukuk sont ainsi tenus, soit d'attendre l'amélioration de la situation financière de l'émetteur pour recevoir leurs règlements, soit procéder au rééchelonnement des paiements non reçus de la part de l'émetteur[378].

1.2. Les problématiques juridiques relatives à la rédaction des documents juridiques et du prospectus d'émission des Sukuk

La compréhension et le discernement des différents aspects relatifs aux Sukuk et au processus de conception de leur structuration, permettent d'éviter et de combler les carences et les lacunes d'ordre juridique qui peuvent surgir au cours du processus du montage de l'opération. Cette compréhension aura également un effet positif sur le climat général entourant l'émission des Sukuk. Certes, à la différence des autres types de titres financiers, les Sukuk sont émis sur la base de modalités de financement islamiques, auxquelles les

---

374 حامد بن حسين ميرة، ملكية حملة الصكوك وضما□اتها، بحوث□دوة البركة 32، 10 و11 اغسطس 2011، جدة، ص 87

375 ورقة عرض الأبحاث المقدمة لنـــــــدوة الصكوك الإسلامية بين الضوابط الشرعية والمقتضيات القا□و□ية والمحاسبية، تو□س 28 و29 مارس 2015، ص 28

376 حامد بن حسين ميرة، ملكية حملة الصكوك وضما□اتها، بحوث□دوة البركة 32، 10 و11 اغسطس 2011، جدة، ص 87

377 د. فهد بن بادي المرشدي، الصكوك أحكامها وضوابطها وإشكالاتها دراسة شرعية□قدية، دار كنوز اشبيليا للنشر والتوزيع، الطبعة الأولى، 2014، ص 84

378 ورقة عرض الأبحاث المقدمة لنـــــــدوة الصكوك الإسلامية بين الضوابط الشرعية والمقتضيات القا□و□ية والمحاسبية، تو□س 28 و29 مارس 2015، ص 27

organes shariatiques accordent une importance primordiale pour se prononcer sur leur validité. En effet, les Sukuk constituent un produit nouveau, qui n'est pas assez assimilé par certaines juridictions, ce qui conduit parfois à leur assimilation aux crédits classiques garantis par l'émetteur. Ces confusions dans la distinction entre les outils financiers conventionnels et islamiques doit inciter les intervenants dans ce domaine à accorder une attention particulière à ce volet, notamment en matière de recherche d'expertises pour la conception et la rédaction des prospectus d'émission des Sukuk, et des contrats servant à la détermination et à l'affectation des résultats de la souscription[379].

Il va sans dire, que le prospectus d'émission des Sukuk est le document juridique fondamental, qui constitue le support de base régissant les relations entre les parties au contrat d'émission des Sukuk. La bonne rédaction et présentation de ce document par l'émetteur conduira, sans doute, à l'adhésion des investisseurs ciblés.

Selon la norme N°17 de l'AAOFI, le prospectus d'émission des Sukuk doit contenir les informations suivantes [380]:

- Les conditions de contractualisation et toutes les informations nécessaires afférentes aux parties participantes à l'opération d'émission, ainsi que les clauses déterminant avec clarté et précision leurs droits et engagements. Car, force est de constater que parmi les risques auxquels sont exposés les détenteurs de Sukuk, figure l'incompréhension de leurs droits et engagements envers la partie émettrice. Pour cela, un grand intérêt doit être accordé dans le cadre du prospectus d'émission, à la clarification de cet aspect, afin d'enlever toute ambiguïté pouvant être source de conflits ou de risques pouvant affecter la réussite de l'opération d'émission des Sukuk.
- La détermination du type du contrat islamique sur la base duquel seront émis les Sukuk.
- Le contrat sous-jacent aux Sukuk émis doit respecter l'ensemble des normes islamiques les régissant et ne doit contenir aucune condition frauduleuse.
- L'obligation du respect des règles et principes de la Shariah, ainsi que la composition d'un comité Shariah, qui supervise et veille sur la stricte application des principes islamiques, tout au long de la durée d'exécution du contrat.
- Mentionner que les fonds collectés de la souscription en Sukuk, ainsi que les actifs sous-jacents, doivent être utilisés selon des options d'investissement licites.

Par ailleurs, il importe de souligner que le détenteur du Sak est tenu de supporter toutes les charges engendrées par sa part de propriété dans les actifs

---

379 د. عبد الستار الخويلدي، الجوانب القانونية المتعلقة بإصدار الصكوك، نـــــدوة الصكوك الإسلامية بين الضوابط الشرعية والمقتضيات القانونية والمحاسبية، تونس 28 و29 مارس 2015، ص 10

380 Normes AAOIFI 2015

sous-jacents au Sukuk, que ces charges soient des dépenses d'investissement, des fluctuations à la baisse de la valeur du Sak, ou encore des dépenses relatives aux travaux d'entretien et de maintenance des actifs. Ceci est justifié par le fait que le porteur du Sak est responsable de l'entretien et de la maintenance des actifs, afin de garantir la pérennité de la génération de l'usufruit. Faute de quoi, il sera le premier à être affecté par la régression du rendement attendu. Cette diminution peut être la conséquence de la destruction ou de la dégradation des actifs sous-jacents, ou encore de l'échec pur et simple du projet financé par les fonds collectés de la souscription. Il est à préciser, en outre, que la relation entre le porteur du Sak et l'émetteur n'est pas une relation d'endettement et par conséquent, les détenteurs des Sukuk ne peuvent pas recourir à l'émetteur en cas de diminution de la valeur des Sukuk. Toutefois, ils peuvent avoir recours à l'émetteur en cas de constatation d'actes frauduleux, tels que le dol, l'escroquerie, ou l'inscription sur le prospectus d'émission - qui constitue le document essentiel sur la base duquel la décision de souscrire est prise – d'informations erronées ou non précises, ayant conduit à leur induction en erreur dans la prise de décision[381].

1.3. Aspects de la propriété relatifs aux Sukuk adossés aux actifs et ceux basés sur les actifs

L'Académie Internationale de Recherche en Finance Islamique (International Shariah Research Academy for Islamic Finance : ISRA) en Malaisie a mené une étude à partir d'une base de données sur les Sukuk, établie par l'IFSB. Selon les résultats de cette étude, il a été constaté que les Sukuk adossés aux actifs représentent un volume très faible par rapport à ceux basés sur les actifs[382].

En effet, depuis l'année 2009 et en raison de l'indisponibilité chez certains gouvernements, ainsi que chez bon nombre de sociétés, d'actifs éligibles susceptibles de faire l'objet de contrats Ijara, en plus de la réticence de la plupart des gouvernements à renoncer à certains de leurs actifs en les transférant à des investisseurs étrangers, un nouveau type de Sukuk hybride, qui combine à la fois les actifs et les dettes a commencé à émerger. Au début, la part des actifs dans les opérations de souscription était majoritaire, mais elle a commencé par la suite à diminuer d'une manière progressive, pour atteindre une part inférieure au tiers. Dans ce cadre, Rafia Hanif, a signalé que les Sukuk sont passés à un niveau moindre que les Sukuk asset-based et sont devenus similaires à ce qu'on peut appeler « Asset light-Sukuk »[383].

---

381 د. عبد الستار الخويلدي، الجو□ب القا□و□ية المتعلقة بإصدار الصكوك، □ـــــدوة الصكوك الإسلامية بين الضوابط الشرعية والمقتضيات القا□و□ية والمحاسبية، تو□س 28 و29 مارس 2015، ص 11

382 ورقة عرض الأبحاث المقدمة لنـــــدوة الصكوك الإسلامية بين الضوابط الشرعية والمقتضيات القا□و□ية والمحاسبية، تو□س 28 و29 مارس 2015، ص 20

383 د. سعيد محمد بوهراوة، الإشكالات الشرعية المتعلقة بإصدارات الصكوك، □ـــــدوة الصكوك الإسلامية بين الضوابط الشرعية والمقتضيات القا□و□ية والمحاسبية، تو□س 28 و29 مارس 2015، ص 7

Les Sukuk peuvent être subdivisés selon la nature de la relation entre l'émetteur et les détenteurs de Sukuk en deux principaux types[384] :

- Les Sukuk adossés aux actifs (Sukuk asset-backed) : Ce sont les Sukuk qui permettent aux investisseurs de bénéficier de l'appui et de la garantie des actifs, objets du contrat, et nécessitent le transfert de la propriété aux détenteurs de Sukuk. Cela signifie que les porteurs de titres disposent du droit de recours sur les actifs sous-jacents aux Sukuk et ont la possibilité de leur vente, en cas d'insolvabilité ou de défaillance de la partie émettrice.
- Les Sukuk basés sur les actifs (Sukuk asset-based) : Ce type de Sukuk est le plus répandu sur le marché. Les détenteurs de ce type de Sukuk ne peuvent pas avoir recours sur les actifs en cas de défaillance, du fait qu'ils ne sont pas légalement propriétaires des actifs sous-jacents. En cas de difficulté de paiement ou de défaillance, les porteurs de Sukuk ont le droit de poursuivre l'initiateur ou l'émetteur et ne peuvent en aucun cas avoir recours sur les actifs.

L'agence de notation Moody's dans son rapport relatif aux Sukuk, paru en 2006 et l'agence de notation Malaisienne RAM (Rating Agency Malaysia Berhad Holding) ont clairement distingué entre les Sukuk asset-based et les Sukuk asset-backed.

Dans leurs rapports, elles ont souligné que les Sukuk adossés aux actifs sont ceux qui permettent aux investisseurs de bénéficier de l'appui et de la garantie des actifs objets de titrisation. De ce fait, ils disposent de plus d'avantages comparativement aux simples créanciers, qui ne bénéficient d'aucune garantie. Ainsi, en cas de non-paiement ou de difficultés de règlement de l'émetteur, les détenteurs de Sukuk peuvent recourir aux actifs pour récupérer les sommes dues.

A l'opposé, pour les Sukuk basés sur les actifs, l'initiateur de l'opération s'engage au rachat des actifs sous-jacents aux Sukuk - à maturité ou à l'amiable avant la date d'échéance des titres - à une valeur convenue. Cette valeur est généralement égale à la valeur nominale du Sak. Dans de telles situations, la valeur de marché du Sak, objet de la promesse d'achat devient sans importance pour les porteurs de titres. Il s'ensuit que les détenteurs de Sukuk n'aient aucun droit d'utilisation des actifs sous-jacents, et s'en tiennent uniquement à la solvabilité de l'initiateur. Ainsi, les détenteurs de ce type de Sukuk ne disposent pas de privilèges par rapport aux autres créanciers ne disposant pas de garanties, bien qu'ils ne soient pas dans une position plus faible que ces derniers. Il en ressort que l'option de promesse et d'engagement de rachat, formulée par l'initiateur, met sur le même pied d'égalité les porteurs

---

384 د. فهد بن بادي المرشدي، الصكوك أحكامها وضوابطها وإشكالاتها دراسة شرعية□قدية، دار كنوز اشبيليا للنشر والتوزيع، الطبعة الأولى، 2014، ص 82-83

de Sukuk nEe disposant pas de garanties qu'ils soient du premier ou du deuxième rang[385].

D'après les études réalisées par l'agence RAM, l'IFSB et Moody's, le transfert de la propriété n'est pas réalisable dans le cas des Sukuk basés sur les actifs.

En effet, il ressort de l'analyse d'un ensemble de contrats, que même s'il est mentionné sur les prospectus d'émission des Sukuk et les contrats y afférents, que le détenteur du Sak est propriétaire de l'usufruit des actifs objets de Sukukisation, il n'en demeure pas moins qu'ils stipulent également sous le titre « Facteurs de risques » du prospectus d'émission, qu'il n'y aura pas de transfert réel de la propriété des Sukuk de l'initiateur ou de l'émetteur aux détenteurs des Sukuk. Il s'agit, en fait, d'un transfert fictif ou nominal de la propriété usufruitière et non de la propriété des actifs eux même[386].

Par ailleurs, il importe de souligner que les Sukuk basés sur les actifs, demeurent toujours inscrits sur les registres commerciaux de l'initiateur, et figurent aussi sur ses états comptables et financiers, ce qui signifie du point de vue juridique, la continuité de la propriété de l'initiateur desdits actifs. Ceci nous conduit à déduire que, du fait que la majorité des contrats de Sukuk basés sur les actifs contiennent une clause de non-transfert de la propriété de l'initiateur aux détenteurs des Sukuk[387], les porteurs de Sukuk ne disposent d'aucun privilège et sont classés légalement au même rang que les autres créanciers en cas de faillite de l'initiateur.

En résumé, les Sukuk adossés aux actifs imposent le transfert complet et effectif de la propriété juridique des actifs, objets du contrat, aux investisseurs porteurs de Sukuk, qui en deviennent propriétaires. Alors que les Sukuk basés sur les actifs reposent sur le transfert de la propriété usufruitière et utilitaire aux porteurs de titres, tout en leur donnant la possibilité en cas de défaillance, de faire recours à l'émetteur et non aux actifs sous-jacents aux Sukuk[388].

2. Les aspects relatifs à la propriété usufruitière ou utilitaire

Dans le cadre des mesures préventives contre les risques, et afin de s'assurer de la sortie des actifs sous-jacents aux Sukuk du patrimoine de l'émetteur, il est devenu d'usage dans la plupart des émissions des Sukuk, que le transfert de la propriété des actifs de l'émetteur s'effectue au profit d'un organisme de titrisation. La mission de ce dernier consiste à matérialiser la séparation des actifs sous-jacents aux Sukuk des risques auxquels est confrontée la partie émettrice. De cette façon, les porteurs de Sukuk s'assurent

---

385 ورقة عرض الأبحاث المقدمة لنـــــــدوة الصكوك الإسلامية بين الضوابط الشرعية والمقتضيات القا□ية والمحاسبية، تو□س 28 و29 مارس 2015، ص 21

386 د. سعيد محمد بوهراوة، الإشكالات الشرعية المتعلقة بإصدارات الصكوك، نـــــــدوة الصكوك الإسلامية بين الضوابط الشرعية والمقتضيات القانونية والمحاسبية، تونس 28 و29 مارس 2015، ص 8

387 Ibid.

388 ورقة عرض الأبحاث المقدمة لنـــــــدوة الصكوك الإسلامية بين الضوابط الشرعية والمقتضيات القا□ية والمحاسبية، تو□س 28 و29 مارس 2015، ص 21

de l'isolation des actifs sous-jacents aux Sukuk des autres actifs restant propriété de l'émetteur. Ce procédé contribue à la réduction des risques en cas de faillite ou de défaillance de l'émetteur.

Concernant les Sukuk basés sur les actifs, la fonction de séparation des actifs pour se prémunir contre le risque de faillite, ne peut être réalisée de façon saine et produire les effets désirés, du fait que seul le droit de l'usufruit des actifs est transféré à l'organisme de titrisation. Les actifs sous-jacents aux Sukuk, restent du point de vue juridique, propriété de la société émettrice et non des porteurs de Sukuk. Ainsi, en cas de défaillance de paiement, la SPV qui représente les détenteurs de Sukuk ne sera pas en mesure de vendre lesdits actifs, puisqu'elle ne dispose pas du droit de propriété[389].

2.1. Apparition des actifs vendus sur les comptes de l'initiateur

Normalement, lorsque l'émetteur vend les actifs objets de Sukukisation aux détenteurs de Sukuk, il doit les retirer de ses états comptables et financiers et ils ne doivent plus figurer sur son actif, puisque lesdits actifs ont été vendus et leur contre-valeur a été reçue par l'émetteur. Au cas où les actifs figureraient toujours sur les comptes et états de l'émetteur, la vente est considérée comme étant une cession déguisée, car il s'agit, en fait, d'une opération de crédit présentée sous un autre emballage. Néanmoins, lorsque les actifs objets de Sukukisation sont des actifs particulièrement importants et que l'émetteur ne peut les retirer facilement de ses comptes, ou bien quand l'enregistrement de la propriété est difficile ou même interdit (cas d'interdiction de la loi d'un pays de l'enregistrement des propriétés aux noms des étrangers), il va falloir que[390] :

- Le vendeur émette une contre-lettre « Sanad did » au profit des détenteurs de Sukuk, reconnaissant leur appropriation des actifs sous-jacents aux Sukuk en cas de conflit, et stipulant que la propriété est préservée exclusivement pour le compte des détenteurs de Sukuk, propriétaires réels des actifs. Ce titre de reconnaissance doit être assorti d'une mention, interdisant au vendeur la réalisation de toutes transactions sur lesdits actifs sans l'accord express des propriétaires des Sukuk.
- Mentionner dans le cadre des états et des comptes annuels, que les actifs sous-jacents aux Sukuk sont la propriété des porteurs des titres.

En conclusion, on peut dire que l'essence de la transaction est d'aboutir à la sortie des actifs sous-jacents aux Sukuk du bilan et des comptes de l'initiateur ou de l'émetteur, ainsi que de ses titres de propriété juridique. Lesdits actifs doivent être mis à la disposition des propriétaires de Sukuk ou de leurs représentants qui en demeurent propriétaires. Toutefois, si pour des raisons juridiques, fiscales ou procédurales, les actifs ne peuvent être retirés

389 د. فهد بن بادي المرشدي، الصكوك أحكامها وضوابطها وإشكالاتها دراسة شرعية□قدية، دار كنوز اشبيليا للنشر والتوزيع، الطبعة الأولى، 2014، ص 83

390 Ibid., p 84-85

des comptes financiers de l'initiateur, il est toléré qu'ils restent inscrits au nom de l'initiateur et apparaissent toujours sur ses comptes, à condition qu'il soit signalé que ces actifs sont la propriété des porteurs de Sukuk[391].

2.2. Mention dans le cadre du prospectus d'émission de restrictions qui privent les détenteurs de Sukuk de certains de leurs droits[392]

La propriété usufruitière ne correspond pas à la propriété de l'usufruit. Mais elle signifie la propriété des actifs, usufruits et rentes sans l'enregistrement de la propriété au nom du propriétaire.

Certaines règlementations anglo-saxonnes (principalement britanniques et américaines) reconnaissent la propriété usufruitière, qui signifie la propriété d'une personne (Malik Naf'i) de l'usufruit de l'actif sans que ledit actif ne soit enregistré en son nom, mais enregistré au nom d'une autre personne appelée propriétaire nominal (Malik Ismi). Le propriétaire usufruitier dispose selon ces réglementations du droit d'usage, de jouissance et de tous autres droits à l'exception du droit de disposer (Tassarof) de l'actif, qui ne peut se réaliser qu'à travers le passage par l'intermédiaire d'une partie qui dispose du titre de propriété.

La souveraineté de l'Etat sur son domaine et sa politique de non-appropriation et de non-transfert de ses biens et institutions stratégiques à des investisseurs étrangers, constituent les principaux facteurs ayant contribué au développement de ce type de propriété. A ce titre, on peut citer le cas de l'Arabie saoudite, qui interdit à toutes les personnes étrangères, à l'exception de celles originaires des pays du Golfe et des résidents en Arabie Saoudite, d'acheter directement des titres émis par les institutions souveraines saoudiennes. Pour échapper à cette restriction, les investisseurs étrangers recourent à l'option de rachat de l'usufruit des titres, après leur acquisition par une personne saoudienne intermédiaire. Les investisseurs saoudiens procèdent par la suite, à la signature d'une convention de troc avec la partie non saoudienne. Dans ce cas, les titres seront enregistrés au nom du citoyen saoudien, tandis que l'usufruit devient la propriété de la partie étrangère. Ce type de transaction est reconnu et encadré juridiquement par l'autorité du marché financier en Arabie Saoudite.

Cette reconnaissance des autorités du marché saoudien, fait que le propriétaire usufruitier est anonyme, contrairement au propriétaire nominal ou juridique dont le nom est apposé sur le Sak. Le propriétaire légal est celui au nom duquel l'actif est enregistré et qui détient juridiquement le droit d'en disposer par la vente. Tandis que le propriétaire utilitaire/usufruitier est celui qui bénéficie de tous les autres droits et avantages de la propriété de l'actif. En cas de conflits, le propriétaire usufruitier peut prouver sa propriété totale

---

[391] الشيخ أ.د. علي محي الدين علي القرة داغي، الملكية القا□و□ية والملكية النفعية من منظور شرعي وقا□و□ي: الإطار العام والتحديات الرئيسية، المؤتمر العالمي التاسع لعلماء الشريعة حول المالية الإسلامية، ماليزيا 10 و11□و□بر2014، ص 28

[392] د. فهد بن بادي المرشدي، الصكوك أحكامها وضوابطها وإشكالاتها دراسة شرعية□قدية، دار كنوز اشبيليا للنشر والتوزيع، الطبعة الأولى، 2014، ص 85-87

des actifs sous-jacents aux Sukuk devant les tribunaux, à l'appui de la convention de troc.

Lorsque l'émetteur des Sukuk est un véhicule de titrisation, qui représente les porteurs de Sukuk, les actifs lui sont vendus et leur propriété lui est transférée en sa qualité de mandataire des détenteurs des Sukuk. La SPV garde ainsi, le titre de propriété, tandis que la propriété des porteurs de Sukuk devient une propriété usufruitière.

Selon les préceptes de la Shariah, la propriété est transférée une fois le contrat de vente conclu dans le respect des prescriptions shariatiques. L'enregistrement officiel de ladite propriété auprès des administrations concernées n'est pas exigé, même si les instances shariatiques soutiennent l'enregistrement des droits de propriété auprès des parties légales compétentes. A souligner que le non-enregistrement n'annule pas l'effet du contrat de vente, qui consiste au transfert de la propriété du vendeur.

Selon les Fatawas du comité Shariah de la banque Rajhi, la propriété des détenteurs des Sukuk dans le projet doit être une propriété réelle, même si les Sukuk représentatifs de la propriété des actifs sont enregistrés au nom de l'émetteur. Cela étant, la déclaration d'honnêteté (Ia'lan al amana) y afférente ne doit pas contenir des conditions qui réduisent ou privent les détenteurs de Sukuk de certains de leurs droits, en raison de la nature usufruitière de leur propriété dans le projet (c'est ce type de caractéristiques qui rend illicite les Sukuk asset-based), car, ces conditions éloignent la notion de propriété usufruitière de son concept général.

2.3. La propriété usufruitière ou utilitaire selon la Shariah

Certaines juridictions font la distinction entre la propriété juridique/légale et la propriété usufruitière/utilitaire, considérant que cette dernière est également une propriété réelle. Cette position n'est pas en contradiction avec les préceptes de la Shariah. En effet, selon certains jurisconsultes ayant soutenu la validité sharatique de ce type de propriété, la Shariah distingue entre la propriété totale et réelle et la propriété légale, faible ou incomplète[393].

Dans ce cadre, Inkou Rabia, souligne que l'utilisation de la propriété usufruitière dans les structurations des Sukuk est en principe acceptable, car, elle constitue une opération de vente juste et valide du point de vue shariatique. En plus, la propriété utilitaire est considérée comme étant active juridiquement au même titre que la propriété réelle. De ce fait, Rabia Inkou considère que la propriété usufruitière/utilitaire peut être considérée comme étant une propriété complète. Toutefois, elle devient incomplète en cas de prescription de certaines restrictions aux détenteurs de Sukuk, visant à limiter leurs droits de disposer de leurs propriétés. On peut citer à titre d'exemple, le cas de restrictions imposées aux porteurs de titres limitant leur droit de recours

393 د. سعيد محمد بوهراوة، الإشكالات الشرعية المتعلقة بإصدارات الصكوك، ندوة الصكوك الإسلامية بين الضوابط الشرعية والمقتضيات القانونية والمحاسبية، تونس 28 و29 مارس 2015، ص 7

sur les actifs, en raison de l’existence d’un engagement de rachat, bien qu’ils disposent de tous les droits de propriété[394].

D’après diverses études et analyses, il a été constaté que les émissions pour lesquelles la propriété réelle n’est pas réalisée, n’avaient pas pour cause la propriété usufruitière ou juridique. Les vices shariatiques caractérisant lesdites émissions de Sukuk sont relatifs à la prescription de restrictions et conditions qui peuvent arriver jusqu’à vider la propriété de sa substance[395]. Si la notion de propriété usufruitière, en son sens propre, est appliquée dans le bon respect de toutes ses normes et règles, que l’intention et l’objectif de l’émetteur sont l’appropriation et le transfert réel de l’usufruit aux porteurs de titres, et que les conditions et restrictions définies dans le cadre du prospectus d’émission sont dans l’intérêt des parties au contrat, cette opération est permise du point de vue shariatique[396].

II. Engagements, garanties et rachat des actifs sous-jacents aux Sukuk

1. Garanties et avantages offerts aux détenteurs de Sukuk

1.1. Garanties présentées par le directeur sur la base de l’étude de faisabilité

Certaines études et analyses de jurisconsultes contemporains soutiennent l’idée de la garantie du directeur des Sukuk, qu’il soit associé, Mudarib ou Waqil par investissement, de la valeur nominale des Sukuk, c.à.d. du capital avancé par les investisseurs porteurs de titres. Cette garantie intervient selon ce courant dans le cas de la présentation par le directeur des Sukuk, d’une étude de faisabilité économico-financière de l’investissement, comportant des indicateurs fiables, garantissant la réussite du projet et sa profitabilité. Alors que par la suite, et au cours de la réalisation du projet, il annonce l’apparition d’une perte, sans pour autant pouvoir prouver que sa survenance était hors de ses prévisions et qu’elle n’est pas la résultante de mauvaise foi ou d’actes frauduleux de sa part[397].

Selon l’étude du Dr Hussein Hamed Hassan, présentée au Conseil Islamique de Jurisprudence, l’auteur a souligné que l’émetteur des Sukuk reste responsable de la concrétisation de l’étude de faisabilité citée dans le cadre du prospectus d’émission et de ses résultats. Sa responsabilité demeure engagée s’il ne prouve pas que la non-réalisation desdits résultats est due à des

---

394 د. □كو ربيعة العدوية، الملكية القا□ية والملكية النفعية من منظور شرعي وقا□ي، المؤتمر العالمي التاسع لعلماء الشريعة حول المالية الإسلامية، ماليزيا 10 و11 □و بر2014، ص 27

395 ورقة عرض الأبحاث المقدمة لنـــــــدوة الصكوك الإسلامية بين الضوابط الشرعية والمقتضيات القا□ية والمحاسبية، تو□س 28 و29 مارس 2015، ص 26

396 د. سعيد محمد بوهراوة، الإشكالات الشرعية المتعلقة بإصدارات الصكوك، □ـــــــدوة الصكوك الإسلامية بين الضوابط الشرعية والمقتضيات القا□ية والمحاسبية، تو□س 28 و29 مارس 2015، ص 14

397 د. معبد علي الجارحي و د. عبد العظيم جلال أبوزيد،الصكوك قضايا فقهية واقتصادية،مجمع الفقه الإسلامي الدولي، الدورة التاسعة عشرة إمارة الشارقة دولة الإمارات العربية المتحدة، ص 20-21

circonstances survenues postérieurement à la présentation de l'étude, et que la prédiction de tels évènements par le directeur était hors de ses capacités[398].

Les soubassements sur lesquels sont fondés les avis des jurisconsultes qui soutiennent la validité shariatique de la garantie du directeur, sur la base de l'étude de faisabilité présentée aux investisseurs financeurs potentiels, trouvent leur source, dans le fait que ladite étude communique des informations sur les perspectives encourageantes de réussite du projet. Cette ouverture d'espoir constitue l'élément déclencheur, qui incite et encourage les investisseurs à participer au financement du projet d'investissement par souscription en Sukuk. Si par la suite, une perte survient et qu'il n'a pas été prouvé et constaté que ladite perte dépasse toutes les prévisions, et qu'aucune erreur n'a été commise par le directeur des Sukuk, ce dernier supporte, en tout cas, les conséquences de la perte dont la survenance est supposée être le fait de manœuvres dolosives de sa part, ayant induit les investisseurs en erreur, afin qu'ils souscrivent en Sukuk pour qu'il puisse concrétiser et réaliser son projet[399].

Il y a lieu de souligner enfin, que la garantie ne peut en aucun cas dépasser le capital c.à.d. la valeur nominale des Sukuk, pour couvrir également le profit. Toutefois, et selon certains auteurs, en cas d'effondrement inopiné de la valeur de marché des actifs sous-jacents aux Sukuk, le directeur des Sukuk n'est pas tenu de garantir la totalité du capital c.à.d. la valeur nominale des Sukuk, car, dans ce cas, cette dernière pourrait dépasser la valeur des actifs garantis par le directeur. La responsabilité de ce dernier se limite uniquement, à la garantie de la valeur de marché en cas d'abus ou de négligence, et ne couvre pas la garantie de la valeur nominale[400].

1.2. Garantie du directeur en cas d'abus, de manquement et de non-respect des termes du contrat

La garantie constitue un élément essentiel qui contribue au développement des Sukuk. En effet, à travers les diverses options de garanties offertes, les détenteurs de Sukuk sont rassurés quant à la possibilité de récupération de leurs contributions dans le capital, en plus de la réception éventuelle de leurs quotes-parts dans les rendements générés. Cela signifie qu'en cas de non-récupération des fonds avancés au titre des souscriptions, on ne peut pas parler de rendement, étant donné que ce dernier constitue l'excédent de la valeur nominale du Sak[401].

---

398 د. فهد بن بادي المرشدي، الصكوك أحكامها وضوابطها وإشكالاتها دراسة شرعية□قدية، دار كنوز اشبيليا للنشر والتوزيع، الطبعة الأولى، 2014، ص 90

399 د. عبد الستار الخويلدي، الجو□ب القا□ية المتعلقة بإصدار الصكوك،□ـــــــدوة الصكوك الإسلامية بين الضوابط الشرعية والمقتضيات القا□ية والمحاسبية، تو□س 28 و29 مارس 2015، ص 15

400 د. معبد علي الجارحي و د. عبد العظيم جلال أبوزيد، أسواق الصكوك الإسلامية وكيفية الارتقاء بها،□دوة "الصكوك الإسلامية: عرض و تقويم" المنعقدة في جامعة الملك عبد العزيز في جدة، 26 ماي 2010، ص 312

401 د.عبد الستار أبو غدة، التمويل بالمشـــاركة الآليـات العملية لتطويره،الندوة الفقهية الثالثة، مصرف أبو ظبي الإسلامي،19 و 2011/01/20، ص 17

Dans ce cadre, il s'avère nécessaire de faire la distinction entre la notion de protection et celle de garantie. Ainsi, la protection du capital englobe l'ensemble des moyens et mesures de prévention du risque de perte du capital. Ces différentes mesures de protection mises en œuvre peuvent, pour une raison ou une autre, ne pas permettre d'atteindre les objectifs escomptés pour la protection du capital. S'agissant de la garantie du capital, celle-ci est constituée de l'acte en vertu duquel on supporte les pertes au profit du demandeur de la garantie. Cette garantie est liée au résultat, sans prise en considération des outils et méthodes utilisées. C'est la raison pour laquelle, les institutions financières islamiques utilisent dans le cadre de la commercialisation des opérations basées sur les contrats Wakala, Musharaka et Mudaraba, le terme « Protection » au lieu de « Garantie »[402].

Par ailleurs, il importe de préciser que même si le prospectus d'émission ne prévoit pas des conditions de garantie, les dispositions de la Shariah imposent, de facto, la réalisation de la garantie, en cas d'abus, de manquement ou de non-respect des termes du contrat par le directeur des Sukuk. En outre, la mention sur les contrats régissant les relations entre les parties prenantes de l'opération, de la condition de garantie du directeur en cas d'abus, de manquement ou de non-respect des termes du contrat, constitue une confirmation expresse de garantie, qui peut être invoquée en cas de recours à l'arbitrage si conflit il y a[403].

Parmi les actes frauduleux commis par le Mudarib et nécessitant une garantie en cas de leurs survenances, abstraction faite des termes du prospectus d'émission, on peut citer principalement les cas suivants[404]:

- L'abus : Il s'agit de l'utilisation du capital constitué par les fonds collectés de la souscription en Sukuk dans des affaires personnelles.
- La négligence ou la carence : Lorsque le Mudarib ne prend pas les précautions nécessaires et ne met pas en place les outils adéquats, permettant de protéger le capital d'éventuelles pertes ou diminutions de valeur.
- Le non-respect et la violation des termes du contrat Mudaraba, régissant la relation entre les co-contractants, notamment en matière de conditions et restrictions convenues.

1.3. La distribution de prix aux détenteurs de Sukuk

La partie gestionnaire de l'opération d'émission des Sukuk, peut annoncer la distribution de prix, à tous les investisseurs ayant souscrit en Sukuk ou par tirage au sort. Dans ce cadre, trois cas de figure se présentent[405] :

---

402 د.عبد الستار أبو غدة، التمويل بالمشـــاركة الآليـات العملية لتطويره،الندوة الفقهية الثالثة، مصرف أبو ظبي الإسلامي،19 و 2011/01/20، ص 18-19

403 Ibid., p 13

404 Ibid., p 12

405 د. معبد علي الجارحي و د. عبد العظيم جلال أبوزيد،الصكوك قضايا فقهية واقتصادية،مجمع الفقه الإسلامي الدولي، الدورة التاسعة عشرة إمارة الشارقة دولة الإمارات العربية المتحدة، ص 25 و 26

- **Premier cas :** La partie gestionnaire des Sukuk peut annoncer la distribution de prix par tirage au sort, afin d'encourager les investisseurs à souscrire en Sukuk. D'après des experts, dans certains cas, la valeur des prix est payée indirectement par les souscripteurs détenteurs de titres. Car, elle sera, en réalité, prélevée ultérieurement sur les bénéfices dégagés après la réalisation de l'investissement financé par les fonds collectés de la souscription. Autrement dit, les souscripteurs ne participent pas gratuitement au tirage au sort, mais paient une contrepartie qui sera prélevée à leur insu de leurs profits réels réalisés. Cette condition latente rend l'opération entachée de vices shariatiques, car, elle est considérée comme étant du Quimar.
- **Deuxième cas :** Lorsque la valeur des prix ne sera pas prélevée ultérieurement sur les rendements des souscripteurs, l'opération demeurerait toujours entourée d'ambiguïté et de doute, surtout si la valeur des prix est importante. Car, ils constitueraient la raison principale qui motiverait certains investisseurs à la souscription en Sukuk. Au cas où les prix sont d'une faible valeur ne constituant pas le motif de souscription, l'opération devient valide du point de vue islamique.
- **Troisième cas** : Lorsque les prix sont distribués à tous les souscripteurs, et que leur valeur est payée et supportée par la partie gestionnaire de l'émission des Sukuk, l'opération n'est valide du point de vue islamique, que si le montant des prix est d'une faible valeur ou d'une valeur symbolique. Dans le cas où la valeur des prix est élevée ou importante, cela signifierait qu'une partie du capital versé par les souscripteurs est garantie. Car, par le biais de la souscription en Sukuk et en payant leur valeur, les souscripteurs obtiennent une garantie d'une partie de leur investissement, qui est égale au montant du prix obtenu. Cette garantie est octroyée par la partie gestionnaire suite à la souscription, et il se peut même que la partie gestionnaire prélève la valeur des prix des bénéfices futurs. Cet état de chose est considéré comme un acte de tromperie vis-à-vis des souscripteurs en Sukuk, car, s'ils étaient informés au moment de la souscription qu'ils vont supporter la valeur des prix, ils auraient dû s'abstenir à acheter les Sukuk.

2. Le rachat de l'émetteur ou de la partie gestionnaire des actifs sous-jacents aux Sukuk

La majorité des Sukuk émis garantissent le remboursement du capital à maturité aux porteurs de Sukuk. Ceci se réalise par le biais d'un engagement irrévocable, de la part de l'émetteur ou du directeur, promettant le rachat des actifs sous-jacents aux Sukuk, à leur valeur nominale, qui correspond à la valeur d'achat des titres lors de la souscription, abstraction faite, de leur valeur réelle ou de leur valeur de marché à l'extinction. L'extension de l'application de cette pratique au marché des Sukuk, rend ces derniers assimilables aux obligations conventionnelles, du fait qu'ils donnent à leurs détenteurs le droit en une part du capital, basée sur un taux d'intérêt, tout en garantissant le remboursement du capital à la fin de l'opération[406].

Le directeur ou l'émetteur des Sukuk - abstraction faite de la structure de financement support du montage des Sukuk - présente un engagement de rachat. Cet engagement de rachat est généralement réalisé sur la base de l'une des valeurs suivantes [407]:

- La valeur de marché des actifs sous-jacents aux Sukuk.
- La valeur équitable ou la juste valeur c.à.d. la valeur des actifs sous-jacents aux Sukuk, selon l'appréciation des experts en la matière.
- La valeur correspondant au prix convenu de concert, entre les co-contractants, au moment de la vente et non avant la réalisation de l'opération de rachat à maturité.
- La valeur nominale.

La valeur de vente des actifs sous-jacents à maturité, constitue l'un des points ayant été à l'origine de polémique pour certaines émissions de Sukuk. En effet, les avis des jurisconsultes au sujet de l'engagement de rachat, par l'émetteur ou le directeur, des actifs sous-jacents aux Sukuk à maturité à l'une des valeurs citées ci-dessus ne sont pas convergents. Pour certains, le rachat à la fin de la durée de vie des Sukuk à un prix correspondant à certaines des valeurs précitées est licite, alors que pour d'autres, cette transaction déroge aux principes islamiques.

2.1. Rachat des actifs sous-jacents aux Sukuk à la valeur de marché, à la juste valeur ou à un prix convenu lors de la passation du contrat de vente

L'engagement de rachat des actifs sous-jacents aux Sukuk à la valeur de marché, à la juste-valeur ou encore au prix convenu entre les co-contractants au moment de la réalisation de l'opération de rachat n'est pas assimilable du point de vue islamique à une garantie. Car, d'une part, le prix de rachat dépend en réalité, du consentement et de l'accord des deux parties concernées. D'autre part, le prix correspondant à l'une des trois valeurs précitées, ne pourrait pas être toujours supérieur ou égal à la valeur nominale, mais il se peut qu'il en soit inférieur, ce qui est loin d'être considéré comme étant une garantie interdite selon les préceptes de la Shariah[408].

Dans ce cadre, le Conseil Islamique de Jurisprudence a confirmé cet avis dans sa décision N°178(4/19), en vertu de laquelle, il a été stipulé qu'il est

---

406 محمد تقي العثماني، الصكوك وتطبيقاتها المعاصرة، ص 6

407 د. معبد علي الجارحي و د. عبد العظيم جلال أبوزيد،الصكوك قضايا فقهية واقتصادية،مجمع الفقه الإسلامي الدولي، الدورة التاسعة عشرة إمارة الشارقة دولة الإمارات العربية المتحدة، ص 22

408 Ibid.

valide du point de vue islamique, l'extinction des Sukuk à leur valeur de marché ou à une valeur convenue à maturité. De sa part, et selon les directives de son conseil shariatique (2008), l'AAOIFI a soutenu la validité de l'engagement de rachat réalisé sur la base de la valeur nette des actifs, de la valeur de marché, de la juste-valeur ou d'un prix convenu selon le consentement des parties au moment du rachat.

2.2. Rachat des actifs sous-jacents aux Sukuk à la valeur nominale

En principe, le capital des Sukuk ne peut être garanti au profit des porteurs de titres. Toutefois, ces derniers ont le droit de récupérer la valeur réelle des Sukuk à maturité, qu'elle soit égale, supérieure ou inférieure à la valeur nominale. Mais dans la plupart des cas d'émissions de Sukuk circulant actuellement sur le marché, le capital est garanti indirectement au profit des détenteurs des Sukuk, et ce, par le biais de l'engagement du directeur envers les investisseurs financeurs, du rachat des actifs sous-jacents à leur valeur nominale - abstraction faite de leur valeur réelle - à l'extinction de la durée de vie des Sukuk. Cet état de chose, signifie qu'à maturité des Sukuk, la valeur du capital garanti, qui correspond à la valeur nominale des Sukuk est restituée aux détenteurs de titres. Dans ce cas, si le projet a subi une perte, cette dernière n'est supportée que par le directeur. En revanche, en cas de réalisation d'un gain, c'est le directeur qui en bénéficie, quel que soit sa valeur. Les détenteurs de Sukuk n'ont le droit qu'à la récupération de leur capital, à l'instar des pratiques relatives aux obligations[409].

Lorsque l'engagement de rachat des Sukuk à maturité porte sur un prix préalablement fixé ou sur la valeur nominale, il est considéré comme étant une forme de garantie prohibée du point de vue islamique. Car, dans le cas de l'engagement sur la base d'un prix préalablement fixé, l'émetteur ou le directeur des Sukuk garantit une valeur précise aux détenteurs des titres, qui peut être inférieure, supérieure ou égale à la valeur nominale. Cette action est illicite du point de vue shariatique. En outre, il y a lieu de préciser qu'en cas d'engagement de rachat des Sukuk à leur valeur nominale, la totalité du capital devient ainsi garantie, ce qui déroge aux principes de la finance islamique[410].

L'engagement de l'émetteur ou du directeur des Sukuk de rachat des actifs sous-jacents constitue l'une des pratiques qui ont caractérisé certaines émissions de Sukuk. Pour cela, plusieurs décisions et Fatawas prohibant ce type de conditions dans les structurations de Sukuk ont été publiées.

Du côté du Conseil Islamique de Jurisprudence, ce point a été abordé d'une part, dans le cadre de la décision N°178(4/19), qui stipule que le directeur des Sukuk est un responsable qui ne garantit la valeur du Sak qu'en cas d'infraction, de manquement ou de violation des termes et conditions de la Mudaraba, la Musharaka ou la wakala d'investissement. D'autre part, et selon

---

409 د. فهد بن بادي المرشدي، الصكوك أحكامها وضوابطها وإشكالاتها دراسة شرعية□قدية، دار كنوز اشبيليا للنشر والتوزيع، الطبعة الأولى، 2014، ص 89

410 Ibid., p 94

sa décision N°188(3/20), il a été mentionné qu'il est illicite que le Mudarib, l'associé ou le Waqil s'engage à racheter les Sukuk ou les actifs sous-jacents aux Sukuk à leur valeur nominale ou à une valeur fixe préalablement déterminée.

Au niveau de l'AAOIFI, il a été évoqué dans le cadre de la norme 17 relative aux Sukuk[411], que le prospectus d'émission, ne doit contenir aucune clause instituant la garantie de l'émetteur de la valeur du Sak au profit des détenteurs de Sukuk, sauf en cas de violation des termes du contrat. Il y a été stipulé également, qu'il est illicite que le Mudarib, l'associé ou le waqil d'investissement s'engage à racheter les actifs des porteurs de Sukuk ou de la partie les représentant, à leur valeur nominale à maturité.

Il ressort de ce qui précède que la notion de garantie est en contradiction avec le principe des contrats Mudaraba, waqala et des sociétés. Le fait, que le directeur des Sukuk supporte la perte ou garantisse le capital du porteur du Sak, transforme l'opération financière en une transaction usurière[412].

Par ailleurs, certains jurisconsultes ont jugé illicite et contraire aux normes shariatiques, la mention de la condition de garantie du capital par le Mudarib, même en cas de manquements ou de violations des termes du contrat. Ce courant de Fuqahas a fondé ses avis sur le fait que la condition de garantie du capital par le Mudarib, transforme l'acte de Mudaraba en une simple opération de crédit. Car, selon lesdits jurisconsultes, le Mudarib se transforme d'un Waqil responsable en un emprunteur garant, et par conséquent, la Mudaraba devient assimilée à une transaction d'octroi de crédit en contrepartie d'un profit assorti éventuellement d'autres avantages[413].

2.3. La reprise de la valeur nominale des Sukuk après la clôture de la période des souscriptions et avant le démarrage de l'activité d'investissement[414]

L'octroi aux porteurs de Sukuk du droit de récupération de la valeur nominale, correspondant aux fonds avancés lors de la souscription, après la clôture de la période de souscription et avant le commencement du projet d'investissement financé par le résultat des fonds collectés de la souscription, n'est pas assimilé par la loi islamique à une garantie du capital. Car, il ne s'agit en réalité que d'une décision de désinvestissement autorisée par la Shariah.

---

411 Normes AAOIFI 2015

412 عبد الستار ابو غدة، المخاطر في الصكوك وموقف الشريعة من ضمانها، ندوة الصكوك الإسلامية عرض وتقويم، جامعة الملك عبد العزيز، ص260، 2010

413 ورقة عرض الأبحاث المقدمة لنـــــــدوة الصكوك الإسلامية بين الضوابط الشرعية والمقتضيات القا□ية والمحاسبية، تو□س 28 و29 مارس 2015، ص 15

414 د. معبد علي الجارحي و د. عبد العظيم جلال أبوزيد، الصكوك قضايا فقهية واقتصادية، مجمع الفقه الإسلامي الدولي، الدورة التاسعة عشرة إمارة الشارقة دولة الإمارات العربية المتحدة، ص 26

III. Méthodes et techniques pratiques de protection des porteurs des Sukuk contre les risques d'investissement

1. Les alternatives de gestion et de couverture des risques des Sukuk valides du point de vue islamique

1.1. Les engagements

Bien que les émetteurs de Sukuk aient souvent recours, par méconnaissance, à des pratiques de gestion de risques invalides shariatiquement, ceci ne signifie pas l'absence de techniques et de méthodes licites de gestion des risques des Sukuk, ayant pour objectif la protection des droits des porteurs de titres, ainsi que des actifs sous-jacents. Parmi ces méthodes et techniques, on peut citer ce qui suit :

1.1.1. L'engagement d'une troisième partie pour la garantie des Sukuk

Parmi les outils de protection du capital, figure l'engagement d'une tierce partie à se porter garante pour le compte des porteurs de Sukuk. Cette garantie émane généralement des instances gouvernementales, souhaitant l'encouragement et la promotion d'un secteur dont le développement est jugé prioritaire. La garantie peut émaner également d'une tierce partie indépendante des deux parties au contrat des Sukuk, sans condition de contrepartie. Shariatiquement, ce type de garantie n'est pas vicié, car, il ne s'agit pas d'une garantie de dettes, mais plutôt d'un engagement irrévocable à faire une donation équivalente à la valeur nominale des actifs, en cas de leur détérioration ou destruction. La validité shariatique de ce type de garantie n'est acquise qu'en cas de séparation de l'acte d'engagement de donation de celui du contrat régissant la relation entre l'émetteur et les souscripteurs[415].

L'engagement d'une tierce partie à garantir les actifs sous-jacents aux Sukuk, au profit des porteurs de titres peut prendre deux formes :

- **Garantie sans contrepartie d'une troisième partie indépendante du capital au profit des détenteurs de Sukuk**

Il s'agit de l'engagement d'une troisième partie externe, indépendante, n'entretenant aucune relation avec l'émetteur, à garantir sans contrepartie l'émission de Sukuk. Cette tierce partie garante doit obligatoirement être totalement et réellement indépendante de l'émetteur, pour que l'opération soit conforme aux préceptes de la Shariah. Toutefois, ladite garantie devient illicite dans les cas suivants[416] :

  - o Garantie de la société mère au profit de l'une de ses filiales ou sociétés succursales ou l'inverse.
  - o Garantie d'une SPV constituée par l'émetteur dans l'objectif de garantir l'émission, abstraction faite de l'enregistrement juridique du nom du propriétaire de la SPV.

---

415 د. فهد بن بادي المرشدي، الصكوك أحكامها وضوابطها وإشكالاتها دراسة شرعية□قدية، دار كنوز اشبيليا للنشر والتوزيع، الطبعة الأولى، 2014، ص 98-99

416 ورقة عرض الأبحاث المقدمة لنـــــــدوة الصكوك الإسلامية بين الضوابط الشرعية والمقتضيات القا□ية والمحاسبية، تو□س 28 و29 مارس 2015، ص 16

- Garantie d'un pays ou de sa banque centrale d'une émission de Sukuk réalisée par l'un de ses ministères ou institutions gouvernementales, ou vice versa, car ils constituent tous des parties représentant l'Etat.

Il est à signaler en outre, que le fait d'exiger la translation de l'engagement de garantie à l'émetteur ou à la partie gestionnaire de l'émission des Sukuk, si la troisième partie indépendante n'honore pas ses engagements en cas de survenance de perte, est illicite du point de vue islamique[417].

En réalité, l'activation de la garantie d'une troisième partie n'est envisageable et réalisable dans le contexte actuel, que dans certains cas rares et limités, qui concernent souvent des gouvernements prenant de tels engagements dans l'optique d'encourager l'investissement dans des secteurs déterminés, afin de développer leurs économies[418].

- **Garantie avec contrepartie du capital au profit des détenteurs de Sukuk par une troisième partie indépendante**

Le versement par l'émetteur ou les détenteurs de Sukuk d'un montant au garant en contrepartie de la garantie du capital est prohibé selon la loi islamique. La prohibition de la garantie contre une contrepartie pécuniaire se justifie, par le fait que l'opération est considérée comme étant une forme d'assurance commerciale conventionnelle, catégoriquement prohibée par les scholars et les symposiums fiqhiques. En effet, la garantie offerte par la troisième partie devient un engagement d'indemnisation du capital des porteurs de Sukuk, en cas de dommages subis par les actifs sous-jacents, en contrepartie d'une rémunération préalablement déterminée et méritée en raison de son engagement de dédommagement. Dans ce cadre, la partie garante bénéficierait d'un profit si les actifs sous-jacents aux Sukuk ne subissent aucun dommage, puisqu'elle aura le droit de garder les fonds qui lui sont versés, alors qu'en cas d'endommagement des actifs, son action se limiterait à la couverture de la perte survenue par les fonds reçus[419].

1.1.2. L'engagement de l'émetteur du rachat des actifs sous-jacents aux Sukuk en cas de chute de leur valeur

Il s'agit de l'engagement de l'émetteur du rachat des actifs sous-jacents aux Sukuk, si leur valeur de marché fluctue à la baisse, à condition que ce rachat s'accomplisse sur la base de la valeur de marché à la date de réalisation de la transaction et non sur la base de la valeur nominale. Cet engagement est avantageux pour les détenteurs de Sukuk, pour éviter la chute et l'accentuation de la perte en termes de valeur des Sukuk. En contrepartie de cet engagement irrévocable de l'émetteur, et sans relation ou liaison entre les deux

[417] د. فهد بن بادي المرشدي، الصكوك أحكامها وضوابطها وإشكالاتها دراسة شرعية□قدية، دار كنوز اشبيليا للنشر والتوزيع، الطبعة الأولى، 2014، ص 101

[418] ورقة عرض الأبحاث المقدمة لنـــــــدوة الصكوك الإسلامية بين الضوابط الشرعية والمقتضيات القا□ية والمحاسبية، تو□س 28 و29 مارس 2015، ص 16

[419] Ibid., p 16-17

engagements, les porteurs de titres peuvent s'engager à vendre les actifs sous-jacents aux Sukuk si leur valeur de marché augmente et devient supérieure à leur valeur nominale. Cet engagement est censé être avantageux pour l'émetteur, du moment qu'il évite l'extinction des Sukuk à une valeur supérieure à leur valeur nominale[420].

1.1.3. L'engagement d'un pourvoyeur de la reprise des Sukuk

Parmi les méthodes utilisées pour la couverture contre les risques des Sukuk, figure le recours à un pourvoyeur (Motaahid) pour la reprise des Sukuk ou des unités des comptes d'investissement. Si le pourvoyeur est une partie autre que la partie gestionnaire, l'engagement de reprise du Sak à sa valeur nominale est licite, qu'il soit réalisé par le biais d'un engagement irrévocable ou sous forme de convention. Lorsque le pourvoyeur de reprise des Sukuk est lui-même le gestionnaire, l'engagement de reprise des Sukuk ne peut se réaliser du point de vue shariatique, que sur la base de la valeur de marché des Sukuk qui peut être égale, supérieure ou inférieure à la valeur nominale[421].

1.1.4. L'engagement de rachat des Sukuk par le bénéficiaire des actifs sous-jacents

Il s'agit de l'engagement du locataire des actifs, dans le cas des Sukuk Ijara, de leur rachat à leur valeur nominale ou à une valeur convenue, ce qui permet d'assurer la garantie des actifs sous-jacents existant.[422].

1.2. Les garanties

1.2.1. La garantie par l'Etat du capital des Sukuk à titre de donation

L'Etat peut exprimer son engagement à garantir le capital des Sukuk au profit de leurs détenteurs en stipulant dans le cadre du prospectus d'émission, qu'il s'agit d'un engagement à titre de donation. Cette garantie peut émaner de l'Etat, lorsque le projet financé par les Sukuk s'inscrit dans sa stratégie de développement et de croissance économique. Dans ce cadre, il est recommandé que l'Etat réserve un budget spécial pour les donations, afin qu'il puisse couvrir les garanties des risques d'investissement[423].

1.2.2. La garantie de l'Etat relative aux comptes bancaires

Dans de nombreux pays, les banques centrales offrent des garanties plafonnées sur les comptes d'investissement. Par conséquent, et puisque les Sukuk gérés par les banques sont identiques aux comptes d'investissement[424],

---

420 د. عبد الستار أبو غدة، تعهدات مديري العمليات الاستثمارية، بحوث□دوة البركة الحادية والثلاثون للاقتصاد الإسلامي،جدة، 18 و19 أغسطس 2010، ص 143

421 د. عبد الستار أبو غدة، المخاطر في الصكوك الإسلامية وموقف الشريعة من ضما□ها،□دوة الصكوك الإسلامية عرض وتقويم المنعقدة في رحاب جامعة الملك عبد العزيز بجدة 24 و25 ماي 2010، ص 5

422 Ibid.

423 زياد الدماغ، مخاطر الصكوك الإسلامية وطرق معالجتها، International Conference on Islamic Banking and Finance (15-16 June 2010, p 10

424 د. عبد الستار أبو غدة، المخاطر في الصكوك الإسلامية وموقف الشريعة من ضما□ها،□دوة الصكوك الإسلامية عرض وتقويم المنعقدة في ر حاب جامعة الملك عبد العزيز بجدة 24 و25 ماي 2010، ص 5

les actifs sous-jacents aux Sukuk peuvent bénéficier, eux aussi, de la protection contre les risques à travers la garantie offerte par l'Etat[425].

1.2.3. Les institutions spécialisées dans la garantie des investissements

La Banque Islamique de Développement a mis en place une institution, dédiée à l'assurance des investissements et des exportations dont le fonctionnement est conforme à la Shariah. Le recours à cet organisme est envisageable pour contracter une assurance sur les Sukuk[426]. Il est possible, également, de bénéficier d'une garantie en cas de destruction, ou de se prémunir d'éventuelles diminutions de la valeur des actifs sous-jacents aux Sukuk, à travers la participation dans des institutions d'assurance islamique. La contractualisation de cette assurance est tolérée shariatiquement, à condition qu'il soit stipulé expressément sur le prospectus d'émission, qu'une somme sera prélevée en vue de la participation dans une assurance islamique pour la protection des actifs sous-jacents aux Sukuk[427].

1.3. Création d'un compte de réserves et institution d'un comité des porteurs de Sukuk

1.3.1. Création d'un compte de réserves

Il s'agit de la création d'un compte de réserves pour couvrir les risques d'investissement. La mention de la constitution de ce compte sur le prospectus d'émission est admise shariatiquement, sous réserve de l'acceptation des détenteurs de Sukuk, du prélèvement d'une partie des bénéfices générés périodiquement pour alimenter ce compte. Il doit être précisé, aussi, sur le prospectus, que les effets de cette acceptation sont transmis de facto aux éventuels acquéreurs des Sukuk. Il est à souligner, en outre, que ces prélèvements sont utilisés pour la compensation de la diminution de la valeur du capital jusqu'à un certain seuil déterminé. Cette opération est valide du point de vue islamique, parce qu'elle est considérée comme étant une donation faite par les propriétaires du capital et du rendement y afférent. A maturité, les fonds disponibles dans le compte de réserves peuvent faire l'objet de dons caritatifs[428].

Ce compte de réserves est créé et alimenté comme signalé plus haut, par des prélèvements réalisés sur les bénéfices des détenteurs de Sukuk, après déduction de la part de profits revenant à la partie gestionnaire. Si cette dernière, participe aussi à l'alimentation de ce compte, l'opération sera considérée comme une garantie illicite selon la Shariah. Il y a lieu de noter que ces réserves permettent de couvrir le risque de pertes éventuelles en cas

---

425 د. فهد بن بادي المرشدي، الصكوك أحكامها وضوابطها وإشكالاتها دراسة شرعية□قدية، دار كنوز اشبيليا للنشر والتوزيع، الطبعة الأولى، 2014، ص 101

426 د. عبد الستار أبو غدة، المخاطر في الصكوك الإسلامية وموقف الشريعة من ضما□ها،□دوة الصكوك الإسلامية عرض وتقويم المنعقدة في رحاب جامعة الملك عبد العزيز بجدة 24 و25 ماي 2010، ص 5

427 د. فهد بن بادي المرشدي، الصكوك أحكامها وضوابطها وإشكالاتها دراسة شرعية□قدية، دار كنوز اشبيليا للنشر والتوزيع، الطبعة الأولى، 2014، ص 101

428 زياد الدماغ، مخاطر الصكوك الإسلامية وطرق معالجتها، International Conference on Islamic Banking and Finance (15-16 June 2010, p 9-10

de leur survenance. Lorsque ces réserves sont importantes, elles peuvent couvrir la totalité des pertes survenues[429].

1.3.2. L'institution d'un comité des porteurs de Sukuk

Dans l'objectif de protéger et préserver les droits des porteurs de titres, un comité composé de l'ensemble des détenteurs de Sukuk est créé à l'occasion de chaque émission. Les actions de ce comité tendent principalement à veiller sur la prise des bonnes décisions et mesures de gestion nécessaires à la protection des intérêts des investisseurs. Ce comité peut prendre, selon la sharia, la forme d'une association, d'une fondation ou d'une société à but non lucratif[430].

2. Les outils et les techniques de gestion des risques des Sukuk

2.1. Etude de faisabilité et droits des porteurs de Sukuk

2.1.1. L'étude de faisabilité[431]

L'étude de faisabilité des projets devant recevoir les sommes collectées de la souscription est d'une importance primordiale, du fait du rôle considérable qu'elle joue pour réduire, voire même éviter les éventuels risques. L'étude de faisabilité est conçue sur la base du principe islamique dénommé « Profitabilité islamique », en vertu duquel le financement est orienté vers les projets générateurs de profits, dans le strict respect des préceptes de la Shariah.

2.1.2. Le droit des détenteurs de Sukuk d'accéder aux informations relatives à l'état d'avancement des investissements financés[432]

Les porteurs de Sukuk disposent du droit d'accès aux informations relatives au développement de l'opération d'investissement, abstraction faite du type des Sukuk qu'ils détiennent, car, ils sont les propriétaires du capital et les premiers concernés par les pertes qui peuvent en résulter. La prise de connaissance du déroulement et de l'état d'avancement de l'opération d'investissement n'est pas considérée comme étant une ingérence dans la gestion du projet, qui constitue l'apanage du gestionnaire, qu'il soit Mudarib ou waqil, mais il s'agit plutôt d'un droit reconnu par la Sharia au propriétaire de l'argent.

Afin de réunir les conditions nécessaires pour assurer un bon suivi de la part des détenteurs de Sukuk de l'opération d'investissement, ces derniers sont censés être représentés, pour plus de crédibilité, par une entité indépendante de celle qui assure la gestion de l'opération d'émission. La nécessité et le besoin du recours à une telle entité représentative des intérêts des porteurs des Sukuk s'accroissent, surtout lorsque la partie gestionnaire est désignée par l'émetteur qui a bénéficié du résultat de la souscription. Le rôle de cette entité

---

429 د. عبد الستار أبو غدة، المخاطر في الصكوك الإسلامية وموقف الشريعة من ضمانها، ندوة الصكوك الإسلامية عرض وتقويم المنعقدة في رحاب جامعة الملك عبد العزيز بجدة 24 و25 ماي 2010، ص 5

430 زياد الدماغ، مخاطر الصكوك الإسلامية وطرق معالجتها، International Conference on Islamic Banking and Finance (15-16 June 2010, p 9

431 د. أشرف دوابة، الصكوك الإسلامية بين النظرية والتطبيق، دار السلام للطباعة، الطبعة الأولى، 2009، ص 124

432 د. معبد علي الجارحي و د. عبد العظيم جلال أبوزيد،الصكوك قضايا فقهية واقتصادية، مجمع الفقه الإسلامي الدولي، الدورة التاسعة عشرة إمارة الشارقة دولة الإمارات العربية المتحدة، ص 26

est de s'assurer de la réalité et de la validité shariatique de l'investissement, et que l'opération d'émission n'est pas une opération de financement entachée du Riba, sous un emballage Shariah-compatible, prenant la forme de Sukuk.

La compétence de la partie gestionnaire et la performance des organes de supervision sont considérées, comme étant le secret et la condition sine qua non de la profitabilité du projet financé par les Sukuk. Cette supervision réalisée par les porteurs de titres permet de réduire, voire même d'éviter plusieurs types de risques[433].

Certains risques inhérents aux modalités de financement islamiques peuvent être évités en prévoyant certaines restrictions, dans le cadre du prospectus d'émission des Sukuk. Il s'agit, par exemple, pour le cas des Sukuk Mudaraba, de restreindre l'investissement à un type spécifique, afin de réduire certains risques d'investissement. L'application de pénalités peut être également envisageable, en cas de retard de paiement, à condition que les montants y afférents soient orientés à des fins caritatives[434].

2.2. Mesures de sécurité et assurance islamique

2.2.1. Mesures de sécurité shariatiques

L'attention particulière et minutieuse à accorder à l'application et au respect des préceptes de la Shariah, tout au long de la durée de vie des Sukuk, joue un rôle primordial dans le succès de l'opération d'émission de ces titres.

La sécurité shariatique, signifie que les investissements financés par les fonds collectés de la souscription doivent être orientés vers le financement d'activités non entachées de vices shariatiques.

La sécurité shariatique d'une activité d'investissement ne se limite pas uniquement à l'interdiction de la réalisation de transactions portant sur des actifs illicites, ou sur des opérations financières entachées du Riba, mais s'étend également à l'obligation d'observation des principes islamiques tout au long du processus de prise de décisions[435].

2.2.2. Assurance islamique (Takaful)

Les Sukuk, étant des titres financiers qui peuvent être représentatifs d'actifs tangibles qui, de part leur nature, sont exposés aux risques de destruction ou de chute inopinée de valeur, suite à leur exposition aux risques de marché. Ainsi, les risques afférents aux actifs sous-jacents aux Sukuk constituent les risques les plus importants, car, la dépréciation de la valeur desdits actifs, suite à leur destruction ou leur perte affecte directement le rendement des Sukuk[436]. De ce fait, les distributions de rendement peuvent connaître une baisse, comme il se peut, en cas de survenance de perte, que les

---

433 د. أشرف دوابة، الصكوك الإسلامية بين النظرية والتطبيق، دار السلام للطباعة، الطبعة الأولى، 2009، ص 125-126

434 زياد الدماغ، مخاطر الصكوك الإسلامية و طرق معالجتها، International Conference on Islamic Banking and Finance 15-16 June 2010, p 11

435 د. حمزة عبد الكريم حماد، مخاطر الإستثمار في المصارف الإسلامية، دار الحامد للنشر والتوزيع، الطبعة الأولى، 2015، ص 162

436 د. عبد الستار أبو غدة، المخاطر في الصكوك الإسلامية و موقف الشريعة من ضمانها، ندوة الصكوك الإسلامية عرض و تقويم المنعقدة في رحاب جامعة الملك عبد العزيز بجدة 24 و25 ماي 2010، ص 4

distributions périodiques n'aient pas lieu. Afin de se prémunir contre ces types de risques, l'assurance islamique, appelée Takaful, présente l'une des solutions les plus efficaces.

2.3. Défis du développement des Sukuk

- **Méconnaissance des Sukuk et de leur nature spécifique par certaines réglementations**

L'absence d'un cadre législatif adéquat, organisant les opérations d'émission et de gestion de Sukuk, peut constituer un handicap pour leur développement et leur croissance. Les pays ayant l'intention d'instituer un marché de capitaux islamique se trouvent dans l'obligation d'intégrer les exigences shariatiques dans leurs systèmes juridiques et réglementaires. A ce jour, on relève la contribution timide de certains organes de contrôle et de régulation de certains pays dans le développement des opérations d'émission de Sukuk. Parmi les principaux problèmes auxquels se heurtent ces organes de contrôle, nous trouvons la divergence de lois concernant la problématique relative à la propriété juridique et la propriété usufruitière, en raison de l'irrecevabilité de cette dernière par les autorités judiciaires de certains pays[437].

- **Importance de la protection juridique et institutionnelle des détenteurs de Sukuk**

Il parait judicieux d'intégrer dans le cadre des lois et réglementations, l'intérêt de la constitution d'un comité, qui a pour vocation la protection des intérêts des porteurs de titres. Cette disposition est appliquée dans le cadre de la loi égyptienne relative aux Sukuk[438].

- **Politique particulière de commercialisation des Sukuk**

Les Sukuk constituent un moyen de propriété, ce qui rend leurs risques plus élevés que ceux des obligations conventionnelles. De ce fait, ils sont confrontés à des défis au niveau de l'opération de commercialisation et de vente, en raison de la recherche des investisseurs d'outils financiers à capital et à rendement garantis. Ces deux conditions touchant directement la profitabilité des titres financiers, sont moins évidentes eu égard aux caractéristiques des Sukuk. Les défis de commercialisation prennent aussi de l'ampleur en raison de la divergence des Fatwas et jurisprudences islamiques contemporaines relatives aux Sukuk[439].

---

437 ورقة عرض الأبحاث المقدمة لنـــــــدوة الصكوك الإسلامية بين الضوابط الشرعية والمقتضيات القا□و□ية والمحاسبية، تو□س 28 و29 مارس 2015، ص 18

438 د. عبد الستار الخويلدي، الجو□ب القا□و□ية المتعلقة بإصدار الصكوك،□ـــــــدوة الصكوك الإسلامية بين الضوابط الشرعية والمقتضيات القا□و□ية والمحاسبية، تو□س 28 و29 مارس 2015، ص 13

439 د. سعيد محمد بو هراوة و د. حسين سعيد، الصكوك والتحديات الشرعية والتنموية، بحوث□دوة البركة 36 للإقتصاد الإسلامي،جدة، رمضان 2015، ص 167

- **Conscience des investisseurs potentiels porteurs de Sukuk de leurs particularités**

Les Sukuk sont confrontés à des défis relatifs à la compréhension et l'assimilation des investisseurs de leurs aspects shariatiques. Car, parfois les investisseurs se trouvent préoccupés par le souci de garantie du rendement des Sukuk en leur possession, au détriment de leur conformité aux normes islamiques. Cette négligence est parfois accentuée, lorsque certains opérateurs sur le marché des Sukuk ne sont pas de confession musulmane. La nécessite du renforcement et d'amélioration de la conscience locale et internationale sur les Sukuk, ainsi que la vulgarisation de cet outil financier, s'avèrent d'importance notable. Le développement de la culture relative aux Sukuk peut être réalisé à travers l'organisation de campagnes publicitaires, de conférences, de congrès ou encore de séminaires de formation[440].

- **Coût élevé relatif aux frais du montage et de structuration des Sukuk**

Le transfert de la propriété des actifs sous-jacents aux Sukuk, la préparation du prospectus d'émission, les travaux de structuration de l'émission des Sukuk sur la base de l'une des modalités de financement islamiques, le respect des exigences shariatiques et les besoins de gestion impliquent l'intervention de plusieurs parties assurant divers rôles, tels que les organes de gestion de l'émission, le conseil shariatique, l'assistance juridique, les entités chargées de la réalisation des études de faisabilité économique. Tout ce dispositif engendre une augmentation des frais du montage de l'émission des Sukuk, qui peuvent atteindre des niveaux très élevés en cas d'absence de mesures réglementaires et fiscales encourageant l'émission de Sukuk sur le marché financier du pays en question[441].

- **Absence de coordination étroite entre jurisconsultes**[442]

L'unification ou l'harmonisation des Fatwas, compte parmi les principaux défis pratiques de l'industrie des Sukuk. La divergence des Fatwas au niveau local, en raison de l'existence de plusieurs avis émanant de diverses autorités shariatiques du même pays, compte parmi les principaux risques auxquels sont confrontés les Sukuk. Il en est de même pour les Fatwas contradictoires entre les pays voisins de la même région, telle que la divergence jurisprudentielle constatée entre la Malaisie et l'Indonésie, ou encore entre le Qatar et les Emirats Arabes Unies.

La difficulté de commercialisation des Sukuk compte parmi les conséquences négatives de la divergence des avis relatifs à la conformité des Sukuk à la sharia. En cas de déclaration d'une partie shariatique de l'invalidité

[440] د. سعيد محمد بو هراوة و د. حسين سعيد، الصكوك والتحديات الشرعية والتنموية، بحوث□دوة البركة 36 للإقتصاد الإسلامي،جدة، رمضان 2015، ص 167

[441] Ibid., p 168-169

[442] ورقة عرض الأبحاث المقدمة لنــــــــــدوة الصكوك الإسلامية بين الضوابط الشرعية والمقتضيات القا□ونية والمحاسبية، تو□س 28 و29 مارس 2015، ص 31-32

de l'opération d'émission des Sukuk, en raison de la présence de vices shariatiques, leur commercialisation devient illicite, ce qui peut conduire à l'échec de l'émission. Cet échec ne peut être surmonté totalement, même en cas d'existence d'un autre avis shariatique autorisant ladite opération.

Parmi les principaux cas de divergences d'avis shariatiques relatifs aux Sukuk, nous pouvons citer ce qui suit :

- Les pénalités de retard : En Malaisie, en cas de retard ou de défaut de paiement de l'émetteur des titres financiers islamiques y compris les Sukuk, les émetteurs sont tenus d'indemniser les investisseurs, par le paiement d'une pénalité de retard préalablement déterminée sur le prospectus d'émission. Cette pratique diffère de celle appliquée au Moyen-Orient, où l'opération n'est licite que si la somme des pénalités de retard est versée à un organisme à titre caritatif et ne peut en aucun cas, constituer une ressource financière à mettre à la disposition des investisseurs porteurs de titres financiers islamiques. Dans ce cadre, il y a lieu de signaler que l'AAOFI, ainsi que le Conseil Islamique de Jurisprudence autorisent le paiement des pénalités de retard, à condition qu'elles soient destinées à des fins caritatives, et ne peuvent devenir une source de revenu pour les détenteurs de Sukuk. Auquel cas, elles seront considérées du point de vue islamique comme étant du Riba.
- La circulation des Sukuk représentatifs de dettes : La négociation et la vente sur le marché financier des Sukuk Murabaha, ou tout autre type de Sukuk, dont les actifs sous-jacents sont constitués en majorité de dettes et monnaie, représente l'une des principales divergences jurisprudentielles entre la Malaisie et les pays du Golfe. En effet, en Malaisie, la vente de certificats et d'instruments financiers islamiques représentatifs de dettes est permissible et constitue même la base de l'activité du marché secondaire Malaisien. Au niveau des pays du Golfe, plus conservateurs shariatiquement, cette pratique n'est point tolérable.

- **Lois de référence, autorités judiciaires et institutions d'arbitrage**

La majorité des émissions de Sukuk au niveau international stipulent dans le cadre des prospectus d'émission, que les juridictions compétentes à statuer sur les litiges qui peuvent surgir de l'application des contrats des Sukuk sont les juridictions britanniques, et que les lois à appliquer sont également les lois britanniques, à condition de ne pas déroger aux préceptes de la Shariah[443]. Pour ce qui est de l'arbitrage, le centre International Islamique de réconciliation et d'arbitrage basé à Dubaï demeure, jusqu'à ce jour, l'autorité compétente auprès de laquelle ont recours la plupart des émetteurs de Sukuk.

443 د. عبد الستار الخويلدي، الجو□ب القا□و□ية المتعلقة بإصدار الصكوك، □ـــــــدوة الصكوك الإسلامية بين الضوابط الشرعية والمقتضيات القا□و□ية والمحاسبية، تو□س 28 و29 مارس 2015، ص 11

Certains risques auxquels sont confrontés les Sukuk sont similaires à ceux des obligations conventionnelles. Mais les Sukuk, en tant que titres financiers islamiques, ont leurs particularités et par conséquent, ils sont exposés à des types de risques qui leur sont spécifiques. Le fait de considérer que les Sukuk et les obligations sont des actifs financiers similaires induit en erreur et engendre une ambiguïté dans l'appréciation et l'estimation des risques inhérents aux Sukuk. Cet état de chose, conduira sans doute à l'utilisation d'outils de gestion et de couverture de risques non adaptés à leur caractère typique.

Comme stipulé dans le cadre de la décision 188(3/20) du Conseil Islamique de Jurisprudence, les Sukuk doivent garder leurs spécificités en tant que titres financiers islamiques, qui diffèrent catégoriquement des obligations conventionnelles entachées du Riba, aussi bien, sur le plan de structuration et du montage que de technicité. Il est à signaler en outre, que l'aspect de conformité des Sukuk à la Shariah doit impérativement avoir un reflet réel sur les techniques de commercialisation des Sukuk.

Par ailleurs, la protection contre les risques d'investissement en Sukuk représente l'un des soucis majeurs auxquels sont confrontés les émetteurs. Surtout que les investisseurs deviennent de plus en plus sensibles aux risques et cherchent à sécuriser au maximum leurs placements. De ce fait, l'identification des risques relatifs aux Sukuk constitue l'une des missions les plus importantes, tendant à la détermination et à la mise en place d'outils appropriés pour leur gestion.

Dans ce cadre, il importe de souligner que les préceptes de l'islam n'interdisent pas le recours à des techniques, tendant à la réduction des risques et à leur répartition équitable entre les différentes parties prenantes de l'opération d'émission de Sukuk. Ainsi, et selon les normes AAOIFI, il a été précisé qu'il est valide du point de vue islamique, que l'émetteur ou les détenteurs de Sukuk aient recours à des méthodes conformes à la Shariah, pour assurer la couverture contre les risques inhérents aux Sukuk, ou encore pour limiter les effets pervers des fluctuations des niveaux de rendements distribués.

Les Sukuk constituent de plus en plus l'outil d'investissement préféré des investisseurs à travers le monde, du fait qu'ils se distinguent par une fluidité remarquable du couple Rendement-Risque, et ce, en raison de l'existence d'une multitude d'options de structuration des émissions. En effet, nous avons pu constater à travers le développement de ce chapitre, que pour chaque type et catégorie de Sukuk, il existe des types de risques spécifiques. Ainsi, l'investisseur se trouve devant un choix diversifié d'outils financiers, qui permettent de répondre à ses attentes en termes de rendement souhaité et de niveau du risque prévisible à supporter.

Au niveau des garanties, nous avons constaté qu'en général, la gestion des émissions de Sukuk se réalise dans la pratique, par le biais de l'une des trois modalités shariatiques suivantes, à savoir la Mudaraba, la Waqala d'investissement et la Musharaka. Toutefois, ces trois modes de gestion deviennent incompatibles avec la Shariah, au cas où les contrats y afférents comportent une condition de garantie du capital par le directeur, qu'il soit Mudarib, associé directeur ou waqil d'investissement. Cette incompatibilité ne peut être levée, même en cas de stipulation de cette condition de garantie sur les prospectus d'émission, qui, elle-même est considérée comme nulle du point de vue shariatique. En effet, le directeur n'est tenu de supporter la perte, que lorsqu'elle est la résultante d'abus, de négligence ou de violation des termes du contrat. Par conséquent, la protection contre les risques des Sukuk à travers la stipulation de conditions, selon lesquelles la partie gestionnaire ou émettrice supporte totalement ou partiellement les éventuels risques est illicite quel que soit le mode de gestion.

Du côté des détenteurs des Sukuk, la présentation de garanties est également non permise par la Shariah, car, aucun porteur de titre n'est tenu d'offrir une garantie à son homologue, puisque tous les porteurs de titres participant dans le financement de l'investissement sont censés avoir les mêmes droits sans discrimination ni privilèges.

Par ailleurs, il importe de souligner que les Sukuk, dénommés privilégiés ou de préférence, sont également prohibés par la Shariah, puisqu'ils se basent sur le principe d'offre de garanties à certains porteurs de Sukuk au détriment d'autres.

Les principaux facteurs ayant contribué au développement du marché financier islamique résidaient dans la demande sociale, exprimée en premier par certains musulmans, disposant d'excédents de capitaux, veillant au respect des principes islamiques, ayant renoncé de s'impliquer dans le système financier conventionnel et exprimant leurs besoins imminents à la mise en place d'un système financier alternatif. Par la suite, et avec la succession des crises financières, une nouvelle catégorie d'investisseurs et de particuliers non musulmans, soucieux de l'éthique dans les pratiques financières est apparue. Une troisième classe d'intervenants qui cherchent à développer le système financier international, pour pouvoir drainer plus de capitaux, dynamiser le marché financier et le faire sortir de sa crise et de ses difficultés a également émergé ces derniers temps.

Les marchés financiers sont considérés parmi les facteurs les plus importants dans la détermination du niveau de développement des pays et de leur croissance économique. Conscients de leur rôle primordial, les autorités publiques, chercheurs, investisseurs et autres intervenants potentiels sur ces marchés, ne cessent de déployer des efforts pour pouvoir les développer et les moderniser, afin d'en tirer le meilleur profit. D'où l'intérêt du traitement des Sukuk, titres financiers islamiques récemment introduits dans la réglementation marocaine.

Les Sukuk peuvent être classés selon trois grandes catégories. Il s'agit des Sukuk de vente (Debt Sukuk), les Sukuk de crédit-bail (Lease Sukuk) et les Sukuk de partenariat-participation (Equity Sukuk). D'après l'étude et l'analyse des différentes typologies de Sukuk, nous avons constaté que chacune d'entre elles a ses propres spécificités et répond à des objectifs distincts bien déterminés. Par conséquent, il n'existe pas un type de Sukuk modèle qui est plus avantageux et plus bénéfique que ses homologues. L'émetteur choisit le type de structuration, basé sur le mode de financement islamique qui correspond aux caractéristiques du projet d'investissement qu'il désire réaliser et qui lui permet d'atteindre les objectifs escomptés en termes de performances d'une part, et en termes d'adéquation entre le coût de financement de l'investissement et les perspectives de rendement à générer dans le futur, d'autre part.

Dans ce sens, les Sukuk de vente, basés sur le principe de marge (Coût + Marge bénéficiaire) présentent l'avantage de la possibilité de détermination du rendement prévisible au début de l'opération d'émission. La valeur des actifs sous-jacents étant connue, une marge bénéficiaire est facilement déterminée. Ce type de Sukuk présente un avantage, aussi bien pour l'émetteur des Sukuk, que pour l'investisseur détenteur des titres. Toutefois, les types de Sukuk relevant de cette catégorie (Sukuk de dettes) ne peuvent être négociables sur les marchés financiers entre parties concernées, parce qu'ils représentent des titres de dettes dont la circulation entre personnes et institutions est prohibée par la Shariah. Ainsi, le détenteur de ce type de Sukuk se trouve dans l'obligation de les garder en son portefeuille jusqu'à maturité.

En cas de crise de liquidité, il ne peut en aucun cas disposer de cash, puisque la vente des titres en sa possession est catégoriquement prohibée par la loi islamique. Les Sukuk relevant de cette catégorie sont généralement destinés aux investisseurs, désireux de bénéficier d'un rendement préalablement connu au début de l'opération, et ayant l'intention de garder les titres jusqu'à leur échéance.

Pour ce qui est des Sukuk fondés sur le leasing, ceux-ci comptent parmi les types les plus répandus, du fait qu'ils présentent plusieurs avantages sur le plan pratique. D'une part, leur rendement peut être fixe et prédéterminé, comme il peut être variable, et d'autre part, ce type de Sukuk est librement négociable sur le marché et peut donc être facilement liquidable.

Concernant les Sukuk de partenariat-participation, ils sont fondés sur le principe du partage des pertes et profits. Par conséquent, le niveau de risque y afférent est relativement élevé et nécessite, en contrepartie, une rémunération plus importante aux détenteurs de titres. Ces Sukuk sont librement négociables sur le marché financier, ce qui répond aux objectifs des investisseurs en termes de fluidité des transactions et de liquidité.

Pour ce qui est du rendement des Sukuk, nous pouvons déduire de ce qui précède que celui-ci peut être fixe ou variable. Ainsi, nous avons relevé l'existence de Sukuk dont le taux de rendement peut être fixe, à l'instar des Sukuk Murabaha et Ijara, et des Sukuk dont le taux de rendement ne peut être fixe, car il dépend de la performance du projet sous-jacent, tels que les Sukuk Musharaka et Mudaraba, basés sur le principe de partenariat–participation.

Il importe de souligner en outre, que le versement d'un rendement périodique, qu'il soit fixe ou variable, dépend de la performance réelle des actifs sous-jacents aux Sukuk, car, en cas de non-réalisation de profits ou de réalisation de bénéfices insuffisants, les distributions périodiques de rendement seront inférieures au niveau préalablement déterminé ou même nulles.

Les Sukuk, en tant que titres financiers islamiques, dont le montage peut être fondé sur plusieurs modalités de financements, ont attiré l'attention et intéressé aussi bien les institutions souveraines que les entreprises.

Les premier et deuxième chapitres ont été consacrés à l'étude des facteurs de risques relatifs au manque de maîtrise de la particularité des Sukuk en tant que titres financiers islamiques, différents de leurs homologues conventionnels. A travers l'étude des caractéristiques des marchés financiers et des titres islamiques, nous avons pu relever les spécificités de l'environnement de la finance islamique. A l'issue de l'analyse des différences entre la formule de titrisation dans son acception conventionnelle et islamique, nous avons constaté que cette dernière est inspirée du modèle conventionnel avec des réajustements tendant à la rendre plus adaptable aux préceptes de la Shariah.

Concernant le troisième chapitre, il a été consacré à l'étude du rendement et des risques afférents aux Sukuk. Nous avons traité les particularités distinctives relatives au rendement des Sukuk. Ainsi, contrairement aux autres titres, le rendement distribué des Sukuk doit être obligatoirement lié à la performance des actifs sous-jacents et ne peut en aucun cas être garantie. Par la suite, le traitement des risques généraux relatifs aux Sukuk et des risques particuliers relatifs à chaque structuration, nous a permis de constater que les typologies des risques auxquels sont confrontés les porteurs de titres sont multiples et diffèrent en fonction du type de structuration des Sukuk, d'une part, et en fonction des termes et mesures de couvertures de risques stipulées sur les prospectus d'émission, constituant la feuille de route de l'opération, d'autre part.

Le rendement des Sukuk est intrinsèquement lié aux risques auxquels sont exposés, ainsi qu'aux méthodes de leur gestion. Pour pallier aux risques relatifs aux divergences entre le rendement prévisible et celui effectivement réalisé, plusieurs méthodes et techniques valides du point de vue islamique ont été analysées.

BIBLIOGRAPHIE

* Ouvrages :

- Akkizidis Ioannis & Khandelwal Sunil Kumar, Financial Risk Management For Islamic Banking And Finance, Palgrave Micmillan, 2008
- Antoine Joseph & CAPIAU-HUART Marie-Claire, Titres et bourse, Tome 1 : Valeurs mobilières, Editions De Boeck, 2ème Edition 1997,
- Azmi Omar Mohd & Abduh Muhamad & Sukmana Raditya, Fundamentals of Islamic Money and Capital Markets, John Wiley & Sons Singapore, 2013,
- Alrifai Tariq, Islamic Finance And New Financial System, An Ethical Approach To Preventing Future Financial Crises, John Wiley & sons, 2015,
- BELTAS Abdelkader, La titrisation (Instrument efficace de pour la gestion du risque du crédit bancaire), Maison d'édition LEGENDE, 2007
- BRACK Estelle, Systèmes bancaires et financiers des pays arabes. Vers un modèle commun ? Editions L'Harmattan, 2012
- CERESOLI Michèle et GUILLAUD Michel, Titrisation et gestion financière de la banque, Editions ESKA, 1992,
- Cobbaut Robert, Gillet Roland, Hubner Georges, La gestion de portefeuille, instruments, stratégie et performance, Editions de Boeck, 2ème édition,2015
- Caron Pierre, Investir et gérer le risque : Comment y parvenir ?, Presses de l'Université du Québec, 2014
- El Tiby Amr Mohamed, Islamic Banking- How To Manage Risk And Improve Profitability–, John Wiley & Sons, 2011
- Gitman Lawrence J. , Michael Joehnk, Gérard Desmuliers, Frédéric Herbin, Octave Jokung-Nguéna, Georges Langlois, Investissement et marchés financiers, Editions Pearson, 9ème édition, 2005
- Granier Thierry et JAFFEUX Corynne ، La titrisation Aspects juridique et financier, Editions ECONOMICA, 1997
- Hassid Olivier, Le management des risques et des crises, Editions Dunod, 2011
- Ismath Bacha Obiyathulla & Abbas Mirakhor, Islamic Capital Markets – A comparative approach, John Wiley & Sons, 2013,
- Iqbal Zamir & Mirakhor Abbas, An Introduction to Islamic Finance – Theory and Practice-, Willey Finance, Second Edition, 2011,
- Jacquillat Bertrand & Solnik Bruno, Marchés financiers : gestion des portefeuilles et des risques, Editions Dunod, 2ème édition 1990,
- Jucker-Fleetwood Erin E., Money and finance in Africa Routledge library Editions: Developpment, 2011
- Jeanne-Françoise de Polignac, La notation financière, l'approche du risque de crédit, Revue Banque Edition, 2002,

- Kusuma Ketut Ariadi & Caputo Silva Anderson, Sukuk markets : A proposed approach for development, world Bank, Finance and markets global practice Group, December 2014,

- Krichene Noureddine, Islamic Capital Markets : Theory and practice, John Wiley & Sons, 2013,

- Karyotis Daniel, La notation financière, une nouvelle approche du risque, La Revue Banque Editeur, 1995

-LAHLOU Abderrahmane, Economie et finance en islam, une éthique pour stabiliser l'économie et recadrer la finance, Société d'Edition et de Diffusion Al Madariss, 1ère Edition, 2015

-Laporte Claude, La titrisation d'actifs en Suisse Asset-backed Securitisation, Editions Schulthess, 2005,

- Mekouar Richard, Risques et assurance de la PME, Editions Dunod, 2006

- Mishkin Frederic, Monnaie, banque et marchés financiers, Adaptation édition française de Christian Bordes, Pierre-Cyrille Hautcoeur, Dominique Lacoue-Labarthe, Editions Pearson Education France, 8ème édition, 2007

- Nasri Antoine Diab & Iyad Hareth Georges Boustany, La titrisation des actifs : Structurations juridiques et financières sur les marchés émergents, Editions Delta, Première Edition 2003,

- Nathif J. Adam & Thomas Abdulkader, Islamic Bonds : Your Guide to Issuing, Structuring and Investing in Sukuk, Euromoney Books, 2004

- Portait Roland & Poncet Patrice, Finance de marché - Instruments de base produits dérivés portefeuille et risque, Editions Dalloz, 2008

- PAGET-BLANC Eric & PAINVIN Nicolas, La notation financière, Rôle des agences et méthodes de notation, Editions DUNOD, 2007,

-Rassi Faouzi, Evaluation relation risque-rendement et produits dérivés, Presses de l'Université du Québec, 2003

- VERNIMMEN Pierre, Finance d'entreprise par Pascal Quiry et Yann Le Fur, éditions DALLOZ, 2009

- Van Greuning Hennie & Iqbal Zamir, Risk Analysis For Islamic Banks, The World Bank, 2008

✱ Articles spécialisés:

- Andreas A.Jobst, The Economics of Islamic Finance and Securitization, International Monetary Fund (IMF) Working Paper, August 2007

- Ali Arsalan Tariq, Managing financial risks of sukuk structures, A dissertation submitted in partial fulfilment of the requirements for the degree of Masters of Science at Loughborough University, UK, September 2004

- AL-Maghlouth Ahmed Khalid, Sukuk, An inside study of its background, structures, challenges and cases, Open University of Malaysia, 2009,

- Abul Hassan, Islamic features of a sukuk, Middle East Insurance Review, December 2006

- Alsayyed Nidal, Sukukization : Islamic Economic Risk Factors in Shariah view, MPAR (Munich Personal RePEc Archive) Paper N°20489, February 2010

- Ariadi Ketut & Caputo Silva Anderson, Sukuk Markets : A proposed approach for development, Politicy Reasearch Working Paper 7133, Finance and Markets Global Practice Group, World Bank Group, December 2014,

- AROONPOOLSUP SHUSAK, Islamic Financial Markets : Performance and prospects, Centre of West Asian Studies, ALIGARH MUSLIM University (India), 2012

- Dualeh Suleiman Abdi, Islamic securitisation. This is adapted and updated from a paper given at the Noga Hilton, Geneva July 8 9, 1998 for the world conference on islamic banking,

- Elgari Mohamed Ali, Credit Risk in Islamic Banking and Finance, Islamic Economics Studies, Vol.10, N°2, March 2003

- Hilten Casper Van, Islamic Securitization By Means Of Sukuk And Struggle For Shari'ah Compliance Bachelor Dissertation Arabic & Islam, Faculty of Humanities, Utrecht University, April 2014,

- Jabeen Zohra & Javed Mohammad Tariq, Sukuk structures : An analysis of risk-reward sharing and wealth circulation, The Pakistan Development Review, 2007,

- Khalil Ahmed, Sukuk : Definition, structure and accounting issues, MPRA (Munich Personal RePEc Archive) Paper N°33675, September 2011

- Lebbe Ahamed Abdul Rauf, Yusnidah bt Ibrahim, Determinants Of Risk And Return Performance With Special Reference To GCC Sukuk Market Structure, International Journal of Development and Economic Sustainability, Vol.2, No.2, pp. 64-78, June 2014

- Majeethia Yash, Bose Tushar, Islamic financial instruments an opportunity for financing infrastructure in India, Journal of business management and social sciences research, Volume 3, N°5, May 2014,

- Ries Ahmed Essia & Md. Aminul Islam & Tariq Tawfeeq Youssif Alabdullah, Islamic sukuk : Pricing mechanism and rating, Journal of Asian Scientific Research 2014, 4(11),

- Shaikh Salman & Saeed Shan, Sukuk Bond : The Global Islamic Financial Instrument, MPRA (Munich Personal RePEc Archive) Paper N°26700, November 2010

- Shabana M. Hassan, Asset-backed & Asset-based sukuk : In introduction, ISRA Bloomberg Bulletin October 2013, Fatwa in Islamic Finance,

- Rezaei Zeinab, Sukuk : An Islamic Financial Instrument 2013, Academy of Business and Scientific Reseach, Volume 2, Issue 3

- Tahmoures A.Afshar, The Journal of Global Business Management, Volume 9, Number 1, February 2013,

✷ **Rapports :**

- Autorité Marocaine des marchés de capitaux, Régulation des Sukuk, Janvier 2017
- Conseil déontologique des valeurs mobilières, Sukuk, Quel potentiel de développement au Maroc, Décembre 2012
- Conseil déontologique des valeurs mobilières, Titrisation, Janvier 2011
- Groupe ALKHAWARIZMI, Les Sukuk, une nouvelle alternative de financement pour le Maroc, Décembre 2012
- Conseil régional de Casablanca-Settat, « Programme de développement de la région Casablanca-Settat », 2017
- Direction générale des collectivités territoriales, « La région de Casablanca-Settat : Monographie générale », 2015
- Dubai Financial Market, DFM Standard For Issuing, Aquiring and Trading Sukuk, Fatwa and Shari'a Supervisory Board,
- Islamic Financial Services Board (IFSB), IFSB-7, Capital Adequacy Requirements for Sukuk, Securitization and Real Estate Investment, January 2009,
- Islamic Financial Services Board (IFSB), IFSB-2, Capital Adequacy Standard For Institutions (Other than insurance institutions) Offering Only Islamic Financial Services, December 2005
- International Islamic Financial Market (IIFM), Sukuk report : A comprehensive study of the international sukuk market, 1st edition, 2009
- Resolutions of the Securities Commission Shariah Advisory Council, Kuala Lumpur, 2nd ed., 2006
- Thomson Reuters, Liquidity management through sukuk, Innovative Solution, 2017
- Thomson Reuters, Sukuk preceptions & forecast study, 2017

✷ **Lois et réglementations :**

- Loi N°119-12 modifiant et complétant la loi N°33-06 relative à la titrisation de créances et la loi N°24-01 relative aux opérations de pension, bulletin officiel du 5-9-2013
- Note de présentation du projet d'amendement de la loi N°33-06 relative à la titrisation des créances
-Dahir n° 1.59.233 du 30 juin 1959 portant création de la banque du Maroc, bulletin officiel du 03/07/1959
-Dahir portant loi N°1-93-211 relatif à la Bourse des Valeurs, bulletin officiel du 06-10-1993
-Dahir portant loi N°1-93-212 (21 Septembre 1993) relatif au Conseil Déontologique des Valeurs Mobilières et aux informations exigées des personnes morales faisant appel public à l'épargne, bulletin officiel du 06-10-1993

-Dahir portant loi N°1-93-213 relatif aux Organismes de Placement Collectif en Valeurs Mobilières, bulletin officiel du 06-10-1993

- Dahir N°1-16-151 du 25 Août 2016 portant promulgation de la loi N°19-14 relative à la bourse des valeurs, aux sociétés de bourse et aux conseillers en investissement financier, bulletin officiel du 16-03-2017

- Loi N°43-12 relative à l'Autorité Marocaine du Marché des Capitaux, bulletin officiel du 18-14-2013

- Loi N°35-96 du 9 Janvier 1997 relative à la création d'un dépositaire central et à l'institution d'un régime général de l'inscription en compte de certaines valeurs, bulletin officiel du 16-01-1997

- Loi N° 35-94 relative à certains titres de créances négociables, bulletin officiel du 15-2-1995

- Loi N°10-98 relative à la titrisation de créances hypothécaires, bulletin officiel du 16-9-1999

- Loi 33-06 relative à la titrisation de créances et modifiant et complétant la loi N°35-94 relative à certains titres de créances négociables et la loi N°24-01 relative aux opérations de pension

- Loi N°05-14 modifiant la loi N°33-06 relative à la titrisation des actifs, bulletin officiel du 18-9-2014

- Dahir n°1-03-300 du 2 rabii 1 1425 (22 avril 2004) portant réorganisation des conseils des oulémas, bulletion officiel du 6-5-2004

- Décret N°2-17-180 publié au bulletin officiel le 03 Août 2017

✷ Thèses :

- Alsaeed, Khaled, Sulaiman, Sukuk issuance in Saudi Arabia: Recent trends and positive expectations, 2012 (Durham University)

- Ehsan, Muhammad Asif, Islamic perspective on financial derivatives: Demand for instruments of risk management in various Business of Pakistan, 2012 (Durham University)

- Hamz Qais, Islamic Sukuk securities as financing instruments : An examination of bond pricing in the conventional and islamic setting and servey of literature on alternative benchmarks to the interest- based system, 2006 (Durham University)

✷ Webographie :

- The islamic finance and markets review – The Cayman Islands site « Ogier » art publié le 17/01/2017 (Cet article est apparu en premier in « The islamic finance and markets review »

- Cayman Islands interests in Dubai, article pubilé sur Jamaicans.com, 2000

- The asset management review, Edition 6 United Arab Emirates, The law reviews, Octobre 2014

- Islamic finance from Cayman Islands to the middle east and beyong, Article de journal EUREKAHEGGE

- Moody's investors service (Credit analysis) Cayman Islands Government, Decembre 2013

- Growth driver : Sukuk issuance has increased considerably in record years, The report Qatar, Oxford business Group

- Shariah-compliant bonds, a permanent fixture in Qatar's régional finance services, oxford business group

المراجع باللغة العربية

✱ الكتب المتخصصة

- أحمد سفر،المصارف والأسواق المالية التقليدية والإسلامية في البلدان العربية،المؤسسة الحديثة للكتاب،2006

- أحمد شعبان محمد علي، الصكوك والبنوك الإسلامية أدوات لتحقيق التنمية، دار الفكر الجامعي، الطبعة الأولى، 2013،

- الدماغ زياد جلال ، الصكوك الإسلامية ودورها في التنمية الاقتصادية، دار الثقافة للنشر والتوزيع، الأردن، الطبعة الأولى، 2012م 1433ه

- العدوي محمد شكرى الجميل، المعاملات الآجلة في بورصة الأوراق المالية من منظور الشريعة الإسلامية دراسة فقهية مقارنة، دار الفكر الجامعي،2012

- اللاحم أسامة بن حمود بن محمد، بيع الدين وتطبيقاته المعاصرة في الفقه الإسلامي، دار الميمان للنشر والتوزيع، الجزء الثاني، الطبعة الأولى، 2012

- المرزوقي البقمي صالح بن زاين، شركة المساهمة في النظام السعودي، 1986،

- المرشدي فهد بن بادي، الصكوك أحكامها وضوابطها وإشكالاتها دراسة شرعية نقدية، دار كنوز اشبيليا للنشر والتوزيع، الطبعة الأولى، 2014

- حماد حمزة عبد الكريم، مخاطر الإستثمار في المصارف الإسلامية، دار الحامد للنشر والتوزيع، الطبعة الأولى، 2015،

- حسني عبد السميع ابراهيم، أحكام البورصة و التوريق و التورق من منظور الفقه الإسلامي و الاقتصاد المعاصر دراسة فقهية مقارنة، دار الفكر الجامعي، الطبعة الأولى، 2012

- دوابة أشرف، نحو سوق مالية إسلامية، دار السلام للطباعة والنشر و التوزيع و الترجمة، 2006

- سمير عبد الحميد رضوان، أسواق الأوراق المالية ودورها في تمويل التنمية الاقتصادية ودراسة مقارنة بين النظم الوضعية وأحكام الشريعة الإسلامية، المعهد العالمي للفكر الإسلامي، الطبعة الأولى،1996

- قحف منذر، سندات الإجارة والأعيان المؤجرة، المعهد الإسلامي للبحوث والتدريب، 1990،

- مبارك بن سليمان بن محمد آل سليمان، أحكام التعامل في الأسواق المالية المعاصرة، الجزء الأول،كنوز اشبيليا للنشر و التوزيع، الطبعة الأولى،2005

- محمد يوسف موسى،الإسلام ومشكلاتنا الحاضرة،1958

- محمود محمد حنفي محمود، الأحكام المتعلقة بالتورق في المصارف الإسلامية دراسة فقهية اقتصادية تطبيقية، دار الفكر الجامعي، 2014

- مكاوي محمد محمود، الاحتياط ضد مخاطر التمويل المصرفي الاسلامي، دار الفكر والقانون، 2015،

- هشام أحمد عبد الحي، الصناديق والصكوك الإستثمارية الإسلامية، دراسة تطبيقية فقهية، منشأة المعارف بالاسكندرية، 2010،

✸ مقالات علمية

- الأمين حسن، المضاربة الشرعية وتطبيقاتها الحديثة، البنك الإسلامي للتنمية، المعهد الإسلامي للبحوث والتدريب، الطبعة الثالثة،
- أبو عوض محسن، الصكوك الإسلامية ومخاطرها، مجلة الدراسات المالية والمصرفية، العدد الأول/ يناير 2013،
- العثما□ي محمد تقي، الصكوك وتطبيقاتها المعاصرة،
- النجار اخلاص باقر، قراءة في مفردات الهندسة المالية الإسلامية، مجلة العلوم الإقتصادية، العدد 21 المجلد الخامس، حزيران 2008
- عناصر لمرحلة تقسيم الصكوك، جريدة القبس، 7يو□يو 2008، العدد 12580،
- فتح الرحمن علي محمد صالح، أدوات سوق النقد الإسلامية: مدخل للهندسة المالية، مجلة المصرفي العدد 26 ديسمبر 2002
- فتني مايا، التجربة البريطا□ية في إصدار الصكوك الإسلامية، مجلة الدراسات المالية والمصرفية، العدد الثالث/ سبتمبر 2013،
- قا□ون سندات المقارضة لسنة 1981م، الأردن،□شر في الجريدة الرسمية في 16 / 3/ 1981
- محمد عبد الحليم، أهمية السوق المالية الإسلامية، جريدة الإقتصادية،
- محمد عبد الحليم عمر،الصكوك الإسلامية (التوريق) وتطبيقاتها المعاصرة،2009،
- مشعل عبد الباري، قا□ون سندات المقارضة لسنة 1981م الأرد□ي أول قا□ون للصكوك، موقع رقابة للاستشارات المالية 2015/05/20

✸ أبحاث مقدمة في إطار ملتقيات علمية

- ابو بكر صفية، الصكوك الإسلامية، بحث مقدم إلى "مؤتمر المصارف الإسلامية بين الواقع والمأمول"، من 31 مايو إلى 3 يو□يو2009
- أبو غدة عبد الستار، المخاطر في الصكوك الإسلامية وموقف الشريعة من ضما□ها،□دوة الصكوك الإسلامية عرض وتقويم المنعقدة في رحاب جامعة الملك عبد العزيز بجدة 24 و25 ماي 2010
- أبو غدة عبد الستار، التمويل بالمشـــاركة الآليـات العملية لتطويره،الندوة الفقهية الثالثة، مصرف أبو ظبي الإسلامي،19 و 2011/01/20
- أبو غدة عبد الستار، تعهدات مديري العمليات الاستثمارية، بحوث□دوة البركة الحادية والثلاثون للاقتصاد الإسلامي،جدة، 18 و19 أغسطس 2010
- أختر زيتي عبد العزيز، الصكوك الإسلامية (التوريق) وتطبيقاتها المعاصرة وتداولها،الدورة التاسعة عشرة لمنظمة المؤتمر الإسلامي،دولة الإمارات العربية المتحدة،
- البلتاجي محمد،□حو بناء□موذج محاسبي لتقويم وسائل الاستثمار في البنوك الإسلامية (المرابحة ، المضاربة ، المشاركة)، الندوة الدولية (□حو ترشيد مسيرة البنوك الإسلامية) دولة الإمارات العربية المتحدة – دبي،3 إلى5 سبتمبر 2005
- الجارحي معبد علي و د. أبو زيد عبد العظيم جلال، أسواق الصكوك الإسلامية وكيفية الارتقاء بها،□دوة الصكوك الإسلامية عرض وتقويم، مجمع الفقه الإسلامي والمعهد الإسلامي للبحوث والتدريب، 2010
- الجارحي معبد علي و د. أبو زيد عبد العظيم جلال، القضايا المتبقية في الصكوك من الناحيتين الفقهية و الإقتصادية، الدورة الحادية والعشرون لمؤتمر مجمع الفقه الإسلامي الدولي،2013

- الجارحي معبد علي و د. أبوزيد عبد العظيم جلال، الصكوك قضايا فقهية واقتصادية،مجمع الفقه الإسلامي الدولي، الدورة التاسعة عشرة إمارة الشارقة دولة الإمارات العربية المتحدة
- الخويلدي عبد الستار، الجوانب القانونية المتعلقة بإصدار الصكوك، ندوة الصكوك الإسلامية بين الضوابط الشرعية والمقتضيات القانونية والمحاسبية، تونس 28 و29 مارس 2015
- الشاذلي حسن علي، التورق حقيقته وحكمه والفرق بينه وبين العينة والتوريق، الدورة التاسعة عشر لمنظمة المؤتمر الإسلامي، دولة الإمارات العربية،
- الصكوك الإسلامية، الجمهورية العربية السورية، وزارة المالية، وحدة إدارة الأوراق المالية الحكومية
- الضوابط الشرعية لصكوك المضاربة، مؤتمر الصكوك الإسلامية وأدوات التمويل الإسلامي، جامعة اليرموك، الأردن،12 و 13 تشرين الثاني2013
- القرة داغي علي محي الدين علي، الملكية القانونية والملكية النفعية من منظور شرعي وقانوني : الإطار العام والتحديات الرئيسية، المؤتمر العالمي التاسع لعلماء الشريعة حول المالية الإسلامية، ماليزيا 10 و11نوفمبر2014
- القضايا المتعلقة بالصكوك في الاردن، مؤتمر الصكوك الإسلامية و أدوات التمويل الإسلامي، جامعة اليرموك، الأردن،12 و 13 تشرين الثاني2013
- نكو ربيعة العدوية، الملكية القانونية والملكية النفعية من منظور شرعي وقانوني، المؤتمر العالمي التاسع لعلماء الشريعة حول المالية الإسلامية، ماليزيا 10 و11نوفمبر2014
- بوهراوة سعيد محمد، الإشكالات الشرعية المتعلقة بإصدارات الصكوك، بحوث ندوة الصكوك الإسلامية بتونس 28 و 29 مارس 2015
- بوهراوة سعيد محمد و د. حسين سعيد، "الصكوك والتحديات الشرعية والتنموية"، بحوث ندوة البركة السادسة والثلاثين للاقتصاد الاسلامي، 2015
- بوهراوة سعيد محمد و د. دسوقي أشرف وجدي، تقويم نقدي للقضايا الشرعية المتعلقة بملكية الصكوك القائمة على الأصول، ندوة الصكوك الإسلامية عرض وتقويم، مجمع الفقه الإسلامي والمعهد الإسلامي للبحوث والتدريب، 2010
- حسين سعيد، مخاطر ومشكلات تطبيق صيغة المشاركة، بحوث ندوة البركة 37، 13 و14 يونيو 2016،
- رحيم حسين و أ. علاوي عبد الفتاح، التوريق: آلية لتجاوز الأزمات في المؤسسات المالية الإسلامية، بحث مقدم للملتقى الدولي حول: أزمة النظام المالي والمصرفي الدولي وبديل البنوك الإسلامية (جامعة الأمير عبد القادر للعلوم الإسلامية. كلية الآداب والعلوم الإنسانية. قسم الاقتصاد والإدارة)، 2010
- سعد الله رضا، الصكوك الإسلامية: مدخل عام، ندوة الصكوك الإسلامية، تونس 28 و29 مارس 2015
- شحاتة حسين حسين، أحكام وأسس حساب زكاة صكوك الاستثمار، مؤتمر الصكوك الإسلامية وأدوات التمويل الإسلامي، جامعة اليرموك، الأردن،12 و13 تشرين الثاني2013
- صويلح محمد فخري، قراءة في قانون الصكوك الإسلامية الأردني في ضوء المعيار الشرعي للصكوك وقانون الصكوك المصري، مؤتمر الصكوك الإسلامية وأدوات التمويل الإسلامي، 2013
- صويلح محمد فخري، قراءة في قانون الصكوك الإسلامية الأردني في ضوء المعيار الشرعي للصكوك و قانون الصكوك المصري، مؤتمر الصكوك الإسلامية و أدوات التمويل الإسلامي، جامعة اليرموك، الأردن،12 و 13 تشرين الثاني2013
- فضل عبدالكريم محمد، إدارة المخاطر في المصارف الإسلامية، 2008،
- قندوز عبد الكريم أحمد، مراجعة لنظرية المخاطرة في الإقتصاد الإسلامي ودورها فى إبتكار وتطوير منتجات إدارة المخاطر بالصناعة المالية الإسلامية، ملتقى الخرطوم للمنتجات المالية الاسلامية تحت عنوان: التحوط وإدارة المخاطر في المؤسسات المالية الإسلامية، النسخة الرابعة 5 و6 ابريل 2012

- لعمارة جمال و الأستاذة حدة رايس، تحديات السوق المالي الإسلامي،ورقة مقدمة للملتقى الدولي حول :سياسات التمويل وأثرها على الاقتصاديات والمؤسسات - دراسة حالة الجزائر والدول النامية- بسكرة يومي 21 و 22 وفمبر2006
- محمد عبد الغفار الشريف، التوريق وبقية أدوات السيولة للسوق الإسلامية، دوة البركة للاقتصاد الإسلامي، المنامة، البحرين، 2002،
- محمد عبد الحليم عمر،الصكوك الإسلامية(التوريق) وتطبيقاتها المعاصرة وتداولها،الدورة التاسعة عشرة لمنظمة المؤتمر الإسلامي،دولة الإمارات العربية المتحدة،
ملائكة صالح، التوريق وبقية أدوات السيولة للسوق الإسلامية، بحث مقدم لندوة البركة الثا ية
- والعشرين، المنامة،2002
- ميرة حامد بن حسن بن محمد علي، صكوك الحقوق المعنوية، دوة (الصكوك الإسلامية: عرض وتقويم) المنعقدة في جامعة عبد العزيز في جدة بالتعاون بين مجمع الفقه الإسلامي الدولي والمعهد الإسلامي للبحوث والتدريب، ماي 2010
- ميرة حامد بن حسين، ملكية حملة الصكوك وضما اتها، بحوث دوة البركة 32، 10 و 11 اغسطس 2011، جدة،
- موسى آدم عيسى، مخاطر عقد السلم وكيفية معالجتها، ملتقى الخرطوم للصناعة المالية (النسخة السادسة) تحت عنوان : السلم وتطبيقاته المعاصرة ،2014
- الدماغ زياد، مخاطر الصكوك الإسلامية وطرق معالجتها، International Conference on Islamic Bankinhg and Finance (15-16 June 2010
- اصر سليمان، بن زيد ربيعة، إدارة مخاطر الصكوك الإسلامية الحكومية، دراسة تطبيقية على الصكوك الحكومية السود ية، بحث مقدم إلى المؤتمر الدولي الخامس حول الصيرفة الإسلامية والتمويل الإسلامي، تحت عنوان:"إدارة المخاطر؛ التنظيم والإشراف"، 2012
- قاشي محمد ابراهيم، عملية التصكيك ودورها في تحقيق مقاصد الشريعة الإسلامية، الندوة العالمية عن الفقه الإسلامي وأصوله وتحديات القرن الواحد والعشرين، مقاصد الشريعة وسبل تحقيقها في المجتمعات المعاصرة، المجلد الثا ي، 2006
- ورقة عرض الأبحاث المقدمة لنـــــــدوة الصكوك الإسلامية بين الضوابط الشرعية والمقتضيات القا و ية والمحاسبية، تو س 28 و29 مارس 2015

✸ قرارات مجلس مجمع الفقه الإسلامي

- قرار مجمع الفقه الإسلامي الدولي في دورته التاسعة عشرة، قرار رقم 178(4/19) بشأن الصكوك الإسلامية (التوريق) وتطبيقاتها المعاصرة وتداولها، أبريل 2009
- قرار مجمع الفقه الإسلامي الدولي في دورته الحادية عشرة، قرار رقم:101(11/4) بشأن بيع الدين وسندات القرض وبدائلها الشرعية في مجال القطاع الخاص والعام. مجلة المجمع، العدد 11، الجزء الأول
- مجلس مجمع الفقه الإسلامي الدولي المنعقد في دورة مؤتمره الرابع بجدة في المملكة العربية السعودية من 18 إلى 23 جمادى الآخرة 1408 الموافق 6 إلى7 شباط (فبراير) 1988، قرار رقم 30(3/4) بشأن سندات المقارضة وسندات الاستثمار
- هيئة المحاسبة والمراجعة للمؤسسات المالية الإسلامية، المعايير الشرعية، المعيار الشرعي رقم 17 "صكوك الاستثمار"،2015
- مجلس مجمع الفقه الإسلامي الدولي المنعقد في دورة مؤتمره العشرين بوهران خلال الفترة من 26 شوال إلى 2 من ذي القعدة 1433ه، الموافق 13 إلى 18 سبتمبر 2012م، قرار رقم 188(3/20) بشأن استكمال موضوع الصكوك الإسلامية

- مجلس مجمع الفقه الإسلامي الدولي المنعقد في دورته الخامسة عشرة بمسقط (سلطنة عمان) من 14 إلى 19 محرم 1425 الموافق 6 إلى11 آذار(مارس) 2004، قرار رقم 137(3/15) بشأن صكوك الإجارة
- مجلس مجمع الفقه الإسلامي الدولي المنعقد في دورة مؤتمره السادس بجدة في المملكة العربية السعودية من 17 إلى 23 شعبان 1410 الموافق 14 – 20 آذار (مارس) 1990م قرار رقم: 59 (6/10) بشأن الأسواق المالية

✱ **أطروحات دكتوراه**

- براضية حكيم، التصكيك ودوره في إدارة السيولة بالبنوك الإسلامية، جامعة حسيبة بن بو علي الشلف، كلية العلوم الإقتصادية وعلوم التسيير، قسم علوم التسيير، 2011
- بني عامر زاهرة علي محمد، التصكيك ودوره في تطوير سوق مالية إسلامية، جامعة اليرموك، كلية الشريعة والدراسات الإسلامية، قسم الإقتصاد والمصارف الإسلامية، 2008
- بوقري عبدالرحمن بن أحمد، مخاطر صيغ التمويل التجارية الإسلامية في البنوك السعودية، رسالة مقدمة لنيل درجة الدكتوراه في الاقتصاد الإسلامي، جامعة أم القرى،المملكة العربية السعودية،2005

Table Des Matières

Revue « Marché et Organisations »

Promouvoir la recherche originale sur les relations de plus en plus étroites entre le marché et les organisations. Les acteurs économiques de taille, de puissance et de pouvoir différents dont les intérêts peuvent être convergents, complémentaires ou, le plus souvent, antagoniques, ont tendance à organiser les marchés. La raison du marché, pourtant, est la référence stratégique pour l'entreprise ainsi que pour les institutions publiques de décision économique.

Numéros parus :

N°1 : Artisanat. La modernité réinventée, 2006
N°2 : La petite entreprise, elle a tout d'une grande. De l'accompagnement aux choix stratégiques, 2006
N°3 : Tourisme et Innovation. La force créative des loisirs, 2007
N°4 : Le travail. Formes récentes et nouvelles questions, 2007
N°5 : Les universités et l'innovation. L'enseignement et la recherche dans l'économie des connaissances, 2007
N°6 : Entrepreneuriat et accompagnement. Outils, actions et paradigmes nouveaux, 2008
N°7 : Développement durable des territoires. Economie sociale, environnement et innovations, 2008
N°8 : Développement durable et responsabilité sociale des acteurs, 2009
N°9 : Gouvernance : exercices de pouvoir, 2009
N°10 : Le travail collaboratif. Une innovation générique, 2009
N°11 : Economie sociale et solidaire. Nouvelles trajectoires d'innovations, 2010
N°12 : Relations à la marque et marques de la relation. Regards croisés sur le management relationnel de la marque, 2010
N°13 : Les contrats au service de la recherche ?, 2011
N°14 : Le potentiel économique de l'Afrique subsaharienne, 2011
N°15 : Management de la distribution, 2012
N°16 : Territoire Vert. Entreprises, Institutions, Innovations, 2012
N°17 : Eco-conception, conception et innovation. Les nouveaux défis de l'entreprise, 2013
N°18 : Intelligence économique : entreprises et territoires, 2013
N°19 : La finance globale. Un monde fini, 2013
N°20 : La crise du « développement », 2014
N°21 : La Chine innove. Politiques publiques et stratégies d'entreprise, 2014
N°22 : Go East! Nouvelles Economies de Marché, 2015
N°23 : L'économie du changement, 2015
N°24 : Le temps des artisans. Permanences et mutations, 2015
N°25 : Innovations de proximité et esprit d'entreprise, 2016
N°26 : L'avenir des économies du Maghreb : entre inertie structurelle et envie de rupture, 2016/3 (n° 27)
N°27 : Le sport aux frontières du marché du travail, 2016
N°28 : Dynamiques internationales des entreprises, 2017
N°29 : L'univers du risque, 2017
N°30 : Les petites entreprises dans l'histoire industrielle, 2017
N°31 : Economie sociale et *social business* ? Au défi d'entreprendre et se financer, 2018
N°32 : Éducation et fertilisation des économies africaines, 2018
N°33 : L'entrepreneuriat innovant dans les pays du Maghreb, 2018
N°34 : L'entrepreneuriat scientifique : institutions et innovation, 2019
N°35 : Le champ économique de la culture, 2019
N°36 : Economie sociale et solidaire ? Modèles d'innovation et modes de gouvernance, 2019
N°37 : Rethinking Luxury Business, 2020
N°38 : La santé connectée. Nouvelles technologies et réorganisation des soins, 2020
N°39 : Options stratégiques et systèmes complexes d'innovation, 2020
N°40 : Les services : intégration des systèmes productifs et lien social, 2021
N°41 : Crise pandémique, crise globale. Réalité et controverses théoriques, 2021
N°42 : La crise de la covid-19. Le marché et les organisations en perspective, 2021
n°43 : (Re)faire système. *Bug & reset*, 2022
n°44 : Aléas du marché et management du risque, 2022
n°45 : Le renouveau du transport et de la logistique : les systèmes d'information, 2022

Collection « L'esprit économique »

fondée par Sophie Boutillier et Dimitri Uzunidis en 1996

Dernières parutions

► ***Série Economie et Innovation***

B. LAPERCHE, M. LIMA, E. SEULLIET, B. TROUSSE (dir.), *Les écosystèmes d'innovation. Regards croisés des acteurs clés*, 2019.

S. MONNERIE, *L'économie digitale révolutionne le monde. Innovation et total design*, 2019.

T. MICHAUD, *Le projet spatial européen, entre pragmatisme et imagination*, 2020.

J.-P. SCHMITT, N. RAVIDAT, *Management conjoint de la technologie et de la personne. Pour performer et croitre*, 2020.

Y. EL YAHYAOUI, *Economie des plateformes numériques. Captation de la valeur, pouvoir de marché et communs collaboratifs*, 2021.

G. DUTHIL, *Handicap et insertion professionnelle*, 2022.

► ***Série Le Monde en Question***

A. SGHAIER, *La finance islamique. Aspects critiques de la finance conventionnelle*, 2021.

H. AGOURRAME, *La règlementation bancaire internationale. Genèse, évolution et impact sur le « business model » des banques*, 2021.

A. AMINE, C. GALLOUJ, *Consommateurs et pratiques de consommation au Maroc*, 2021.

T. MARINOVA, *Economie sociale et solidaire dans les pays des Balkans. Bulgarie, Roumanie, Serbie : quels enseignements ?* 2021.

T. GARCENOT, *La finance contre le dérèglement climatique. Politiques monétaires et enjeux géopolitiques de la finance verte*, 2021.

A. VALLERAY, *Mondialisation mon amour. Avatars d'une utopie*, 2021.

I. BEN ABDELKADER, *La microfinance dans la région du Moyen-Orient et de l'Afrique du nord (MENA). Aperçu global et enjeux actuels*, 2022.

C. GALLOUJ, *Grande distribution alimentaire au Maroc. Acteurs et stratégies*, 2022.

► ***Série Krisis***

J.-C. MOREL, *La nécessaire valorisation de la richesse ou intégrer le capital humain au bilan*, 2020.

V. LAURE VAN BAMBEKE, *La valeur du travail humain. Essai sur la refondation de l'expression monétaire de la valeur-travail*, 2021.

A. FONTAINE, *L'économie est l'opium du peuple. Une fausse science*, 2021.

A. RODRIGUEZ-HERRERA, Travail, valeur et prix. Reprise et clôture d'un débat centenaire (1885-1985) a la lumière des textes marxiens, 2021.

R. DELORME, *La complexité autrement. Une réponse nouvelle à la pandémie et à d'autres phénomènes sociaux complexes*, 2022.

V. YEFIMOV, *L'ordre social monétaire. L'économie discursive défit le courant dominant et l'économie narrative*, 2022.

► **Série *Clichés***

S. BOUTILLIER, D. UZUNIDIS (dir.), *La Russie européenne. Du passé composé au futur antérieur*, 2008.

R. VOLPI, *La négociation. Pain, paix, liberté*, 2009.

► ***Série Cours Principaux***

G. DUTHIL, *Economie publique et métamorphoses sociales*, 2019.

R. SANTENAC, *Le cycle des crises financières. Une étude approfondie des causes, des impacts et de la fréquence*, 2020.

B. LANDAIS, *Macroéconomie efficace. Croissance et crises*, 2020.

A. MBULI LANDU, *Le memo d'un comptable. Approche par le SYSCOHADA révisé*, 2021.

M. EL KARRIM, *Introduction à l'économétrie appliquée*, 2022.

► ***Série L'économie formelle***

H. AMAAZOUL, *Responsabilité sociétale des entreprises et performance financière. Étude appliquée aux entreprises marocaines*, 2021.

M. BERTONECHE, *Chroniques économiques de notre temps*, 2021.

E. CARREY, H. LANDIER, *Après la guerre contre la Covid : de l'économie financière a l'entrepreneuriat social*, 2021.

J. LATREILLE, *Sale temps pour l'économie marchande*, 2021.

J. LATREILLE, *Escronomistes ! Ces théories qui abîment le monde*, 2022.

Structures éditoriales du groupe L'Harmattan

L'Harmattan Italie
Via degli Artisti, 15
10124 Torino
harmattan.italia@gmail.com

L'Harmattan Hongrie
Kossuth l. u. 14-16.
1053 Budapest
harmattan@harmattan.hu

L'Harmattan Sénégal
10 VDN en face Mermoz
BP 45034 Dakar-Fann
senharmattan@gmail.com

L'Harmattan Cameroun
TSINGA/FECAFOOT
BP 11486 Yaoundé
inkoukam@gmail.com

L'Harmattan Burkina Faso
Achille Somé – tengnule@hotmail.fr

L'Harmattan Guinée
Almamya, rue KA 028 OKB Agency
BP 3470 Conakry
harmattanguinee@yahoo.fr

L'Harmattan RDC
185, avenue Nyangwe
Commune de Lingwala – Kinshasa
matangilamusadila@yahoo.fr

L'Harmattan Congo
219, avenue Nelson Mandela
BP 2874 Brazzaville
harmattan.congo@yahoo.fr

L'Harmattan Mali
ACI 2000 - Immeuble Mgr Jean Marie Cisse
Bureau 10
BP 145 Bamako-Mali
mali@harmattan.fr

L'Harmattan Togo
Djidjole – Lomé
Maison Amela
face EPP BATOME
ddamela@aol.com

L'Harmattan Côte d'Ivoire
Résidence Karl – Cité des Arts
Abidjan-Cocody
03 BP 1588 Abidjan
espace_harmattan.ci@hotmail.fr

Nos librairies en France

Librairie internationale
16, rue des Écoles
75005 Paris
librairie.internationale@harmattan.fr
01 40 46 79 11
www.librairieharmattan.com

Librairie des savoirs
21, rue des Écoles
75005 Paris
librairie.sh@harmattan.fr
01 46 34 13 71
www.librairieharmattansh.com

Librairie Le Lucernaire
53, rue Notre-Dame-des-Champs
75006 Paris
librairie@lucernaire.fr
01 42 22 67 13

www.ingramcontent.com/pod-product-compliance
Lightning Source LLC
LaVergne TN
LVHW010942061026
849535LV00007B/2534
* 9 7 8 2 3 4 3 2 5 7 2 6 6 *